●グラフィック［法学］-8

グラフィック
国際法入門

阿部克則・堀口健夫
Yoshinori Abe　Takeo Horiguchi

GRAPHIC

新世社

　近年では，国際法という言葉がニュースで使われることも珍しくなくなってきました。例えば，ロシアによるウクライナ侵略は武力行使禁止原則や領土保全原則などの国際法に明白に違反するものとして大きく報じられてきました。また日本に直接関係する問題として，尖閣諸島や竹島，北方領土をめぐる領土問題，関税に関する貿易紛争，地球温暖化問題，北朝鮮情勢や集団的自衛権といった安全保障上の課題など，国際法上の問題は多岐にわたります。現在ではあらゆる国際問題に国際法が関係していると言っても過言ではなく，まさに国際法は，国際関係を理解するために必要不可欠です。

　本書は，これから国際法を学ぼうとする方に向けて，国際法の基本を理解しやすいように主に2つの特徴を持っています。一つの特徴は，他の「グラフィック［法学］ライブラリ」と同様に，見開きの左側のページが本文で，右側のページに図表やコラム，資料などを掲載しました。とりわけ，本文の文章だけではイメージしにくい内容について図示することで，初学者の方にとっても学習しやすいものとすることを心掛けました。本文と図表などのコンテンツは，基本的には，見開きにしたときに左右で対応するよう構成されていますが，一部のコンテンツについてはページが前後しています。その場合には，どのページに対応するコンテンツが掲載されているかを本文に記載しました。

　もう一つの本書の特徴は，国際法の「各論的内容から始め，後に総論的内容に入る」というスタイルをとっていることです。通常，法律科目の授業や教科書は，その法分野に共通する定めである総則や基本的な法理・考え方である総論を最初に扱い，そののちに，個別のルール群である各論的内容に入っていきます。こういった順序は，いわゆるパンデクテン方式で編纂された法典の解説としては自然ですし，共通するルールを先に学んでおけば効率的です。しかし他方で，総則や総論は抽象的な概念や内容が多く，初学者にはとっつきにくい傾向があります。そして，何のために総論を勉強しているのかわからなくなり，各論に進む前に学

習意欲をなくすこともあるようです。国際法に関しても，多くの教科書では総論的な内容から各論的な内容へと記述が並んでいて，大学での講義でも総論から各論へと進むのが一般的ですが，やはり総論部分はやや抽象的な内容が多くなります。

　そこで本書は，国際法の各論的内容を理解するうえで最低限必要な総論的内容を第1章でコンパクトに解説したうえで，第2章からはすぐに，領域や海洋，空域などのイメージがしやすい各論分野から解説をしていきます。こうした分野から学ぶことで，国際法が実際にどのように機能しているか，理解しやすいのではないかと思います。そして，各論的内容を一通り学んだあとであれば，総論的内容についてもその重要性がわかり，関心を持って勉強することができると思われます。国際法の法主体や法源などの総論的内容は，詳しくは第11章以降で扱います。学習院大学法学部での国際法の授業は，2009年からこのスタイルで行ってきていて，学生のみなさんから一定の評価を得てきましたので，本書でもそのスタイルを踏襲することとしました。

　本書の作成にあたっては，新世社編集部の御園生晴彦氏と谷口雅彦氏に大変お世話になりました。本文に対応するコンテンツを左右見開きで揃えていく作業は，当初の想定以上に難しく，刊行までに長い時間がかかってしまいました。なかなか進まない我々の執筆作業に辛抱強く付き合ってくださった両氏に心より御礼申し上げます。また，学習院大学法学部と上智大学法学部の学生のみなさんからは，本書の作成過程において学生目線での有益なコメントをもらいました。さらにドラフトとゲラについて詳細にチェックしてくださった東京大学大学院総合文化研究科博士課程の井上菜摘氏にも，深く感謝申し上げます。ただし，本書に誤りや至らない点があるとしましたら，それはすべて我々筆者の責任です。

　近時の国際社会においては，ロシアによるウクライナ侵略だけでなく，中国の力による現状変更の試みや米国のトランプ政権による一方的措置の濫用など，国際秩序を揺るがす事態が続いていますが，そのような時こそ，国際社会の平和と安定の実現のために，国際法を学ぶことが重要でしょう。本書が，これから国際法を学習しようとするみなさんの一助となれば幸いです。

　2025 年 2 月

阿部 克則・堀口 健夫

● 目 次 ●

凡　例

■ 条約の表記について

括弧内は，採択・署名年を示しています。

（例）生物の多様性に関する条約（1992 年）

カルタヘナ議定書（2000 年）

■ 略称について

アルファベットの略称については，巻末の略称一覧（323 頁）に正式名称を掲載しています。

第1章

国際法の基本構造

　「はじめに」で説明しましたように，本書では，初学者が国際法のルールの内容をイメージしやすい国家領域や海洋法などの各論的な分野を先に扱っていきますが，そうは言っても，各論的分野を学ぶうえで最低限押さえておくべき総論的内容があります。そこで第1章では，国際法の様々な分野に共通する基本的な構造を解説していきます。まず，①国際法とはそもそもどのような法なのか，他の法律分野とどう違うのかを説明します。そのうえで，国際法の総論的内容である②国際法の主体論（国際法の対象は誰なのか？），③国際法の法源論（国際法はどこに存在するのか？），④国家責任論（国際法に違反するとどうなるのか？），⑤国際紛争処理論（国際紛争をどのように解決するのか？）について，順次コンパクトに説明していきます。

1.1 国際法とは何か

　国際法とは、「国」の「際（きわ）」の「法」と表記するように、基本的には国家間の関係を規律する法です。英語では、international law が国際法を意味する用語で、international という形容詞は、「～の間」を意味する接頭辞 "inter" と、「国家の」を意味する "national" が結びついた単語ですので、international law は、国家の間の「法（law）」を意味することになります。そのため国際法は、国家間で締結される「条約」や、国家間での慣習が法として成立した「慣習国際法」などから構成されます。条約の例としては、海のルールを定めた国連海洋法条約（⇒ **第3章**）があり、慣習国際法としては、国家の領域主権や領域権原に関するルール（⇒ **第2章**）などがあります。このような国際法は、国内法と呼ばれるルールとは異なります。

　国内法とは、原則として1つの国の内部で適用されるルールで、日常的な法律問題は国内法上の問題である場合が多いと言えます。例えば日本の国内法は、日本国憲法を最高法規とし、民法、刑法、商法、民事訴訟法、刑事訴訟法、行政法などから構成されます。日本以外の国家においても、それぞれの国が国内法を制定しているので、国内法の内容は国によって様々です。他方で国際法は、国家間の法ですので、1つの国の内部で適用されるのではなく、主に国家と国家の間の関係を規律します。その意味で**国際法**は、諸国家によって構成される国際社会におけるルールなのです（**図表1-1**）。

1.2 国際法の主体 — 国際法の対象は誰なのか —

1.2.1 国　家

　国際法は、基本的には国家間の法だと述べましたが、それでは**国家**とはどのような存在でしょうか。国際法上、国家とは、①永続的住民、②明確な領域、③政府、④他国と関係を取り結ぶ能力、という4つの要件（**図表1-2**）を満たす集団とされます（⇒ **第11章**）。現在の世界には、この4つの要件を満たす「国家」が約200存在します。国家の要件に関しては、永続的住民が存在しさえすれば、その数（人口）の多さは問われませんし、明確な領域があれば、その広さ（面積）

図表 1-1　国際法と国内法の基本的なイメージ図

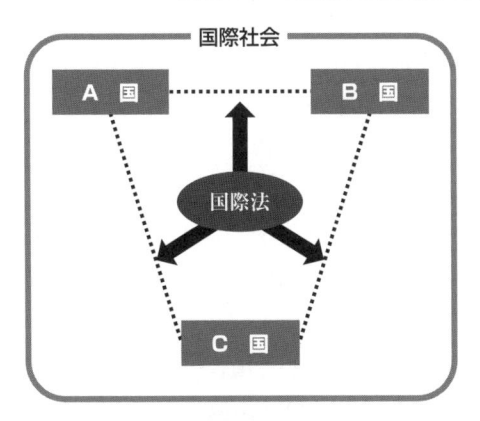

国際社会は，基本的には主権国家で構成されており，この図は A 国，B 国，C 国の 3 か国で成り立っている仮想例です。国際法は，主権国家間の関係（A 国−B 国，A 国−C 国，B 国−C 国）を規律します。なお主権国家以外の国際法主体については，1.2.2 で説明します。

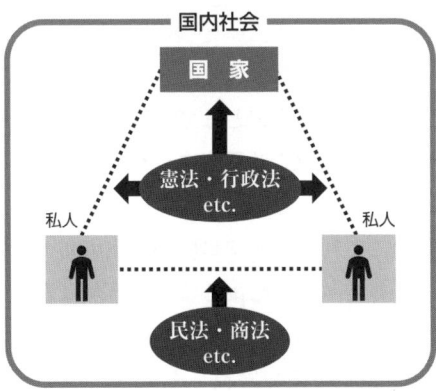

国内法は，基本的には国内社会の内部において，国家と私人の間の関係や，私人間の関係などを規律するものです。前者の国内法としては憲法や行政法など，後者の国内法としては民法や商法などが挙げられます。ただし，国際的な私人間関係（コラム 1-3（7 頁））や国際犯罪（⇒第 8 章）などの国際的な場面で国内法が適用される場合もあります。

図表 1-2　国家の成立要件

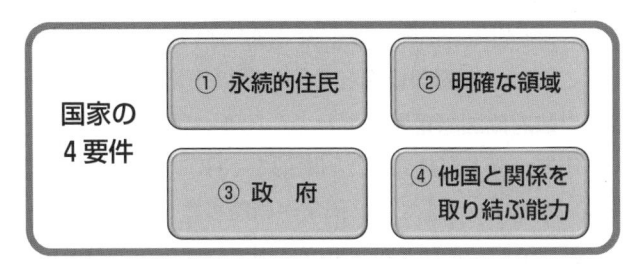

も要件の充足には関係ありませんので，米国や中国のようないわゆる大国から，トンガやパラオのような小国まで，国家の規模は様々です。国際法上は，国家の要件を満たす集団はその規模の大小にかかわらず平等であり，主権を有する国家として扱われます。これを**主権平等の原則**と言います。なお国際社会の平和を実現するために国際連合（国連）という国際組織が設立されていて（⇒11.2），ほとんどの国家（2024 年時点では 193 か国）が国連に加盟していますが，加盟していないバチカンやクック諸島も，国家であることには変わりはありません。

　ところで，ある集団が国際法上の国家であるか否かは，どのように決定されるのでしょうか。国際法においては，**国家承認**という制度がありますが，この制度は，ある集団が国家であることを，既存の国家が承認するという手続に関するものです。例えば，A 国が X と Y という集団に分裂した場合に，B 国が X や Y を新たに国家として認めるというとき，「B 国が X や Y に国家承認を与える」と言います。具体例として，東ヨーロッパのセルビアという国家から，2008 年に「コソボ共和国」が独立宣言を行い，日本を含む 100 か国以上がコソボ共和国に対して国家承認を与えましたが，コソボ共和国を国家として承認していない既存国家も存在します。かつて有力な学説だった**創設的効果説**によれば，ある集団は既存国家に国家として承認されて初めて国際法上の国家として成立するとされましたが，現在の通説である**宣言的効果説**によれば，ある集団が国家の 4 つの要件を客観的に満たせば国家として成立するので，他国による承認の有無は国家の成立にとって基本的には無関係だとされます。ただし，国家承認が国家の成立に影響を及ぼすこともありうるため，詳しくは**第 11 章**で解説します（⇒11.1.2）。

1.2.2　国家以外の主体

　国家に加えて，国際組織も国際法の主体（国際法の権利義務の担い手）であると言われます。ここで言う**国際組織**とは，複数の国家が条約を締結することによって設立された**政府間国際組織**のことで，国連や世界保健機関（WHO）などがその例です。他方，個人が設立した国際的な NGO などは**非政府間国際組織**であり，国際法の主体ではありません。国家が国際組織を設立するために締結する条約のことを，**設立条約**と呼びます。例えば国連は，国連憲章という設立条約によって設立された国際組織です。国際組織は，それ自体が領域や住民を有するわ

コラム 1-1 ● 国家の主権とは何か

　国際法上，国家が有する**主権**には，いくつかの側面があります。第1に，国家はその領域内において排他的な統治権限を持ちますので，国家がそれぞれ国内法を制定・執行することができます。この側面は，国家領域（⇒ 第2章）内部での主権という意味で，**領域主権**とも呼ばれます。第2に，国家は他の国家などの外部勢力から支配されずに意思決定を行うことができます。この側面は，外国などに従属しないという意味で，**独立権**とも呼ばれ，国家は国内管轄事項について他国や国際組織から干渉を受けないという**不干渉原則**が存在します（友好関係原則宣言第3原則）。ただし，国家が自らの意思で他国と条約を結ぶなどして，国際法上の義務を負うことが非常に多くなっていますので，現在では国家の主権は実際にはかなり制約されてきていると言えるでしょう。

コラム 1-2 ● 国家管轄権

　国際法上，国家は一定の範囲の人や物，事実などに関して，国内法を制定し，裁判をしたり執行したりすることができるとされます。このような国家の権限を，**国家管轄権**と呼びます。例えば，国家は犯罪に関する刑法を制定し，領域内で犯罪が発生した場合に裁判を行い，刑罰を科すことができますが，これは国家管轄権の行使の一例です。国家管轄権は，国内法を制定する権限である**立法管轄権**，国内法に基づいて裁判を行う権限である**司法管轄権**，及び，国内法に基づく強制的措置をとる権限である**執行管轄権**の3つに分類することが一般的です。国家は，自国の領域とのつながりを根拠に国家管轄権を行使することが認められます（これを**属地主義**と言います）。特に執行管轄権については原則として自国領域内でしか行使できませんので，他国の領域内では，当該国の同意がなければ捜索や逮捕などの執行管轄権行使は認められません。他方で立法管轄権については，自国領域外の人や物，事実に対しても，一定のつながりがあれば行使することができます（これを立法管轄権の域外行使と言います）。例えば国家は，自国民が国外で犯した犯罪に関する立法を行うことが認められるのですが，このような刑事法の国家管轄権行使については第8章で解説します。

国家管轄権の3分類

立法管轄権	国内法を制定する権限
司法管轄権	国内法に基づいて裁判を行う権限
執行管轄権	国内法に基づく強制的措置をとる権限

けではありませんが，総会や理事会などの意思決定機関がありますので，他の国際組織や国家との間で条約を締結するなどの限定的な権限が国際法上認められます。詳しくは**第 11 章**で解説しますが，国際組織が国際法上どのような権限を有するかは，それぞれの設立条約の内容にも依存します（⇒11.2.2）。

また，**個人**にも国際法上，限定的な主体性が認められると言われます。例えば人権に関する条約においては，個人の権利が定められており，その権利が侵害されたときには，侵害した国家に対して個人が申立てを行う手続が設けられることがあります（⇒7.3.1）。このような場合には，個人が国際法上の自らの権利に対する侵害について救済を求めることができるという意味で，限定的な国際法主体性があると考えられます。さらに自然人だけでなく，企業のような法人としての個人も，国際法上の主体性が認められる場合があります。例えば，国際投資協定と呼ばれる条約においては，条約上与えられた権利が侵害されたと考える企業は，権利侵害した外国を相手取って国際仲裁を提起できるという手続が定められています（⇒6.3.2）。ただし個人には，国際組織と違って，条約を締結する権限までは国際法上認められません。

1.3　国際法の法源 ― 国際法はどこに存在するのか ―

法がどのような形式で存在するのかを示す際に，**法源**という概念を用います。日本の国内法においては，最高法規である**憲法**，国会が制定する**法律**，内閣が制定する**政令**，各省大臣が発する**省令**，地方公共団体が制定する**条例**，地方公共団体の長が定める**規則**などの法源があります。本章の冒頭（⇒1.1）で，国際法は条約や慣習国際法などから構成されると説明しましたが，これを言い換えれば，国際法の主たる法源とは，**条約**と**慣習国際法**だということになります（**図表 1-3**）。

1.3.1　条　約
それでは**条約**とは，どのような法の形式なのでしょうか。詳しくは**第 12 章**で解説しますが（⇒12.2），条約とは，**国際法によって規律される国際的な合意**です（**図表 1-4**）。国際的な合意とは，基本的には国家間の合意ですので，二国間または多数国間で交渉した結果，合意したルールを明文化したものが条約になります。

　本書で解説する国際法と似ている名称の法分野として，**国際私法**（private international law）という分野がありますが，国際私法とは，国際的な私人間関係に適用する法を指定する法のことを指します。例えば，A 国の会社と B 国の会社が国際取引を行うときに，この取引関係に適用されるのはどの国の法なのかを決める国内法が，国際私法です。日本には，「法の適用に関する通則法」という法律があり，この法律が日本の国際私法を定めていますが，他の国にもそれぞれ国際私法を定める国内法があります。つまり国際私法は，国内法の一部と言うことができますので，国際法とは異なるわけです。そのため両者の区別を明確にするために，国際法を**国際公法**（public international law）と呼ぶこともあります。

図表 1-3　国際法の主な法源

図表 1-4　条約の定義

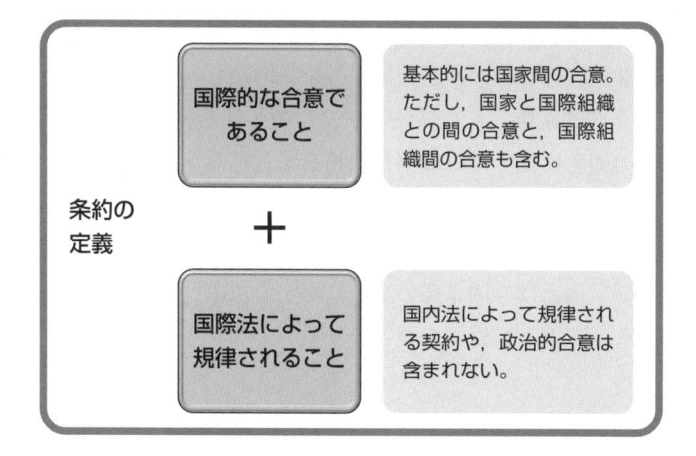

そのため条約は，合意した国家間でのみ適用され，合意していない国家（第三国）を拘束しません。**二国間条約**の例としては，**第8章**で扱う日米犯罪人引渡条約（⇒8.3）や**第9章**で扱う日米安全保障条約（⇒9.4）などがあり，3か国以上の国々の間の条約（通常，**多数国間条約**と呼びます）の例としては，**第3章**で扱う国連海洋法条約（⇒3.1）や**第5章**で扱う国連気候変動枠組条約（⇒5.4.2）などがあります。また，上述の例はいずれも「○○条約」という名称ですが，「国際法によって規律される国際的な合意」であれば，名称は問わず，国際法の法源としての「条約」になります。例えば，国連を設立した国連憲章は「憲章」，**第6章**で扱うWTO協定（⇒6.2）は「協定」という名称ですが，いずれも「条約」の一種です（**コラム1-4**）。さらに条約は，国家間のものだけでなく，国際組織間の条約や，国際組織と国家の間の条約もあります（⇒11.2.2）。

なお，G7サミットのように国家の首脳が集まって会議を行った結果，合意した内容をまとめた首脳宣言は，政治的な国際的合意ではありますが，条約ではありません（⇒12.2）。

1.3.2 慣習国際法

次に**慣習国際法**（**国際慣習法**とも言います）とは，国家の慣習を通じて形成される不文法です。慣習国際法の規則が成立するためには，2つの要件が満たされなければならないとされます（**図表1-5**）。第1の要件は，国家が同様な行為を繰り返し，慣行として一般的に受容されていることです。これを**一般慣行**の要件と言います。第2の要件は，国家が一般慣行を法的なものと認識して行っていることです。これを**法的確信**（または法的信念）の要件と言います（⇒12.3.2）。例えば，国際法上の義務に従って一般慣行に相当する行為を行っていると国家が認識している場合，法的確信が存在するとされます。法的確信が慣習国際法の成立要件とされるのは，第1の要件である一般慣行が存在するだけでは，国家が行っている単なる慣習（例えば外国軍艦の来訪に対する礼砲）と，国家が従っている慣習国際法のルール（例えば外国の領空を侵犯してはならない義務）とが区別できないからです。

慣習国際法のルールは，いったん成立すると，原則としてすべての国家を法的に拘束します（一般性）。そのため，合意した国家（締約国）しか拘束しない条

コラム 1-4 ● 条約の名称と具体例

　本文で説明しましたように，条約の定義を満たす国際的合意であれば，その合意文書がどのような名称で呼ばれているかは問われません。そのため様々な名称の文書が，国際法の法源としての条約として扱われます（⇒12.2）。下記はその具体例です。

名　称		具体例
条　約	Treaty, Convention	日米犯罪人引渡条約，核兵器不拡散条約，外交関係に関するウィーン条約，国際民間航空条約
憲　章	Charter	国際連合憲章，国際労働機関憲章
規　約	Covenant	経済的・社会的及び文化的権利に関する国際規約
協　定	Agreement	国連公海漁業協定，日中韓投資協定
議定書	Protocol	環境に関する南極条約議定書，1949 年ジュネーヴ条約第 1 追加議定書
宣　言	Declaration	ダムダム弾禁止宣言，日ソ共同宣言

※このうち特に「宣言」については，条約ではない政治的合意文書の名称としても，しばしば用いられます。
　（例：世界人権宣言や，環境と開発に関するリオ宣言）

図表 1-5　慣習国際法の成立要件

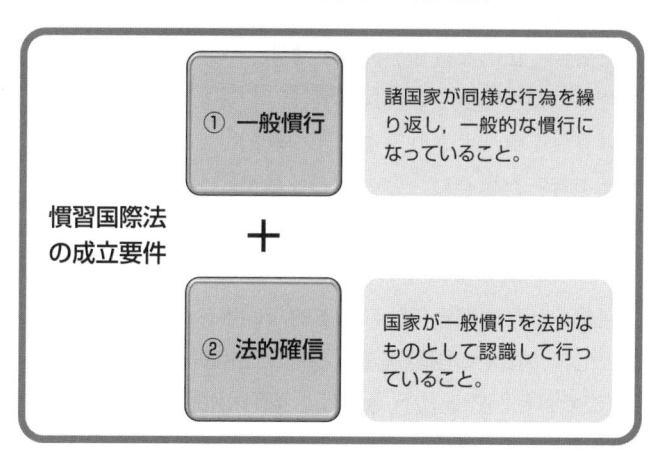

<table>
<tr><td rowspan="2">慣習国際法
の成立要件</td><td>① 一般慣行</td><td>諸国家が同様な行為を繰り返し，一般的な慣行になっていること。</td></tr>
<tr><td>② 法的確信</td><td>国家が一般慣行を法的なものとして認識して行っていること。</td></tr>
</table>

約（特別性）と異なり，慣習国際法は国際社会にとっての基本的な法規範となる特徴があります（なお慣習国際法の一般性には，地域慣習国際法などの例外があります）。慣習国際法のもう一つの特徴は不文法であることで，成文法である条約に比べて明確性には欠けます。そこで，慣習国際法の内容を法典化する作業が，国連の国際法委員会において行われてきました（⇒12.3.3）。

1.3.3　その他の法源

その他，諸国の国内法に共通して存在する原則（信義則など）は，**法の一般原則**として国際法の法源になるとされます。そして，条約，慣習国際法，法の一般原則を**形式的法源**と呼び，**実質的法源**と区別することがあります（⇒12.1）。実質的法源とは，国際法を発生させる実質的要因，あるいは，国際法の内容を特定する際に参照すべきもので，例えば国連総会の決議は，それ自体は法的拘束力がありませんが，慣習国際法が成立しているか否かを判断する際に参照される場合がありますので，実質的法源の一種と言えます。なお本書では，特に断りのない限り，「法源」と記載する場合は形式的法源の意味で用います。

1.4　国家責任 ― 国際法に違反するとどうなるのか ―

1.4.1　国家の国際違法行為

法に違反した場合，法的な責任を問われます。国内法においては，他人の権利を侵害した場合には損害賠償などの民事責任，犯罪を行った場合には罰金刑や懲役刑などの刑事責任を負うとされることが一般的ですが，国際法においては，国家が国際法違反を行った場合に，どのような結果が生じるのでしょうか。この点に関する国際法のルールが**国家責任法**と呼ばれる分野です。詳しくは**第14章**で解説しますので，ここでは国連の国際法委員会が法典化した**国家責任条文**（⇒14.1）に明文化された国家責任法の基本的な内容について説明します。

まず大原則として，国家の**国際違法行為は，国家責任を発生させる**とされます（**図表1-6**）。ここで言う国際違法行為とは，条約や慣習国際法上認められた他国の権利を侵害することや，自国に課せられた義務に違反することです。そして「国家」の国際違法行為が問題となりますので，そもそも国家の行為とは何かを

　国内法においては，通例，各種の法源の間で優劣関係があります。例えば日本法では，憲法が最高法規として最も優位し，次に法律，そして政令などの行政命令と続きますので，上位規範に反する下位規範は無効となります。それでは国際法においても同様に，法源の優劣関係はあるのでしょうか。まず原則的には，条約と慣習国際法との間に優劣関係はなく，同列の関係にあるとされます。もし両者の間に矛盾がある場合には，「特別法は一般法を破る（特別法優位）」という原則や「後法は前法を破る（後法優位）」という原則によって処理されることになります。ただし国際法においても，「強行規範（ユス・コーゲンス）」と呼ばれる規範があり，強行規範に反する条約は無効とされますので（⇒12.6.5），強行規範には一種の上位規範性があるとも言えます。なお国連憲章 103 条によれば，国連憲章に基づく義務と他の条約に基づく義務とが抵触するときは，国連憲章に基づく義務が優先しますが，これにより他の条約が無効になるわけではありません。

図表 1-6　国家責任の発生要件

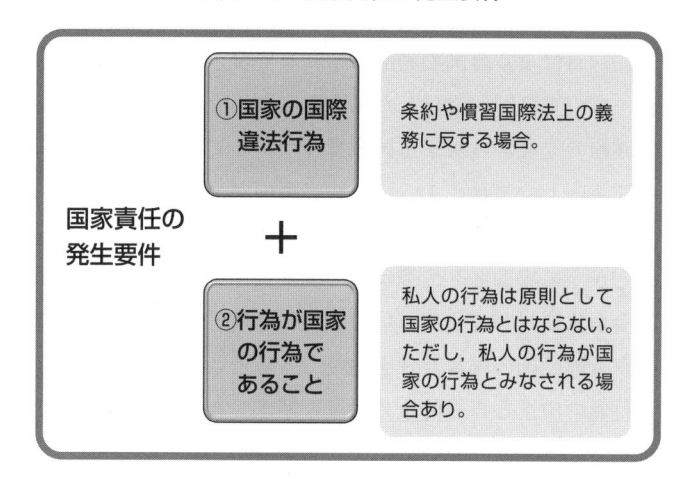

考える必要がありますが，国家責任法において国家の行為は，基本的には国家機関の行為を意味します。立法，行政，司法などの機関は**国家機関**とされますので，ある国家の議会が条約上の義務に反するような立法を行ったような場合にも，当該国家は国際違法行為を行ったとみなされ，国家責任を負うことになります。

1.4.2 国家責任の内容と追求

それでは，国家が負う国家責任とはどのような内容なのでしょうか。第1の内容は，継続している**違法行為を中止する**ことで，さらに，違反が反復しているような場合には**再発防止の保証**を求められることもあります。第2の内容は，違法行為によって生じた被害について事後救済（⇒14.3.3）を与えることですが，これには原 状 回 復，金銭賠償，精神的満足の3つの形態があります。**原状回復**とは，違法行為が行われる前に存在した状態（原状）に戻すことです。原状回復は，被害の事後救済の方法として優先されるものですが，原状に戻すことが物理的に不可能である場合などには，違法行為により生じた損害に対する**金銭賠償**を，違反国は行わなければなりません。さらに，原状回復と金銭賠償によっても被害を十分に回復できない場合には，違反の自認や公式の陳謝などにより違反国が被害国に対して**精神的満足**を与える義務が発生します（図表1-7）（⇒14.3）。

以上のような内容の国家責任を違反国が果たすように追求できる権利を持つのは，他国の違法行為により自国の利益・権利を侵害された**被害国**です。二国間条約上の義務に一方の当事国が違反した場合など，違反国が相手国との関係で個別に負っている義務の違反から生ずる国家責任に関しては，被害国は当該相手国ですが，多数国間条約上の義務に1つの条約当事国が違反した場合など，複数の国家の集団や国際社会全体に対する義務の違反が問題となるときは，特別に影響を受けた国家などが，被害国として違反国の国家責任を追及する権利を有します。なお，国際社会全体に対して負っている義務に違反した場合などにおいては，被害国以外の国家も違反国の国家責任を追及できるとされますが，その場合には原則として違法行為の中止と再発防止の保証を請求できるにとどまります（⇒14.4）。

図表 1-7　国家責任の内容

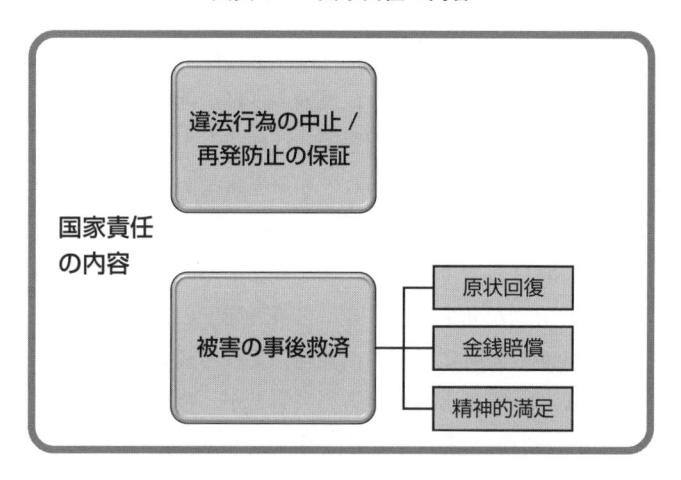

コラム 1-6 ● 国際法の遵守確保方法

　国家責任法は，国際法に違反した国家に対して責任を負わせることにより，国際法の遵守を確保する重要な方法ですが，その他にも国際法の遵守確保方法はいくつか存在します。例えば，国家が他国に対して武力を行使して平和を破壊した場合には，国連安全保障理事会が非軍事的措置や軍事的措置をとることで平和の回復を図ります（⇒9.3）。また，一部の条約は，当該条約の違反に対して特別の紛争解決手続を設けており（例えば WTO 紛争解決手続 ⇒6.2.5），国家責任法の一般ルールとは異なる仕組みで条約の遵守確保を行っています。その他にも条約によっては，当該条約の履行状況を条約実施機関が監視・監督する制度を有するものがあり，人権条約の国家報告制度や個人通報制度（⇒7.3），気候変動に関するパリ協定の遵守確保の仕組み（⇒5.4）などがその例です。このように現在の国際法においては，様々な方法によって国際法の遵守を確保しようとしています。

1.5 国際紛争処理 ― 国際紛争をどのように解決するのか ―

1.5.1 合意に基づく平和的な紛争処理

　それでは，条約違反の有無などについて国家間で実際に紛争が発生した場合には，どのように解決されるのでしょうか。国際法上の紛争処理には，大きく分けて非裁判手続と裁判手続があります。後述のように，**非裁判手続**とは交渉，斡旋，仲介，審査，調停などのことで，**裁判手続**とは仲裁と司法裁判のことを言いますが，非裁判手続であれ，裁判手続であれ，紛争当事国間での事前または事後的な合意に基づいて紛争処理が行われることになります（合意に基づく紛争処理）。この点は，国内法における紛争処理とは異なるところです。例えば日本の国内においては，私人間で紛争が発生したときに当事者間での交渉によって解決できなければ，一方当事者が裁判所に提訴し，裁判によって最終的な解決を求める方法があります。この場合，訴えられた他方の当事者が，裁判での解決に同意するか否かにかかわらず裁判所は裁判を行えますので，裁判所は一般的な裁判権を持っていると言えます。

　しかし国際社会においては，国家間で国際紛争が生じたときに，紛争当事国間で解決できなかった紛争について，常に最終的判断を下せる裁判所は存在しません。後述する**国際司法裁判所（ICJ）**は，国連の主要機関の一つであり，国際法上の紛争を処理する重要な司法機関ですが，紛争の一方当事国が提訴した場合に，原則として他方当事国が応訴する義務はなく，ICJ が裁判を行えるのは，紛争当事国間において ICJ で紛争を処理することに関する何らかの合意が存在することが条件です（⇒15.3）。また裁判だけでなく，他の紛争処理方法に関しても，紛争当事国間で合意された紛争処理方法で解決が図られることになります。ただし，紛争を武力などの力の行使によって自国に有利に解決しようとすることは，現在の国際法においては禁止されています。裁判手続であれ，非裁判手続であれ，紛争当事国間で合意した平和的な紛争処理方法によって，紛争を解決する義務が国家には課されています（⇒15.1）。

1.5.2 国際紛争処理手続の類型

　上述のように，国際社会においては一般的な裁判権を有する裁判所はありませ

図表 1-8　国際紛争処理を行う裁判所などの機関の例

名　称	所在地	特　徴
国際司法裁判所 (International Court of Justice: ICJ)	オランダ・ハーグ	国連の主要機関の一つで，国家間の国際法上の紛争について裁判を行う。基本的には，紛争当事国間の事後的な合意によって付託された紛争を処理する。ただし強制管轄受諾宣言を行った国々の間の紛争や裁判条項を含む条約上の紛争については，一方の紛争当事国が付託した紛争であっても，裁判を行うことができる。(⇒15.3)
国際海洋法裁判所 (International Tribunal for the Law of the Sea: ITLOS)	ドイツ・ハンブルク	国連海洋法条約附属書Ⅵ（ITLOS 規程）によって設立された裁判所で，国連海洋法条約上の紛争について裁判を行う。国連海洋法条約は，条約当事国が一方的に提訴できる義務的手続として 4 つの紛争処理手続を定めているが，ITLOS はそのうちの一つ。(⇒3.8, 15.3)
常設仲裁裁判所 (Permanent Court of Arbitration: PCA)	オランダ・ハーグ	国際紛争平和的処理条約によって設立された機関で，裁判所という名称はついているが，常任の裁判官はおらず，仲裁裁判官の候補者名簿を備え，事務局が常設されている。上述の国連海洋法条約が定める義務的紛争処理手続の一つである附属書Ⅶ仲裁や，国際投資協定に基づく投資仲裁などの仲裁裁判手続は PCA において行われている。(⇒15.2)
世界貿易機関 (World Trade Organization: WTO）の紛争解決手続	スイス・ジュネーブ	WTO 協定の一部である紛争解決了解が定める手続で，WTO 協定上の紛争を扱う。小委員会（パネル）と上級委員会の二審制になっていることと，紛争当事国が一方的提訴を行うことができる点が特徴。ただし，上級委員会は現在機能停止中。(⇒6.2.5)
投資紛争解決国際センター (International Centre for Settlement of Investment Disputes: ICSID)	米国・ワシントン DC	投資紛争解決条約（ICSID 条約）により設立された機関で，投資家と国家との間の投資紛争を扱う。国家間紛争ではなく，私人である投資家が直接国家を国際仲裁に提訴できるのが特徴。ICSID は，仲裁人の候補者名簿を備え，事務局が常設されている。現在では，国際投資協定に基づく投資紛争を数多く処理している。(⇒6.3.2)

んので，非裁判手続が重要な役割を持っています。特に紛争当事国間での**交渉**は，最も多く利用される紛争処理方法です。他方で，紛争の当事者ではない第三者が関与する紛争処理手続を利用することに，紛争当事国が合意することもあります。<ruby>斡旋<rt>あっせん</rt></ruby>は，紛争当事国以外の国家などが，交渉の場所を提供するなどして紛争当事国間の交渉を促すことです。斡旋よりも第三者の関与が少し強くなるのが仲介で，斡旋では第三者が紛争解決の内容には立ち入りませんが，**仲介**では第三者が紛争解決の内容に踏み込みます。審査と調停は，政治的影響力を行使しない中立的な個人が第三者として関与する紛争処理方法ですが，**審査**は，紛争の事実問題のみを扱うのに対して，**調停**は，紛争の事実問題だけでなく法的問題についても扱うという違いがあります。これらの非裁判手続は，それらの手続を利用することに紛争当事国が合意することによって始まりますが，手続の結果である紛争の解決案を紛争当事国が受け入れるかどうかについては，さらに別途紛争当事国が合意する必要があります。このように解決案自体には法的拘束力がない点が，非裁判手続の特徴です。

　他方で，仲裁と司法裁判という裁判手続は，第三者によって示される解決条件に法的拘束力があります。**仲裁**は，紛争が発生した際に，紛争当事国が事件ごとに仲裁人を選任し，どのような手続で仲裁を行うかについても合意によって決定するものです。それに対して**司法裁判**とは，常設の裁判所において，あらかじめ選任された裁判官が，あらかじめ定められた手続規則に従って，付託された紛争について裁判を行う紛争処理方法を言います。

　以上のような国際紛争処理手続の類型は，あくまで理念的な区別で，実際に存在する紛争処理手続は，複数の類型の特徴を併せ持つことがあります。例えば常設仲裁裁判所は，仲裁人のリストや仲裁手続規則を作成しており，同裁判所が関与する仲裁は，ある程度常設性を有する点で，司法裁判に近い側面があります（コラム 15-4（309 頁））。

第2章

国家領域・国際化地域

　現在，地球上の陸地のほとんどの部分は，いずれかの国家の領土になっていますが，そもそも国家の領土の範囲はどのように決まるのでしょうか。国際法は，領土の取得に関するルールを定めていますので，そのルールの内容を本章で解説していきます。そのうえで，日本の領土である北方領土，竹島，尖閣諸島についても国際法の観点から考えてみましょう。なお南極については現在のところ，特定の国家の領土と決まったわけではなく，国際法上特別の地位にありますので，この点についても本章で説明します。

2.1 国際法上の国家領域と領域主権

2.1.1 国家領域とは何か

国際法上の国家領域とは，国家が，その領域主権を行使することができる空間的範囲を意味します。そして国家領域は，**領土**，**領水**，**領空**の 3 つの部分から構成されます（図表 2-1）。国家領域に関する国際法のルールは，基本的には慣習国際法によって定められています。まず領土は，国家が領有し，排他的支配を行う陸地部分です。次に領水とは，内水と領海を合わせた海域を言います。詳しくは第 3 章の海洋法で解説しますが，内水とは河川や湖，基線の内側の湾などであり，領海とは基線から最大 12 海里までの海域です（⇒3.2）。さらに領空は，領土及び領水の上部空域を意味します（⇒4.1.1）。なお，どの高度までが領空で，どの高度より上が宇宙空間かについては，国際法上は明確な定義がありません。

2.1.2 領域主権とは何か

国家領域において国家に認められる**領域主権**とは，その領域を処分する権利（他国に割譲するなど）や，領域内にある人や物などを統治する権限を含む，国家の基本的な権利です。このような領域主権の法的性質をめぐって，2 つの考え方があります。一つは**客体説**（または**所有権説**）と呼ばれるもので，この考え方によれば，国家領域とは国家が領有の対象とする客体であって，国家は自らに属する領域を自由に処分することができるとされます。客体説は，民法上の所有権のように領域主権を理解しますので，領域主権は「対物的権利」ととらえられます。そしてもう一つは，**空間説**と呼ばれるものです。この考え方によれば，国家領域とはその内部において国家が人や物などを統治する権限を行使できる空間を意味します。そのため空間説によれば，領域主権は国家が領域内で行使する「権限」の総称ととらえられます。

これら 2 つの考え方は，いずれが正しいかというよりは，領域主権の複合的な性格を示すものと言えます。以下で説明しますように，国家は合意によってその領土を他国に譲り渡す（割譲）ことができますが，これは国家がその領域を処分する権利を行使したと言え，客体説的に領域主権を理解すれば説明できます。また，国家はその領域内において法を制定し執行する自由がありますが，空間説的

図表 2-1　国家領域の概念図

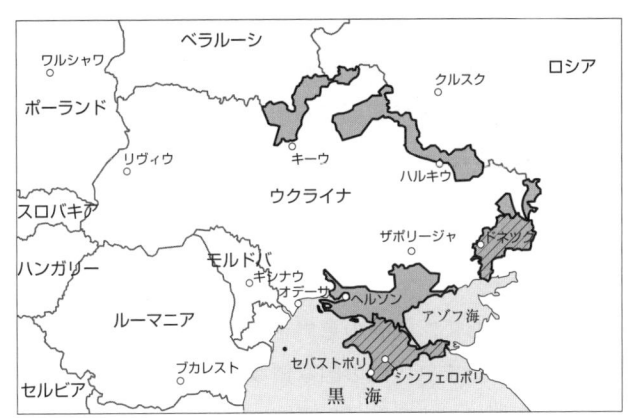

※内水と領海の区別について詳しくは第3章（⇒3.2）を参照。

コラム 2-1 ● ロシアによるウクライナの領土保全侵害

　ロシアは，2014年にウクライナの領土であるクリミア半島を一方的に占拠したにとどまらず，2022年2月からウクライナを侵略し，下の地図の網かけの地域を不法に占拠しました。これは国連緊急特別総会決議 ES–11/1 や 2022年2月24日の G7 首脳声明が指摘するように，ウクライナの領土保全（領土一体性）の明白な侵害です。

ロシアによるウクライナ侵略の状況（侵攻直後の 2022年2月28日–3月1日時点）
（斜線部分は 2022年2月24日以前からロシアが占拠していた地域。）
（出所）　アメリカ戦争研究所 Web サイト Interactive Time-lapse: Russia's War in Ukraine を参照して作成。

に領域主権を理解すれば，国家は自国領域内において人や物を統治する権限（国家管轄権）を行使しているのだと考えられるでしょう。

　このように領域主権は，様々な権利・権限の総称ということができますが，そこから派生する国際法上の原則に，**領土保全原則**があります。同原則は，国家の領土は他国から侵害されず一体性を守られるというもので，逆に言えば，他国の領土を尊重し侵害してはならない義務が国家に課されています（**コラム 2-1**（19頁））。また，領域主権という排他的な権利が認められることの当然の帰結として，国家には，**領域使用の管理責任**があるとされます。これは，自国領域で行われる活動が他国に損害を与えないように領域国は管理しなければならない義務を意味します。今日では，領域使用の管理責任は，越境環境損害（**コラム 2-2**）を防止する義務として国際環境法においても重要な意味があります（⇒**5.2.1**）。

2.2　領土の取得と領域権原

　ある国の国家領域の範囲を考えるにあたっては，まず陸地である領土がどこまでかが問題となりますが，国家はどのようにして自国の領土を取得するのでしょうか。ここで重要なのが**領域権原**という概念です。領域権原とは，国家による領土の取得が法的に正当だとみなす根拠や原因となる事実を言います。そのため，ある陸地について，領域権原を有する国があれば，その陸地は当該国の領土となります。ここでは，国際法上，どのような事実（領域権原）があれば国家は領土を取得できるのかみていきましょう。

2.2.1　先　占

　先占とは，無主地に対して，領有の意思を持って実効的な占有を行うことです。ここで言う**無主地**とは，いずれの国の国家領域にもなっていない陸地を意味します。先占という領域権原は，オランダや英国などが主張して国際法上も確立したものですが，それは，植民地獲得競争で先行したスペインとポルトガルに対抗する意味もありました。1493 年のローマ教皇アレキサンドル 6 世の教書に基づき，スペインとポルトガルは「教皇子午線」を境にそれぞれの範囲で「発見」した土地の取得が認められたとされます。これに従えば，スペインとポルトガルは，

コラム 2-2 ● トレイル溶鉱所事件

1925 年以降，民間企業が操業するカナダ南部のトレイル溶鉱所から排出された亜硫酸ガスが，国境を越えて米国ワシントン州の農作物や森林に損害を与えるようになっていました。その後両国は，二国間条約に基づいて紛争の処理を試みましたが，満足の行く結果が得られなかったため，1935 年に両国はこの問題を仲裁裁判に付託することに合意しました。仲裁裁判所は，1941 年の最終判断において，「…国際法の諸原則によれば，煤煙による損害が重大な結果を伴い，また当該損害が明白かつ説得的な証拠により立証される場合には，いかなる国家も他国の領土に対して，または他国にある財産もしくは人身に対して，煤煙により損害を生じさせるような方法で自己の領土を使用し，またはその使用を許容する権利を有しない」と判示し，越境汚染を制約しうる国際法規則を明らかにしました。

トレイル溶鉱所（1929 年）
（写真） Wikipedia Commons。

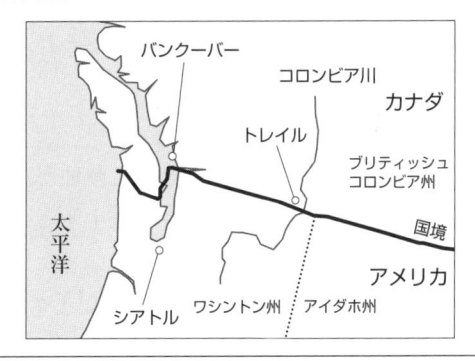

コラム 2-3 ● 租 借 地

国際法上，租借地とは，ある国家の一部を他の国家が合意により借り受けた領域のことです。割譲とは異なり領域主権が移転することはありませんが，租借期間中，領域を貸す国（租貸国）の国家管轄権は制限され，領域を借りた国（租借国）が統治を行います。香港に関しては，香港島などの一部地域は 1842 年南京条約と 1860 年の北京条約により中国から英国に割譲された領域でしたが，その他の大半の部分が 1898 年北京協約（新界租借条約）により英国が中国から 99 年間租借した租借地でした。しかし 1984 年の香港に関する中英共同声明に基づき，租借期間が満了する 1997 年 7 月 1 日に，中国から英国に割譲された領域を含めて，すべて中国に返還されました。

また，現在も租借地となっている地域の例としては，米国がキューバから租借しているグアンタナモ湾地域があります。米国は，1903 年と 1934 年に締結された両国間の協定により無期限にグアンタナモ湾地域を租借する権利を有するとの立場ですが，1959 年の革命により反米政権が樹立されたキューバは，当該地域の返還を要求しています。米国は，当該地域にグアンタナモ海軍基地を設置していて，2000 年代以降，同基地に収容されたアフガニスタンのタリバン関係者の待遇問題が発生したことでも注目されました。

「発見」しただけでその場所を離れ，実効的占有を行わなくとも領土を拡大することができます。両国に遅れて世界に進出したオランダや英国は，単なる「発見」だけでは領域取得はできず，無主地のままであるから，自国の植民地獲得の対象になるのだとの立場から，先占の法理を主張したとされます。

　先占が成立するための**領有意思**は，国家による立法措置や行政措置から確認することができますが，他国に通告する義務はありません。また実効的占有の要件が満たされるためには，必ずしも定住や軍隊の駐留などは必要なく，国家による法の適用などの権力行使があれば足りるとされます。また，どの程度の統治行為があれば実効的かは，地理的条件や人口にも依存するとされ，無人の地域では比較的希薄な権力行使でも実効的とみなされる可能性があります。

2.2.2 添 付

　添付とは，自国の領土に付随して陸地が拡大することや，領水内に新しい島が出現することです。添付が自然に発生することを**自然的添付**と言い，人工的に陸地を拡張することを**人工的添付**と言います。自然的添付は，河川からの堆積物による砂州の形成や，海底火山の噴火による島の誕生（**図表2-2**）などがあり，西之島の新島はその例です（**図表2-3**）。人工的添付は，海岸の埋め立てや人工島の建設などです。

2.2.3 時 効

　時効とは，他国の領土を一定期間占有することによって得られる領域権原です。時効が成立するための占有は，実効的で，公然とした，長期間にわたる，平穏なものでなければならないとされています。このうち長期間にわたる占有とは，明確な期間の定めはなく，個々の事情によって異なると考えられます。また平穏な占有とは，他国から抗議がないことで，もし抗議があれば，時効は中断します。なお，時効がそもそも国際法上の領域権原の一つとして認められるのかについては，学説上の争いがあり，肯定説が多数ですが，国際裁判所は今のところ肯定も否定もしていません（**コラム2-7**（29頁））。

図表 2-2　新島の誕生

例えば領海内に新島が誕生すると，添付により既存の島の領域国の領土となります。

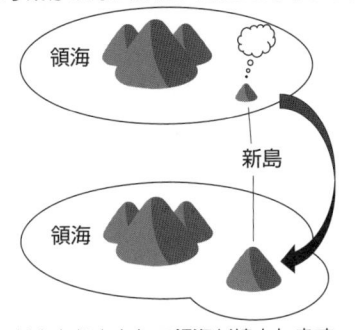

新島を起点として領海が拡大します。

図表 2-3　西之島新島

西之島（右側）の周囲の領海内に，海底火山活動によって現れた新島（2013 年 12 月 13 日撮影）
（写真）　海上保安庁 Web サイト。

コラム 2-4 ● 土地の生成・水没は海域に影響するか

　例えば日本の西之島（**図表 2-3**）では，最近噴火により土地が拡大しています。こうした海岸線の変動により，基線やそれに基づいて設定される領海なども（⇒3.2），原則として場所が移動しうると考えられます（例外的に基線が固定される場合を明文化している規則として，例えば国連海洋法条約 7 条 2 項を参照）。逆に水没した場合も同様と考えられますが，気候変動による海面上昇による土地の水没について，小島嶼国を中心に，そのような扱いに対する強い異議が主張されています（ミクロネシア，キリバスなど 8 か国によるデラップ・コミットメント（2018 年）など）。とりわけそれらの国は温室効果ガスの排出が少なく，そうした不利益を被ることは衡平に反すると言えるかもしれません。しかし，厳密にどのような場合に，設定された海域の永続性を認めるべきかは難しい問題です。

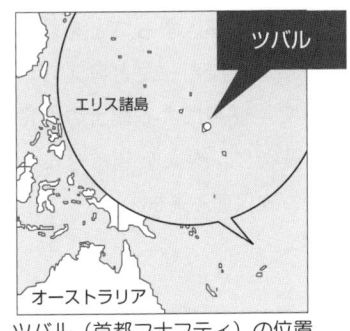

ツバル（首都フナフティ）の位置
（出所）　外務省 Web サイト。

ツバル（2016 年 9 月 18 日）
（写真）　robertharding via AFP（時事通信フォト）。

2.2.4　割　譲

　領域権原としての**割譲**（かつじょう）とは，合意により他国の領域の一部を譲り受けることです。なお譲渡国側からみて，領域を譲り渡すこと（領域の喪失方式）を割譲と言うこともあります。譲渡の条件は条約で定めることが一般的ですが，有償で割譲された例として，ロシアから米国へのアラスカの割譲があります。また，領土を交換する例もあり，日本とロシアの間で結ばれた樺太千島交換条約では，ロシアの領域であった千島列島（ウルップ島以北）が日本に割譲され，代わりに日本は樺太に対して有していた権原をロシアに譲りました（⇒2.4.1）。

　武力行使が国際法上禁止されていなかった時代には，戦後の講和条約において，敗戦国から戦勝国へ領土の割譲が多く行われました。日清講和条約によって，中国から日本に台湾が割譲されたのはその例です（**コラム 2-5**）。なお現在の国際法では武力行使は禁止されており（⇒9.2），武力により強制された条約は無効ですが（⇒12.6.5），後述のように領域権原の取得は，取得当時の国際法に従って判断されますので（⇒2.3.1），武力行使が禁止されていなかった時代に締結された講和条約に基づく割譲は，現在でも有効です。なお合意により他国の領域の全部を譲り受けることを，**併合**と呼びます。併合は，割譲の一種とみなす立場と，独立の領域権原と位置づける立場があります。割譲と同様に，武力行使が禁止されている現在においては，武力により強制された条約に基づく併合は認められません。

2.2.5　征　服

　征服とは，武力により他国の領域を支配し，自国領域に編入することを言い，武力行使が禁止されていなかった時代には，有効な領域権原だったと考えられます。しかし現在では武力行使は禁止されていますので，征服による領土の取得は認められません。1990 年にイラクがクウェートに侵攻し，編入を宣言しましたが，国際法上の領域権原とは認められませんでした（安保理決議 662）。

2.3　領域紛争の解決

　領域紛争は，国際法に基づいてどのように解決されるのでしょうか。ここでは，実際の紛争解決において適用される原則などをみていきましょう。

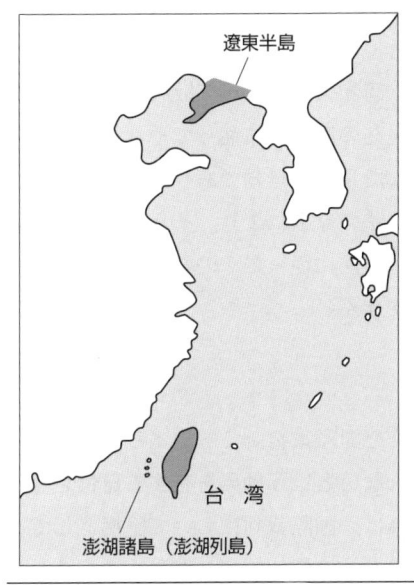

日清戦争の結果，1895 年に締結された日清講和条約（通称下関条約）の 2 条は，遼東半島（1 号），台湾及びその附属島嶼（2 号），及び，澎湖諸島（澎湖列島）（3 号）の 3 つの領域を，清国（中国）が日本に割譲すると定めました。

第二條　清國ハ左記ノ土地ノ主權並ニ該地方ニ在ル城壘，兵器製造所及官有物ヲ永遠日本國ニ割與ス
一　左ノ經界内ニ在ル奉天省南部ノ地（略）（遼東半島の割譲について規定）
二　臺灣全島及其ノ附屬諸島嶼
三　澎湖列島即英國「グリーンウィチ」東經百十九度乃至百二十度及北緯二十三度乃至二十四度ノ間ニ在ル諸島嶼

図表 2-4　領域権原の種類

種　類	定　義
先　占	無主地に対して，領有の意思を持って実効的な占有を行うこと。
添　付	自国領土に付随して陸地が拡大する場合や，領水内に新島ができる場合。
時　効	他国の領土を一定期間，公然と平穏に実効的に占有すること。
割　譲	他国の領域の一部を合意により譲り受けること。 →他国の領域の全部を合意により譲り受ける場合は併合と呼ぶ。
征　服	他国の領域を武力により支配し，自国に編入すること。 →武力行使が禁止されていなかった時代には有効な権原だったが，現在では征服による領土の取得は認められない。

2.3.1 時際法の原則

時際法（intertemporal law）の原則とは，領土取得の有効性は，その取得時点での国際法に従って判断されるというものです。これは法の不遡及という一般的な原則の現れで，法的安定性を確保するうえで重要と言えます。前述のように，武力行使が禁止されていなかった時代には，講和条約によって敗戦国から戦勝国へ領土の割譲が行われていましたが，もし現在の国際法に従ってそれらの割譲の有効性を判断すると，武力によって強制された条約は無効であり，割譲も正当な領域権原とはならないでしょう。しかし時際法の原則により，そうした過去の講和条約が決定した割譲は，条約締結当時の国際法に従ってその有効性が判断されますので，遡及的に無効になることはありません。

2.3.2 決定的期日

決定的期日（critical date）とは，領域紛争を国際裁判所で解決する際に同日以後に生じた事実や行為は証拠として考慮されないという効果を有する日付を意味します。逆に同日より前に生じた事実や行為は，国際裁判において証拠として採用されます。また通常は，領域紛争の発生日が，決定的期日となります。そして紛争の発生日は，問題となる領域に関する紛争当事国の国際法上の見解の対立が生じた日です。

国際裁判所が決定的期日による区別を設けるのは，紛争発生後に，自国が有利になるように紛争当事国が積み重ねた事実が，裁判において考慮されないよう確保するためと言えます。そのため，決定的期日以後の行為であっても，同日以前から継続する行為で，かつ，自己の立場を有利にする目的で行われたものでないものは，考慮される余地があります。

2.3.3 国家権能の継続的かつ平穏な表示

時際法の原則と決定的期日の採用によって，紛争当事国のいずれに領域権原があるかを判断できれば，領域紛争を法的に解決することができるはずですが，実際の国際裁判においては，領域権原の成立を明確には認めにくいケースがしばしばあります。例えば，ある地域について割譲を決めた条約からは帰属先が明確ではない無人島について，領域紛争が発生する場合が考えられます。

コラム 2-6 ● リギタン島・シパダン島主権事件 ICJ 判決（2002 年）

　リギタン島とシパダン島は，ボルネオ島の東の沖合（セレベス海）にある小さな島で，元々は無人島でしたが，マレーシアとインドネシアが領域主権を主張したため紛争となり，両国は当該紛争を国際司法裁判所（ICJ）に合意付託しました。ICJ は，両国が援用した条約などによっては領域権原が確定できないとしたうえで，エフェクティヴィテ（⇒2.3.3）に関して両国が提出した証拠に基づいてリギタン島とシパダン島に対する領域主権の問題を判断できるか検討するとしました。

　そのうえで ICJ は，PCIJ（常設国際司法裁判所 ⇒ コラム 15-5（311 頁））が 1933 年に下した東部グリーンランド事件判決の「国家権能（state authority）の継続的かつ平穏な表示」に関する説示に依拠し，具体的な領域権原に基づかずに主権を主張するためには，主権者として行動する意思と国家権能の実際の行使が必要だが，他国の主張が優越しなければ少ない証拠でも足りるとしました。特に，小さな無人島の場合には，エフェクティヴィテに相当する行為はわずかであろうとも述べています。また，紛争が発生した日の前に行われた行為のみを考慮するとし，決定的期日の概念にも依拠しました。さらに，一般的な性質の法令や行政行為は，リギタン島とシパダン島に関わることが明確である場合に限りエフェクティヴィテとして扱われるとも説示しました。

　以上の判断基準に基づき ICJ は，リギタン島・シパダン島に関し両国が対立する主張を提起した 1969 年より前のエフェクティヴィテについてのみ検討するとし，マレーシアが，1917 年にウミガメ保護令を両島に適用したことや 1933 年にシパダン島をバードサンクチュアリに指定したことなどから，マレーシアがエフェクティヴィテに基づき両島に対する権原を有すると結論しました。

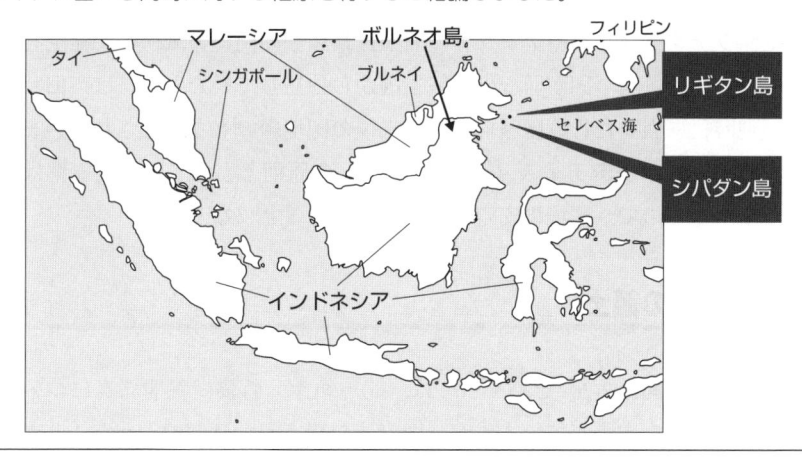

そのようなケースで国際裁判所は，上述のような領域権原を認定するのではなく，いずれの紛争当事国が国家権能（state authority）の継続的かつ平穏な表示を行ってきたのかに基づいて，領域の帰属を判断しています。これは，ある領域が紛争当事国のいずれかには帰属すること（つまり，他の第三国に帰属するあるいは無主地である可能性はないこと）を前提として，**主権者としての行為を相対的にみて，領域紛争を解決する方法**です。近年では，このような国家権能の表示にあたる国家の活動は**エフェクティヴィテ**（effectivités：実効性）と呼ばれています（リギタン島・シパダン島主権事件 ICJ 判決。**コラム 2-6**（27 頁））。ただし，そこで比較対象となるのは，あくまで「平穏な」国家権能の表示ですので，紛争発生後の対立的な行為は考慮されません。

2.3.4 国境画定

紛争当事国の領域が陸続きで接している場合などに，両国の間で条約により，国境が画定されていることがあります。そのような地域で領域紛争が発生した場合には，両国が過去に合意した国境線がどこなのかを，国境画定条約規定の解釈によって解決することになります。例えば河川が国境と定められていた場合，航行可能な河川については，航路の最深部である**タールベーク**（Thalweg）の位置，航行不能な河川については，中間線の位置が国境線とされてきています（カシキリ・セドゥドゥ島事件 ICJ 判決（1999 年）。**コラム 2-7**）。

また，ラテンアメリカやアフリカの旧植民地諸国の間で領域紛争が発生した場合，それらの紛争当事国が同一の旧宗主国から独立していたときには，旧宗主国が植民地時代に引いた行政区画線が，独立後の国境線にもなるとされています。これを**ウティ・ポシデティス**（uti possidetis）**の原則**と言います。同原則は，現状を承認するもので，国境の安定性が重視されることになります。

2.4　日本の領土

日本の領土（**図表 2-5**）をめぐっては，北方領土，竹島，尖閣諸島について，他国が領域主権を主張していますが，国際法の観点からはどのようなことが言えるでしょうか。

　この事件では，ボツワナとナミビアの間を流れるチョベ川の中州であるカシキリ・セドゥドゥ島周辺の国境がどこにあるのかが争われました。両国は，ボツワナを植民地としていた英国と，ナミビア（南西アフリカ）を植民地としていたドイツとの間で 1890 年に締結された条約に基づき，国境を画定するよう ICJ に合意付託しました。ICJ は，チョベ川の主要水路のタールベークが国境となるとの当該条約の条文を解釈適用して，カシキリ・セドゥドゥ島の北側を流れる水路が主要水路であり，かつ，タールベークは最も深い水深点を結んだ線であると判断しました。そのため，カシキリ・セドゥドゥ島はボツワナの領土と認められました。なお本件でナミビアは，時効によりカシキリ・セドゥドゥ島を領有したとも主張しましたが，ICJ は，時効が国際法上の領域権原として確立しているか否かについて明確な判断を回避しつつ，いずれにせよナミビアは自らが主張した時効の要件を満たしていないとしました。

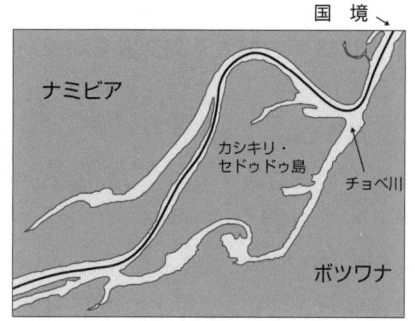

（出所）　ICJ 判決文を参照して作成。

図表 2-5　日本の領土

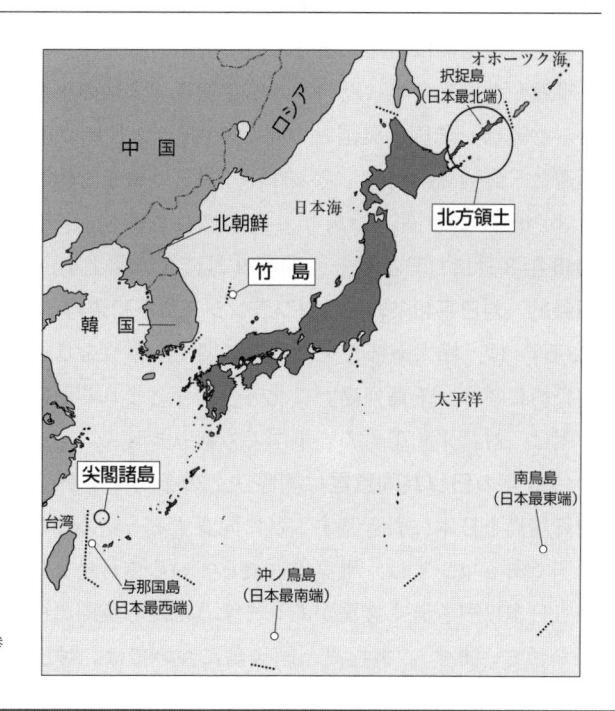

（出所）　外務省 Web サイトを参照して作成。

2.4.1 北方領土

　北方領土とは，北海道に隣接する択捉島・国後島・色丹島・歯舞諸島の総称です。これらの島々については，江戸時代には松前藩の支配が及ぶ地域で，幕末の1855年に江戸幕府とロシア帝国が締結した**日露通好条約**では，択捉島とウルップ島の間に国境が定められました（図表2-6）。

　その後，北方領土の周辺では，日本とロシアとの間で領域変動がありました。まず1875年の**樺太千島交換条約**は，樺太島（サハリン島）に対して日本が有していた権利をロシアに譲渡する代わりに，千島列島（ウルップ島からシュムシュ島までの18島）をロシアが日本に割譲するとしました。樺太島については，1855年の日露通好条約では国境を定めずに両国の権利は従来のままとされていたところ，樺太千島交換条約により，日本がその権利をロシアに譲渡して，樺太島全体がロシアの領域となったのです。ただし，北方領土については何も法的地位は変わりませんでした。次に日露戦争後の**日露講和条約**（ポーツマス条約）（1905年）は，ロシアが日本に樺太南部を割譲すると定めましたが，やはり同条約も北方領土には関係しません。

　事態が大きく変わったのは，第2次世界大戦の末期でした。ロシアの承継国であるソ連は，米国・英国との間で1945年2月に**ヤルタ協定**を結び，樺太南部の返還と千島列島の引渡しを条件に，対日参戦を密約しました。しかしヤルタ協定は3か国間での協定であり，日本には国際法上の効果はありません。ソ連は1945年8月に対日参戦し，同年9月に北方領土を占領しました。**日本国との平和条約（対日平和条約・サンフランシスコ平和条約）**（1951年）2条（c）（資料2-1（33頁））は，樺太南部と千島列島に関する権原を日本が放棄すると定めましたが，同条約に言う「千島列島」に北方領土が含まれるとは記載されていません。またソ連は，対日平和条約の当事国でもありません。

　1956年の**日ソ共同宣言**は国際法上の条約ですが，そこでは，ソ連が色丹島と歯舞諸島を日本に引き渡すことに同意すると定めました。したがって，ソ連の承継国であるロシアは，現実に占拠している色丹島と歯舞諸島については，少なくとも日本に引き渡す義務があります（ただし実際の引渡しは平和条約締結後と定められています）。択捉島と国後島については，対日平和条約で日本が放棄した「千島列島」に含まれるか否かがポイントになりますが，日本政府は，北方領土

図表 2-6　北方領土問題の経緯

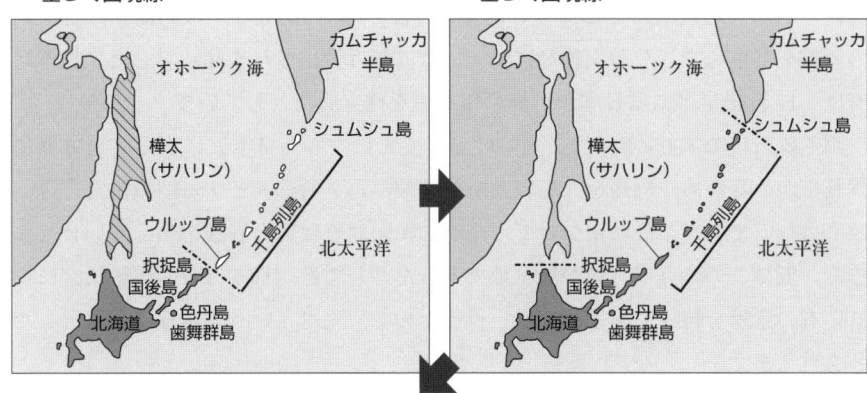
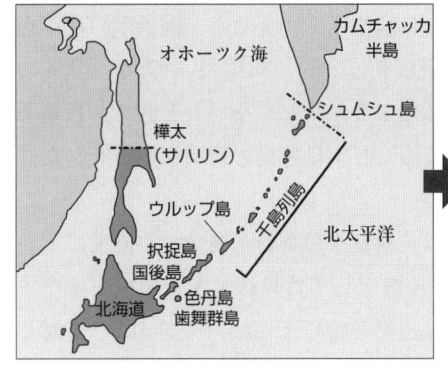

1. 1855 年の日露通好条約に
　 基づく国境線

2. 1875 年の樺太千島交換条約に
　 基づく国境線

3. 1905 年の日露講和条約に
　 基づく国境線

4. 1951 年の対日平和条約に
　 基づく国境線

（出所）　外務省 Web サイトを参照して作成。

は「千島列島」には含まれないとの立場をとっています（**図表2-6**（31頁））。

2.4.2 竹 島

竹島は，日本海の孤島で島根県に属します（**図表2-7**）。竹島とは別に，朝鮮半島の沖合に鬱陵島という島があり，鬱陵島に日本人が渡航する中継地として，竹島が江戸時代から利用されていました。鬱陵島については，当時の朝鮮王朝が空島政策（無人化政策）をとっていたため，江戸幕府も1696年に同島への日本人の渡航を禁止しましたが，竹島については渡航は禁止されませんでした。日本政府は，17世紀半ばには日本が竹島の領有権を確立したとしています。

明治維新後の1905年には，当時竹島で盛んになった日本人によるアシカ猟に規制をかけるため，竹島を「島根県所属隠岐島司ノ所管」とする閣議決定を日本政府は行いました。これについて，当時の韓国政府は何ら異議を唱えていません。また，仮にこの時点で竹島が無主地であったとしても，日本はこの閣議決定により領有の意思を持って実効的占有を行ったので，先占という領域権原を取得したとも言えます。

竹島について領域紛争が発生したのは，第2次世界大戦後です。対日平和条約2条(a)（**資料2-1**）では，済州島，巨文島及び鬱陵島に関する権原を日本は放棄することが定められましたが，竹島はここに含まれていません。同条項の起草過程では，韓国政府が竹島を含めるよう主張しましたが，米国は，竹島が「我々の情報によれば朝鮮の一部として取り扱われたことが決してない」として，最終条文案が決定されました。この経緯からしても，日本は竹島の領域権原を有したままであると言えます。

しかし，これを不満に思った韓国政府は，対日平和条約が発効する直前に，いわゆる李承晩ライン（**図表2-7**）を一方的に設定して竹島に対する領域主権を主張するとともに，竹島に警備隊を常駐させ占拠し始めました。日本はこれに対して厳重に抗議し，1954年には紛争をICJに付託する提案を韓国に行いましたが，韓国は拒否しました。

このように竹島に関しては，李承晩ライン設定により韓国が竹島について主権を主張し，それに対して日本が抗議した時点が紛争発生日かつ決定的期日と考えられ，同日以降の韓国の行動や既成事実の積み重ねは証拠として考慮されません

図表 2-7　竹　島

①地理的関係

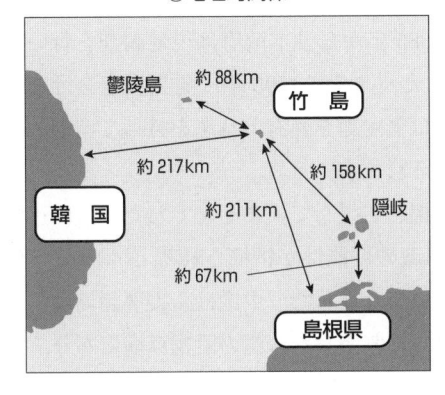

②李承晩ライン

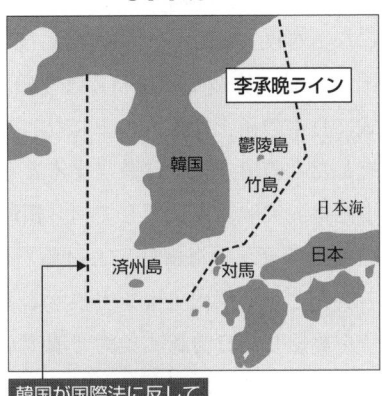

（出所）　外務省 Web サイト。

資料 2-1◆日本国との平和条約（対日平和条約・サンフランシスコ平和条約）2 条
　　　　　（抜粋）（1951 年）

（a）　日本国は，朝鮮の独立を承認して，済州島，巨文島及び欝陵島を含む朝鮮に対するすべての権利，権原及び請求権を放棄する。

（b）　日本国は，台湾及び澎湖諸島に対するすべての権利，権原及び請求権を放棄する。

（c）　日本国は，千島列島並びに日本国が千九百五年九月五日のポーツマス条約の結果として主権を獲得した樺太の一部及びこれに近接する諸島に対するすべての権利，権原及び請求権を放棄する。

ので，国際法に基づけば竹島は日本の領土であると言えるでしょう。

2.4.3 尖閣諸島

尖閣諸島は，魚釣島，北小島，南小島，久場島，大正島などから成る島々の総称で（**図表 2-8**），沖縄県石垣市に属します。江戸時代までは無人島で，航海の目印になる程度でしたが，明治維新後の 1885 年から日本政府は現地調査を行い，清国の支配が及んでいないことを確認したうえで，1895 年に閣議決定を行って，正式に日本の領土に編入しました。これは無主地を領有の意思を持って実効的に占有したもので，先占に該当すると考えられます。

中国は，尖閣諸島に関して何ら領域主権を主張していませんでしたが，国連機関の調査で東シナ海海底における石油埋蔵の可能性が指摘されると，1970 年代から突如として領域主権を主張するようになりました。中国は，尖閣諸島は日清戦争を終結した日清講和条約で清国が日本に割譲した台湾の附属島嶼であり，カイロ宣言（**資料 2-2**）とポツダム宣言（**資料 2-3**）によって日本が返還する義務を受諾し，対日平和条約 2 条（b）（**資料 2-1（33 頁）**）に定める日本が権原を放棄する「台湾」に含まれると主張しています。しかし日清講和条約の条文には，尖閣諸島の記載はなく，清国が日本に割譲した地域ではありませんし，対日平和条約上も，米国が施政権を行使する南西諸島（沖縄）の一部として尖閣諸島は扱われました。したがって，尖閣諸島について先占により日本が取得した領域権原は，現在でも何ら変わることはないと言えます。

2.5 国際化地域

ここまでは，国家領域である陸地（領土）について解説をしてきましたが，ある国の国家領域の一部でありながら，その国の領域主権が一定程度制限されている地域があります。**国際河川**や**国際運河**と呼ばれる河川や運河が，その例です。また**南極**については，複数の国家が主権を主張していますが，南極条約により領有権の主張が凍結されており，いずれの国の国家領域とも決まっていません。このように，領域主権が制限されている地域や，南極のように特定国の主権の下に置かれていない地域のことを，**国際化地域**と呼ぶことがあります。そこでここで

図表 2-8　尖 閣 諸 島

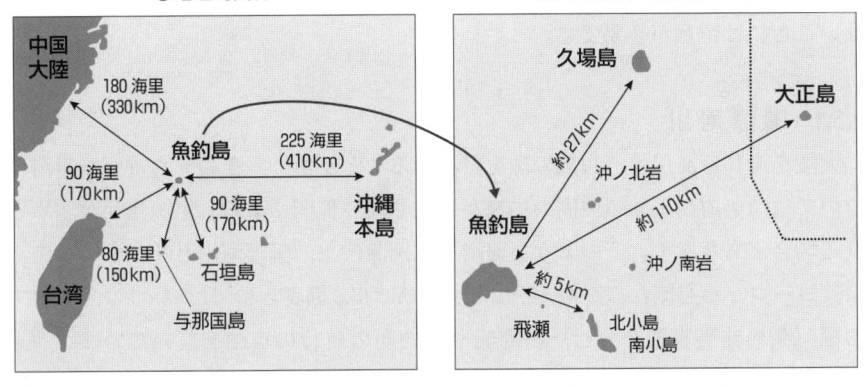

①地理的関係　　　　　　　②尖閣諸島を構成する島々

（出所）　外務省 Web サイト。

資料 2-2 ◆ カイロ宣言 （1943 年）

右同盟国の目的は日本国より 1914 年の第一次世界戦争の開始以後に於て日本国が奪取し又は占領したる太平洋に於ける一切の島嶼を剥奪すること並に満洲，台湾及澎湖島の如き日本国が清国人より盗取したる一切の地域を中華民国に返還することに在り日本国は又暴力及貪欲に依り日本国の略取したる他の一切の地域より駆逐せらるべし

（出所）　内閣府 Web サイト。

資料 2-3 ◆ ポツダム宣言 （1945 年）

8　「カイロ」宣言ノ条項ハ履行セラルヘク又日本国ノ主権ハ本州，北海道，九州及四国並ニ吾等ノ決定スル諸小島ニ局限セラルヘシ

（出所）　内閣府 Web サイト。

は，国際化地域の例として，国際河川，国際運河，南極について解説します。ただし，国連の信託統治地域（⇒11.2.3）や公海（⇒3.6.1）のようなすべての国家の自由な利用に解放される国際公域などを国際化地域に含める見解もあります。そのため，国際化地域という用語は多義的ですので，必ずしも統一されたものではないことには留意が必要です。

2.5.1　国際河川

　大陸を流れる河川は，複数の国を貫流することがあり，そのうち重要な河川については，条約により領域国の主権が制限され，他国による利用の権利が認められる場合があります。そのような河川を，国際法上，**国際河川**と呼びます。例えば，ヨーロッパを流れるダニューブ川（ドナウ川。**図表2-9**）については，すべての国（条約非当事国を含む）の商船や貨物船の航行の自由を認めています（ダニューブ川条約1条。**資料2-4**）。複数の国を貫流する河川であっても領域国の主権が及ぶ内水ですので，本来は領域国の同意がなければ外国船舶は通航できませんが，ダニューブ川のような国際河川は，関係国間で締結される条約により領域主権が一部制限されていることになります。

　近年では，国際河川の航行利用だけでなく，**水資源としての利用**が注目され，1997年には国際水路非航行的利用条約も締結されました。同条約では，衡平利用原則や損害防止原則が定められ，特に上流国による一方的な利用の権利の行使が制限されます（国際水路非航行的利用条約5条，7条）。

2.5.2　国際運河

　国際運河とは，一国の領域内に存在する運河でありながら，外国船舶の自由な通航が条約によって認められているものを言い，スエズ運河とパナマ運河が国際運河に該当します。地中海と紅海を結ぶスエズ運河（**図表2-10**）は，エジプトの領域内にありますが，すべての国の商船と軍艦に航行の自由が保障され，エジプトは，外国船舶の航行を阻害したり，スエズ運河を封鎖したりすることが禁じられます（スエズ運河条約1条。**資料2-5**（39頁））。また，太平洋と大西洋を結ぶパナマ運河は，パナマの領域内にありますが，すべての国の船舶の平和的航行を認める義務をパナマは負っています（パナマ運河永久中立条約2条）。このように，

図表 2-9　ダニューブ川（ドナウ川）

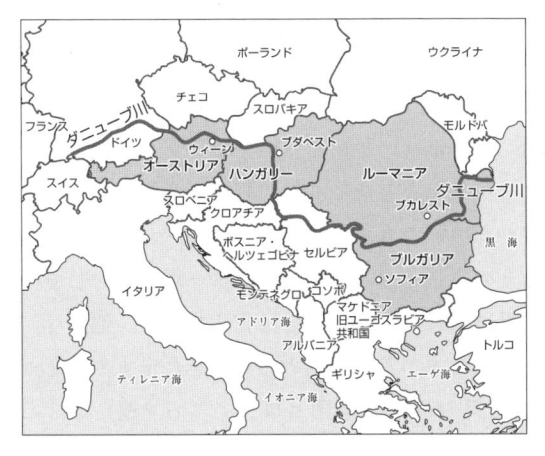

ブダペストを流れるダニューブ川

（出所）　外務省 Web サイト（地図）。
（写真）　photoAC。

資料 2-4◆ダニューブ川条約（1948 年）

　第１条　ダニューブ川の航行は，入港税及び航行税並びに通商上の航行に課せられる条件に関して平等の立場において，すべての国の国民，商船及び貨物に対して，自由であり，かつ開放される。この規定は，同一国の港湾間の交通には適用しない。

図表 2-10　スエズ運河

スエズ運河を横切る唯一の建造物，
エジプト－日本友好橋

（写真）　photoAC。

国際運河については領域国の領域主権が一部制限されているのです。

2.5.3　南　極

　南極大陸については，英国・フランス・ノルウェー・オーストラリア・ニュージーランド・チリ・アルゼンチンの7か国が領有権を主張しており（図表2-11），これらの国を**クレイマント**（claimant）と呼んでいます。クレイマントは，発見・探検，先占，近接性，セクター理論などを領有権の根拠としています。このうちセクター理論とは，南極点から引いた2本の子午線で区切られる扇形の区域内の陸地が，自国の領域であるとの主張です。ただしセクター理論に対しては反対も多く，国際法上，一般的に受け入れられているとは言えません。他方で，南極大陸に対する自身の領有権を主張せず，かつ他国の領有権を否定する国を，**ノンクレイマント**（non-claimant）と呼びます。米国とロシア（旧ソ連）は，これまでのところ南極大陸に関する領有権を主張していませんが，将来にそのような主張をする権利は留保するとしています。日本は，対日平和条約2条(e)により南極地域に対する権利，権原，請求権を放棄しましたが，対日平和条約発効後に生じうる請求権については留保されているというのが政府の立場です。

　このように南極大陸の法的地位に関する見解が対立する中，1959年に**南極条約**が締結されました。南極条約は，南緯60度以南の地域に適用され（6条），南極地域における**領土主権**と請求権を凍結したものと解釈されています（4条）。これは，同条約の締約国に対して領土主権の放棄を求めたものではなく，あくまで現状維持を定めたものですので，潜在的には南極大陸に対する領域権原が認められる可能性は残っています。同時に南極条約は，条約当事国に科学的調査の自由を認めましたので，いずれの国も科学的調査を行う権利があります（2条）。日本の昭和基地をベースとする活動も，その一つです。また，南極地域は平和的目的のみに利用するとされ，**軍事基地の設置や軍事演習などの軍事目的での利用は禁止されています**（1条）。そして南極条約は，同条約の履行確保のために協議国会議を設置しました（9条）。同会議は，南極条約の原署名国及びその他の南極地域で実質的な科学的研究活動を実施している締約国で構成されており，協議国会議が採択した「措置」は法的拘束力を有すると解釈されています。

　さらに南極条約を補完するための関連条約として，南極あざらし保存条約

第 1 条　スエズ海水運河は，戦時においても平時においても，国旗の区別なく，すべての商船及び軍艦に対して，常に自由であり，かつ開放される。

したがって締約国は，戦時においても平時においても，運河の自由な使用をいかなる方法によっても阻害しないことに同意する。

運河は，封鎖権の行使の対象としてはならない。

図表 2-11　南極に対するセクター理論などに基づく領有権の主張

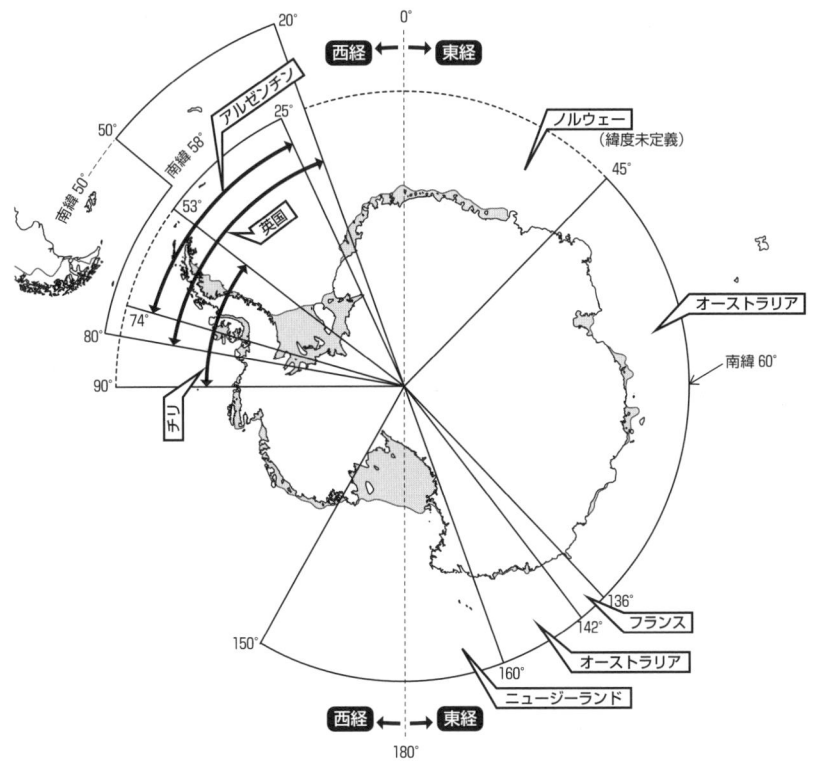

この地図は，南極大陸に対するクレイマント 7 か国による領有権の主張を図示したものです。なお西経 90 度から 150 度までの範囲については，いずれの国も領有権を主張していません。

（出所）　S. Vöneky and S. Addison-Agyei, "Antarctica," in Max Planck Encyclopedias of International Law (Article last updated May 2011) の記載を参考に作成。

(1972 年)，南極海洋生物資源保存条約（1980 年)，環境保護に関する南極条約議定書（1991 年）が締結されてきており，これらと南極条約を合わせて南極条約体制と呼びます。環境保護に関する南極条約議定書は，科学的調査以外の鉱物資源活動を禁止しましたが（7 条)，同議定書の効力発生から 50 年後に再検討されることとなっています（25 条)。

海 洋 法

　海の利用に関しては海洋法と呼ばれる国際法のルールがあり，海に囲まれた日本にとっても大変重要なルールとなっています。例えば，海の交通・輸送を担う船舶は，どこの海でも自由に航行できるのでしょうか。また，魚などの水産資源や石油などの海底下の鉱物資源については，どの国が利用し，あるいは規制することができるのでしょうか。第3章では，主に国連海洋法条約を参照しながら，こうした海の問題に関する国際法の発展と現状を説明していきます。

3.1 海洋法の発展

海の利用に関わる国家間関係を規律する**海洋法**は，欧州諸国の海外進出とともに発展してきた，比較的長い歴史のある国際法分野です。17世紀には，海はすべての国に開かれているとする**自由海論**（グロチウス）と，海は領有しうると説く**閉鎖海論**（セルデン）との論争がみられました。18世紀に入ると，すべての国が自由を享受する「広い公海」と，各国の平和・秩序の維持に必要な「狭い領海」に区分する二元的な構造が，慣習国際法として次第に確立していきます。公海は，その海域自体にはどの国の管轄権も及ばない国際公域であるのに対して（ただし後述のように，公海上の船舶や人にはその国籍国の管轄権が及びます），領海は，国の主権が認められる国家領域の一部を構成します。

こうした海洋法の法典化が進むのは，20世紀に入ってからのことです。**第1次国連海洋法会議**（1958年）では，従来の領海・公海制度の条約化に加えて，一定の資源問題に対処するための条約も採択されます（「領海及び接続水域に関する条約（領海条約）」「公海に関する条約（公海条約）」「漁業及び公海の生物資源の保存に関する条約」「大陸棚に関する条約（大陸棚条約）」）。これらは**ジュネーヴ海洋法4条約**と総称されます。さらに**第3次国連海洋法会議**（1973年〜1982年）の成果として，1982年に**国連海洋法条約**が採択され，大陸棚のみならず排他的経済水域（EEZ）についても設定国に一定の主権的権利が認められたほか，大陸棚以遠の海底には深海底の制度が新設されるなど，海洋法の構造はより複雑化しています。国連海洋法条約311条1項によれば，従前のジュネーヴ海洋法4条約の規則と矛盾する場合には，国連海洋法条約の規則が優先して適用されます。以下では，主に国連海洋法条約の規定に照らしながら，今日の海洋法秩序の基本構造を構成している，こうした海域別の諸制度を順に検討していくこととします（以下で示す，括弧の中の条文・条項の番号は，特に断りのない限り，国連海洋法条約のものです）（**図表3-1**）。

3.2 領水（内水・領海）

領水は，それが所属する国（沿岸国）の主権が及ぶ海域で，内水と領海から構

図表 3-1　主な海域の区分（海底に関する制度を除く）

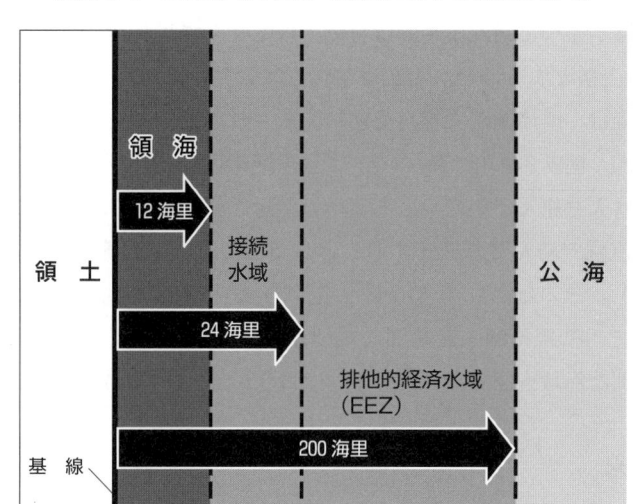

※海里は海で用いる長さの単位で，1 海里は 1.852km です。
（12 海里：約 22km，24 海里：約 44km，200 海里：約 370km。）

図表 3-2　通 常 基 線

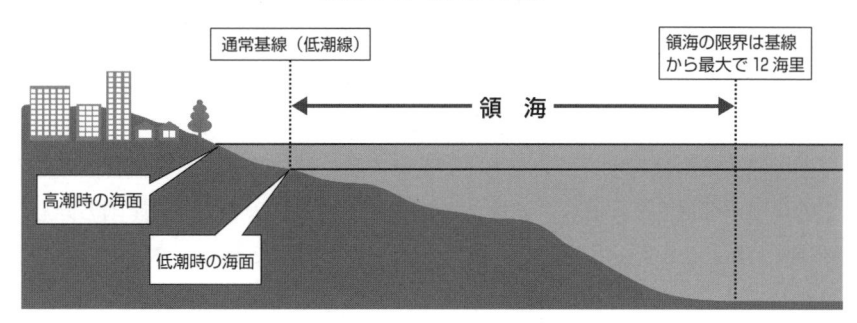

※低潮線とは，最も潮が引いた時の海岸線です。領海などの範囲の基準となる基線は，通常は海図に記載のある
　低潮線となります（通常基線）。

成されます。領海などの幅を測る基点となる線を**基線**（きせん）と呼びますが，基線の陸地側の水域が**内水**で（国連海洋法条約 8 条 1 項），基線の沖合側に最大 12 海里（1 海里＝1.852km）まで認められる水域が**領海**です（3 条）（図表 3-2（43 頁））。領海の幅については，かつて領海条約では合意できませんでしたが，国連海洋法条約では 12 海里を上限とすることが明文化されています。

　通常の基線は，沿岸国の大縮尺海図に記載される海岸の低潮線（潮が最も引いた時の海岸線。図表 3-2（43 頁））で，これを**通常基線**と言います（5 条）。ただし，海岸が複雑に入り組んでいたり，あるいは至近距離に一連の島がある場所では，適当な点を直線で結んで基線とすることができ，これを**直線基線**と言います（7 条。図表 3-3）。そのほか，湾（10 条），港（11 条），低潮高地（13 条。3.7 も参照）などについて，基線に関する特別な規則があります。なお，群島国と呼ばれる国々には特別な海域も認められています（**コラム 3-2**（47 頁））。

3.2.1　内　水

　内水には，湾，内海，港，河口などが含まれます（図表 3-3）。内水たる**湾**として認められるには，湾口が 24 海里以下であることなどの一定の条件があります（10 条）。また，長期の慣行と諸国の黙認に基づいて，湾として認められる場合もあります（米国チェサピーク湾等。これを**歴史的湾の法理**と言います。同条 6 項）。テキサダ号事件大阪高裁判決（1976 年）は，内海にこうした歴史的湾の法理を類推し，瀬戸内海の内水としての地位を認めています。**港**については，港湾の不可分の一部で最も沖合側にある恒久的な港湾工作物（防波堤等）は，領海の設定上海岸線の一部とみなされ，その内側は内水となります（11 条）。

　国連海洋法条約は内水についてあまり定めを置いていませんが，慣習国際法上，一定の規則が発展しています。まず，外国船舶が内水に入るには沿岸国の同意が必要です（ただし 8 条 2 項も参照）。また，港内など内水で航行・停泊中の外国船舶に対しては，原則として沿岸国の管轄権が及び，外国船舶は沿岸国の国内法令を遵守しなければなりません（**コラム 3-1**）。

　ただし，外国の軍艦・非商業的目的の政府船舶は，沿岸国の司法・執行管轄権から一般に免除されます（これは後述する領海，接続水域，排他的経済水域でも同様です）。また，外国船舶内の犯罪については，専ら船内秩序に関わり沿岸国

図表 3-3　基線と領海の限界

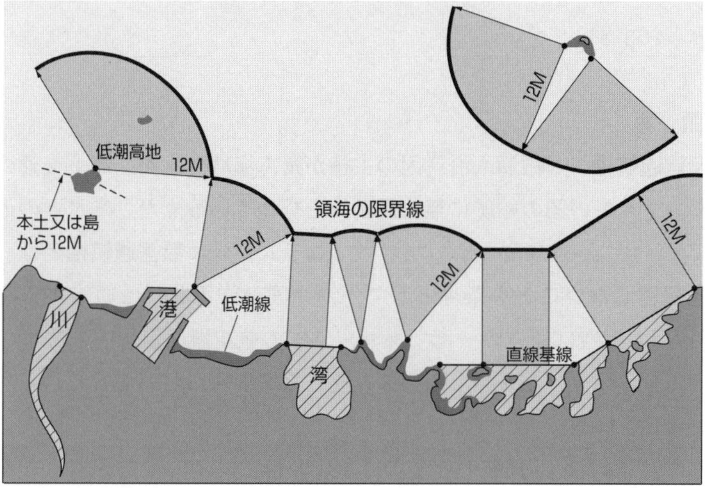

※1　図の斜線の部分などは内水です。M＝海里。
※2　湾や港に関する規則については本文 3.2.1 を，低潮高地に関わる規則については本文 3.7
　　を参照。
（出所）　海上保安庁 Web サイトを元に作成。

コラム 3-1 ● 船内で感染症が発生した外国船舶に対する内水沿岸国の対応

　2020 年，日本の横浜港に，新型コロナウイルス感染症が船内で発生した英国籍の大型ク
ルーズ船，ダイヤモンドプリンセス号が入港し，同船に対する日本の対応が国内外から注目
されました。本件のように，感染症により船内の人間の生命・健康に深刻な脅威が生じてい
る場合に，国際法上当該船舶の入港を拒否できるのか，また入港してきた時に自国法を適用
できるのか，といった問題があります。これらの点につき，慣習国際法上，遭難した外国船
舶の入港は拒否できず，また遭難の結果として自国に入港した場合には自国法を適用できな
い，としばしば説かれてきました。そして，船内で感染症による脅威が発生している場合も，
遭難にあたりうるとする見解もみられます。しかし感染症の場合には，入港先の住民の健康
や医療体制にも大きな脅威となりうることから，入港先の国が入港可否の決定権を有すると
考えることにも一定の合理性があります。また，内水にある外国船舶には，やはり領域国と
して国内法を適用できると考えることもできます。こうした船舶への対応に関する規則には
定かではないところもあり，今後さらに明確化が求められます。

の平和・静穏を害しない場合には，沿岸国は刑事法上の司法・執行管轄権の行使を控えることが一般的です。そうした扱いを慣習国際法の規則とみる立場（フランス主義）と，あくまで国際礼譲（儀礼的な慣行）に過ぎないとの立場（英米主義）がみられます。

3.2.2 領 海

[1] **無害通航権**　　領海も沿岸国の主権が及ぶ海域ですが，海上交通の便宜を図るため，すべての国の船舶に無害通航権を認めている点が，内水との最も重要な違いです（17条。群島国の海域についてはコラム 3-2）。**無害通航権**とは，沿岸国の法益を侵害しないことを条件として，沿岸国の許可なしに通航する権利です（なお，領海の上空は領空の一部であり，外国の航空機は領域国の許可なく飛行できません（⇒4.1））。こうした権利は，既に領海条約においても認められていました（領海条約 14 条）。

国連海洋法条約は，「通航」とその「無害」性に関する規定を置くことで，無害通航の内容のさらなる明確化を図っています。まず「**通航**」は，「継続的かつ迅速に」行うものとされ，危難を避ける必要がない限り停船・投錨（とうびょう）は認められません（18条。なお潜水艦については浮上して航行しなければなりません（20条））。また「**無害**」とは，「沿岸国の平和，秩序又は安全を害しない」ことを意味し（19条1項），武力行使，汚染行為，漁獲活動など有害とみなされる活動類型が列挙されています（19条2項）。

無害通航権は，基本的には商船を念頭に発展してきましたが，**軍艦**にそうした権利が認められるかについては国家実行や学説に対立がみられます。まず，19条2項が挙げるような船舶の活動の具体的態様ではなく，軍艦などの船舶の種類を理由に直ちに無害性を否定できるか争いがあります（**態様説**と**船種説**の対立。コラム 3-3）。この点につき国連海洋法条約では，①「すべての船舶に適用される」条文の中に無害通航権の規定が含まれていること，②有害行為を挙げる 19 条 2項は，軍事演習のように通常軍艦でなければ実施しないような活動もわざわざ列挙していること，③20 条が潜水艦の通航を認めていることをふまえると，少なくとも軍艦の無害通航が一律に否定されていると解することは困難です。なお日本は，軍艦の無害通航を認める一方で，非核三原則との関係上，核兵器搭載船の

コラム 3-2 ● 群島国の海域

　国連海洋法条約 46 条が定義する群島国（フィリピンやインドネシアなどが該当）は，最も外側にある島及び常に水面上にある礁を直線で結び（**群島基線**），そこから領海を設定することができます。他方，当該基線の内側は**群島水域**と呼ばれ，群島国の主権が及ぶ一方，すべての国の船舶に領海と同様の無害通航権が認められます（52条 1 項）。また群島国は群島水域やそれと接続する領海に**群島航路帯**（それらの上空には航空路）を指定でき，すべての国の船舶・航空機に後述の国際海峡での通過通航権に類似した**群島航路帯通航権**が認められます（53 条。なお群島航路帯の指定がなくても，通常国際航行に使用されている航路にも同じ通航権が認められます）。

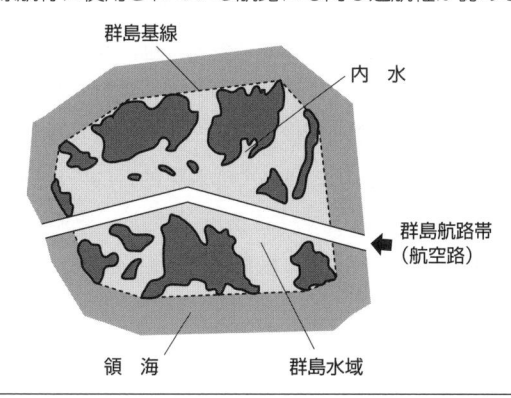

コラム 3-3 ● 態様説と船種説

　自国領海における外国船舶の航行の無害性の判断については，大まかに態様説と船種説という 2 つの考え方があります。

　①　**態様説**：無害性は，外国船舶の行為，活動，通航の「態様」に基づいて判断されるとする説。有害行為を列挙する 19 条 2 項は，同 1 項の例示であるなどと説明されます。

　②　**船種説**：軍艦といった外国船舶の「種類」も，無害性を判断する根拠となりうるとする説。19 条 2 項はみなし規定に過ぎず，1 項に基づいて船種を理由とした規制も認められると主張されます。

通航は無害通航とは考えないとの立場を国会答弁で明らかにしています（1968年4月17日衆議院外務委員会）。

　[2] 外国船舶に対する沿岸国の権利・義務　　沿岸国は，外国船舶による有害な通航の防止のため，必要な措置をとることができます（25条1項）。自国の安全のため不可欠ならば，無害通航を認めることを一時的に停止することも可能です（同3項）。また，海上交通の規制，海洋生物資源保全，汚染防止といった一定の事項について，自国領海での無害通航に関わる国内法令を定めることができます（21条）。

　他方で沿岸国は，外国船舶の無害通航を妨害してはならず，法令で無害通航権を実際上否定するような要件を課すことなどは許されません（24条）。また，自国領海にある外国船舶内で発生した犯罪については，犯罪の結果が沿岸国に及ぶなど一定の場合を除いて，沿岸国は刑事上の裁判・執行管轄権の行使を控えねばなりません（27条）。民事上の管轄権の行使についても制限があります（28条）。

　なお，内水の場合と同様，外国の軍艦や非商業的目的の政府船舶は，沿岸国の裁判・執行管轄権から免除されます（32条）。ただし，軍艦が沿岸国の法令に違反し，かつその遵守の要請も無視する場合には，領海からの退去を求めることができます（30条）（コラム3-4）。

3.3　国際海峡

　国際航行に使用されている海峡を**国際海峡**と言います。国連海洋法条約は，公海・排他的経済水域のある部分と，公海・排他的経済水域の他の部分との間にある国際海峡（例：ホルムズ海峡，マラッカ海峡）において，すべての船舶と航空機に**通過通航**の権利を認めています（37条，38条。図表3-4）。①すべての航空機に上空飛行の自由があること（38条1項），②潜水艦に浮上義務はないと解されること（潜航は39条1項(c)に言う「通常の形態」だと言えるため），③無害性が直接の基準とされていないこと，といった点で領海の無害通航権とは異なっており，航行・飛行の利益がより手厚く保護されています。沿岸国は，航路帯の指定は可能ですが（41条），通過通航を妨害・停止することはできません（44条）。他方，通過通航中の船舶・飛行機は遅滞なく通過せねばならず，関連の国際規則や沿岸

　中国の政府船舶が，日本の尖閣諸島（⇒2.4.3）の領海あるいは接続水域に入域・航行しているとの報道を多く目にします。現在の中国海警局のような海上法執行機関の船舶は，国際法上，「非商業的目的の政府船舶」のカテゴリーに含まれると理解できますが，このカテゴリーの船舶についても，領海における無害通航権が認められることに争いはありません（例えば領海条約 22 条も参照）。しかし，例えば情報収集，調査活動や主権主張のための行動（漁船の取締等）を行うことは，「無害」ではないと主張でき（国連海洋法条約 19 条 2 項(c)，(j)，(l)），また徘徊などしていればそもそも「通航」にあたりません（18 条）。こうした無害通航にあたらない航行を防止するため，沿岸国は領海内で必要な措置をとれますが（25 条），「非商業的目的の政府船舶」は沿岸国の執行・司法管轄権からの免除を享受します（32 条）。そのため沿岸国は拿捕や逮捕，処罰はできず，現場で退去を要請し，外交ルートで本国に抗議するというのが基本的な対応になると考えられます。

　また接続水域（⇒3.4）は，出入国管理などの特定の事項について，領土・領水内での法令違反の防止・処罰のための対応が認められている海域です。そのため沿岸国は，接続水域への入域だけを理由に当該船舶に対して措置をとることはできません。しかし沿岸国は，前述のような問題行動をとることが予測される船舶に対して，領海に入らないよう警告することは少なくとも可能だと考えられます。

図表 3-4　国際海峡①

1. 通過通航権が認められる国際海峡（37 条）

　海峡の端がいずれも公海・EEZ とつながっている場合（例：マラッカ海峡）。なお，特別な条約が締結されている場合（例：マゼラン海峡）は当該条約に従います。

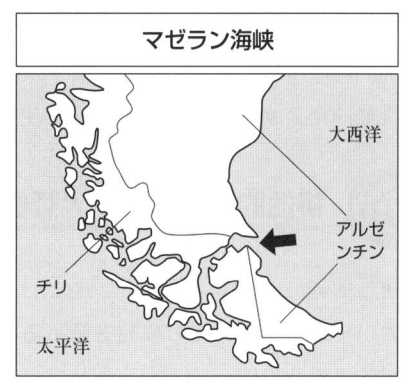

国法令の遵守などが求められます（39条，42条等）。

　公海・排他的経済水域と他国領海との間の国際海峡の場合には，通過通航ではなく無害通航の権利が認められています（**図表3-5**）。沿岸国はそうした通航を認めることを停止できず（45条2項），また軍艦にもその権利があると広く解されていることから（コルフ海峡事件ICJ判決（1949年）），強化された無害通航権とも呼ばれています。また，海峡内に公海・排他的経済水域の航路が残っている場合は，後述する公海での航行の自由が適用されます（36条）。日本は，宗谷海峡や津軽海峡など5つの海峡について，領海の幅を3海里にとどめ，領海にあたらない海域（**特定海域**）を残しています（**図表3-6**）。

3.4　接 続 水 域

　沿岸国は，自国領域内での通関上，財政上，出入国管理上，または衛生上の国内法令の違反を防止し，またこれらの違反を処罰するために，領海の外であっても基線から24海里までの範囲で，必要な規制を行うことができます。この水域を**接続水域**と言います（33条）（**図表3-1**（43頁））。自国への密輸入，密入国，伝染病の侵入などについては，領域内での対処に限界もあることから，それらの防止・処罰に限って，沿岸国に管轄権の行使を認めているのです（**コラム3-4**（49頁））。この制度は既に領海条約においても採用されており（領海条約24条），その頃には慣習国際法となっていたと考えられます。

　なお，沿岸国が排他的経済水域を設定している場合，接続水域にあたる海域は排他的経済水域にも通常該当します。その場合沿岸国は，当該海域では，次にみる排他的経済水域における権利も行使できることになります。

3.5　排他的経済水域／大陸棚

　排他的経済水域も大陸棚も，主として**資源利用**という目的に関連して，領海外において沿岸国に一定の権利を認める制度です。排他的経済水域は主に魚などの海洋生物資源に関して，大陸棚は主に石油，天然ガス，鉱物といった非生物資源に関して，沿岸国の権利主張の結果，発展してきた制度だと言えます。大陸棚の

図表 3-5 国際海峡②

2. 強化された無害通航権の対象となる国際海峡

ア 海峡が本土と沖合の島の間にあり, 島の沖合に同様に便利な公海・EEZ の航路が存在する場合（38 条 1 項但書）

イ 海峡が公海・EEZ と領海の間にある場合（45 条 1 項(b)）

カルマル海峡

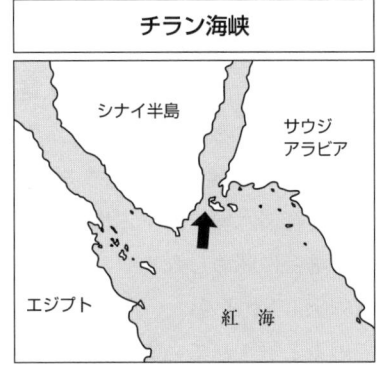

チラン海峡

図表 3-6 日本の特定海域

　1977 年, 領海法の制定により日本も領海の幅を 12 海里に拡大しましたが, 宗谷海峡, 津軽海峡（下図）, 対馬海峡東水道, 対馬海峡西水道, 大隅海峡に関しては, 従来通り 3 海里にとどめられ, 外国船舶・航空機が自由に通過できる海域を残しました（領海法附則 2 項）。

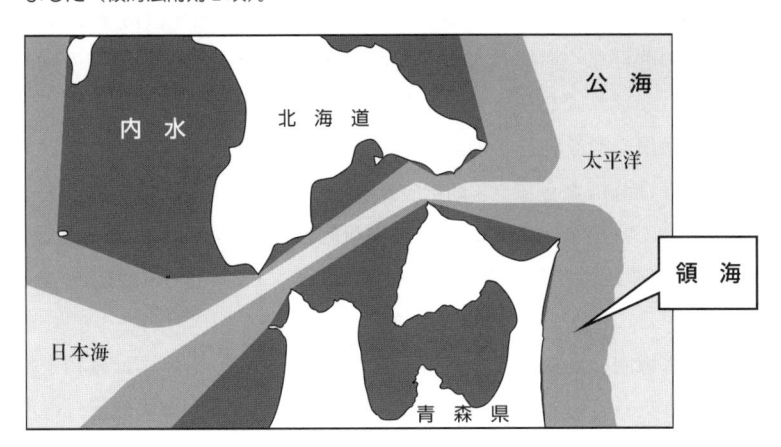

（出所）　海上保安庁 Web サイト。

制度は1958年の大陸棚条約において採用されていたのに対して，排他的経済水域の制度は1970年代に入って主張されるようになり，国連海洋法条約において明文化されました。なお排他的経済水域は，海面・海中のみならず海底とその地下も含みますが，海底とその下についての権利は大陸棚に関する規則に従って行使されます（56条3項）。

3.5.1 排他的経済水域

　国連海洋法条約は，**排他的経済水域**（EEZ：Exclusive Economic Zone）について，領海に接続する水域であって，国連海洋法条約第5部に定める特別の法制度によるもの，と定義します（55条。図表3-1（43頁））。後述する大陸棚とは異なり，排他的経済水域に関する権利義務は，沿岸国が国内立法などにより同水域を設定した場合に認められます。排他的経済水域の範囲は基線から200海里が上限です（57条）。今日では，排他的経済水域を設定する権利は，慣習国際法上も確立していると解されています（リビア=マルタ大陸棚事件ICJ判決（1985年））。

　沿岸国は，自国の排他的経済水域において，天然資源の探査，開発，管理や，経済的な探査や開発のための他の活動（洋上風力発電といったエネルギー生産等）について，主権的権利が認められています（56条1項(a)）。海洋生物資源の利用・管理については，沿岸国が広く国内法により規制でき（62条4項），またそうした国内法を執行できることが特に明文化されています（73条1項）。外国漁船は沿岸国の許可なく漁獲できず，漁獲が認められる場合も沿岸国の国内法令に従って操業しなければなりません。ただし，法令違反があった場合でも，長期の抑留による漁民や漁業利益への影響を考慮して，保証金の支払いなどがあれば直ちに釈放しなければならず（**早期釈放義務**。73条2項），また拘禁刑などを科すことも禁じられています（73条3項）。早期釈放義務の違反が争われる場合（コラム3-5）には，当事国は国際海洋法裁判所（ITLOS。コラム15-7（321頁）参照）に一方的に付託することができます（292条）。

　排他的経済水域内の生物資源の利用・管理については，沿岸国は権利を持つだけでなく義務も負っています。沿岸国は，同水域における**漁獲可能量**（総漁獲量の上限）を決定し（61条1項），その際には原則として**最大持続生産量**（当該資源から継続的に得ることができる年間の最大漁獲量）を実現するため（同3項），

図表 3-7　各海域での外国船舶の航行・外国航空機の飛行の扱い

内　水	航行・上空飛行には沿岸国の同意が必要（直線基線の設定により内水となったかつての領海部分には無害通航権あり）。
領　海	無害通航権あり。潜水艦に浮上義務。上空飛行には沿岸国の同意が必要。
国際海峡① ：公海・EEZ にあたる海域の間の海峡	軍艦も含め通過通航権あり（無害性は通航の条件ではない）。潜水艦に浮上義務なし。上空飛行も可。
国際海峡② ：公海・EEZ にあたる海域と他国領海との間の海峡	軍艦も含め強化された無害通航権あり（沿岸国は無害通航を認めることを停止できない）。
群島水域	無害通航権あり。また群島航路帯などでは群島航路通航権あり。上空飛行も可。
公　海 （接続水域・EEZ も基本的に同じ）	航行・上空飛行の自由。

コラム 3-5 ● 豊進丸・富丸事件 ITLOS 判決（2007 年）

　実際に日本が，早期釈放の義務の履行を求めて国際海洋法裁判所（ITLOS）に付託した事件として，第 88 豊進丸・第 53 富丸事件があります。いずれもロシアの排他的経済水域でロシアに拿捕され，日本が船体などの釈放を求めていました。ITLOS は，このうち第 88 豊進丸については，保証金の額を 1000 万ルーブル（約 4600 万円）と認定し，その支払いにより船体を早期に釈放することと，船長らの帰国を無条件で認めることを命じる判決を下しました（第 53 富丸については，判決の前にロシアの国内裁判で船体没収が確定しました）。

適当な保存管理措置をとらなければなりません（同2項）。また沿岸国は，資源の最適利用を促進しなければならず（62条1項），自国の漁獲能力を決定したうえで，漁獲可能量の余剰分については協定その他の取極により他国にも入漁を認めるものとされます（同2項）（**図表3-8**）。このように排他的経済水域は，ただ単に沿岸国の漁業利益のみを保護するための制度ではありません。ただし，他国の漁獲を認める際には，沿岸国に大幅な裁量が認められています（同3項）。このほか国連海洋法条約では，排他的経済水域と公海にまたがって生息する魚種など，海域別の規制だけでは保存管理が難しい特定の生物種のカテゴリーについて特に規定を置き，関係国の協力義務などを定めています（63条〜67条。なお鯨類については**コラム5-13**（106頁）参照）。

　また沿岸国は，人工島・施設の設置や利用，海洋の科学的調査，海洋環境保護といった事項について，国連海洋法条約の規定に基づいて管轄権を行使できます（56条1項(b)）。外国船舶は沿岸国の同意なく科学的調査を行うことはできませんが，計画が専ら平和目的で，かつ海洋環境の科学的知識の増進のために実施される場合，沿岸国は通常同意を与えなければなりません（246条2項，3項）。また，船舶に起因する海洋汚染については，排出海域や船舶の所在海域により，沿岸国がとることができる対応が異なっています（**図表3-9**）。

　他方で沿岸国は，船舶の航行や航空機の上空飛行，並びにケーブル・パイプラインの敷設に関する権利を他国が行使することを妨げることはできません。少なくともこれらの事項に関しては，後述する公海に関する規定が基本的には適用されます（58条）。

3.5.2　大 陸 棚

　国連海洋法条約上，**大陸棚**とは，領土の自然延長が及ぶ大陸辺縁部の外側の限界（外縁）までの海底とその地下，あるいは，その限界が基線から200海里まで及ばない場合には，200海里までの海底とその地下を指します。ただし前者の場合でも，最大幅は，基線から350海里，あるいは2500mの等深線から100海里を超えないものとされます（76条1項以下）。かつて大陸棚条約では，資源が開発可能である限り大陸棚が際限なく沖合に認められうる規定ぶりとなっていましたが（大陸棚条約1条），国連海洋法条約ではそうした可能性は排除されています。

図表 3-8　EEZ における沿岸国の生物資源の保存・最適利用の義務

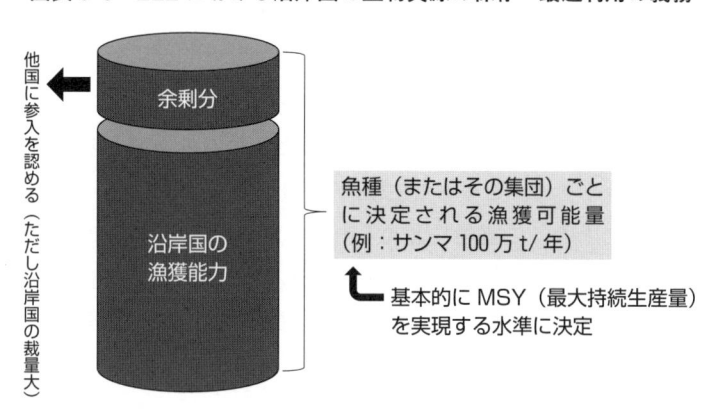

図表 3-9　船舶起因汚染に対して認められる沿岸国の基本的対応
（違法な排出が行われた海域あるいは所在海域が EEZ の場合に限定）

外国船舶が 違法な排出を行った海域		その後の当該 外国船舶の所在海域	認められる 沿岸国の措置
1　沿岸国の EEZ		1.1　沿岸国の港 （任意で入港の場合）	検査，逮捕，処罰など可（220 条 1 項）
		1.2　沿岸国の領海	違反を信じるに足りる明白な理由がある場合，当該船舶に関連情報を要請可能（同 3 項）
			著しい海洋汚染をもたらすか，そのおそれのある排出が生じたと信じるに足りる理由がある場合，情報提供の拒否等の事由ある場合に限り検査可能（同 5 項）
			自国の沿岸・関係利益，または自国の領海・EEZ の資源に著しい損害をもたらすか，そのおそれがある「排出」で，かつ，その明白で客観的な証拠があることを条件に，拿捕，処罰なども可能（同 6 項）
		1.3　沿岸国の EEZ	同上
		1.4　公海	追跡権（111 条⇒3.6.1）行使の条件を満たす場合には，拿捕，処罰なども可能
2　沿岸国の領海		沿岸国の EEZ	海洋法条約に明文規定なし。少なくとも追跡権（111 条）の行使は可能

※なお，外国の軍艦・非商業的目的政府船舶の場合は，沿岸国の管轄権から免除されます。

また，200海里を超える大陸棚（**延長大陸棚**）の限界の設定については，**大陸棚限界委員会**に関連情報を提出しなければならず，同委員会の勧告に基づいて沿岸国が設定した大陸棚の限界は，最終的で拘束力を持ちます（76条8項）（コラム3-6）。

　沿岸国は，自国の大陸棚において，**探査と天然資源の開発**に限って主権的権利が認められており（77条1項），沿岸国の許可なしに石油資源などの探査・開発を行うことはできません。こうした主権的権利は，沿岸国による大陸棚の設定行為を前提とすることなく，当然に認められるものと解されています（77条3項）。また，排他的経済水域の場合とは異なり，一定の場合に外国人の資源利用を認める義務を沿岸国は負っていません。ただし，延長大陸棚からの開発利益は諸国への配分が求められます（82条）。

3.5.3　境界画定

　特に大陸棚（並びに排他的経済水域）は，少なくとも沖合200海里まで認められることから，近隣国間で重なり合うことが多く，その**境界画定**がしばしば問題となります。この点につき国際司法裁判所（ICJ）は，北海大陸棚事件判決（1969年）において，当時大陸棚条約で採用されていた等距離・中間線を基本とする画定規則は慣習国際法とは言えないとしたうえで，すべての関連事情を考慮しつつ，できる限り各国領土の自然延長部分を残すよう画定するという原則を示していました。しかし，こうした画定規則をめぐっては国家間の立場に不一致があったため，国連海洋法条約は，衡平な解決を達成するため，国際法に基づき合意により画定すると定めるにとどまっており（83条），排他的経済水域についても同様の規定ぶりになっています（74条）。

　ただし，ICJのその後の判決では，等距離・中間線をまず引いた後，衡平な解決となるようそれを修正するという方法が採用される傾向が定着しつつあり，領土の自然延長という地質的要素よりも，海岸からの距離が重視されるようになっています（リビア=マルタ大陸棚事件判決（1985年），ヤン・マイエン海洋境界画定事件判決（1993年），カメルーンとナイジェリアとの間の領土と海洋境界事件判決（2002年）等）。特に黒海における海洋境界画定事件ICJ判決（2009年）は，①等距離・中間線を暫定的に引き，②関連事情を考慮して必要であれば

　大陸棚は，排他的経済水域とは異なり，基線から 200 海里を越えて認められる可能性があります。200 海里を越えて伸びる大陸棚を「延長大陸棚（あるいは延伸大陸棚）」と言い，領土と連続した「大陸縁辺部」の外縁まで認められます。大陸縁辺部は，下図のように，棚，斜面，コンチネンタルライズ（斜面の脚部を越えて傾斜が緩くなった部分）の海底とその下から構成されます（76 条 3 項）。その外縁は，堆積岩の厚さを脚部からの距離で割った値が 1％以上となる点を用いて引いた線か，脚部から 60 海里を越えない点を用いて引いた線により設定されます（同 4 項）。ただし，基線から 350 海里を越えたり，2500m 等深線から 100 海里を越えてはなりません（同 5 項，6 項）。このように延長大陸棚の限界は，海底地形の情報や専門的知見が必要となるため，沿岸国が大陸棚限界委員会と呼ばれる国際組織に申請を行い，同委員会が勧告を行うことになっています。その勧告に基づいて設定された限界は，最終的で拘束力を持ちます（同 8 項）。日本も 2008 年に申請を行い，4 海域につき延長大陸棚を認める勧告を得ましたが，中国などが 121 条 3 項の岩だと主張する沖ノ鳥島の南方に位置する九州パラオ海域については，勧告が先送りされています。

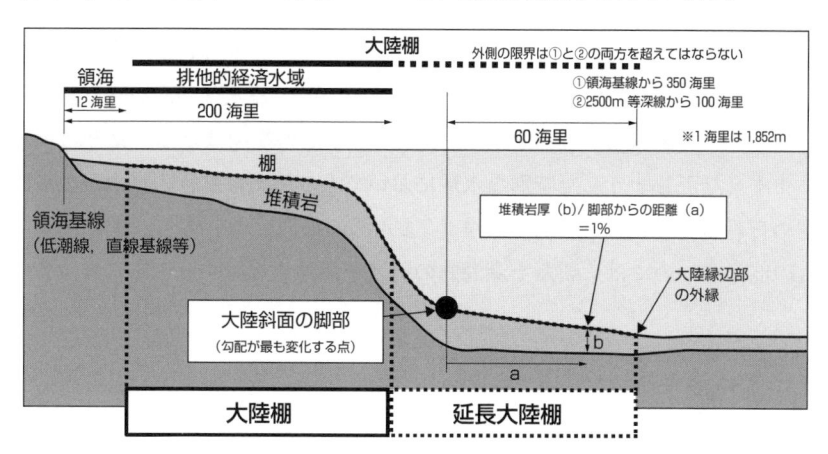

（出所）外務省 Web サイト（一部修正）。

その線を調整し，③その結果，海岸線の長さの比率と関連区域の比率に明白な不均衡がないかを検証する，という3段階の画定方法を明らかにしました。この方法は，例えばベンガル湾海洋境界画定事件 ITLOS 判決（2012年）など，その後 ICJ 以外の判断でも採用されています。距離を境界画定の出発点として重視するこうした判決の傾向には，国連海洋法条約において大陸棚の定義に距離の要素が導入された（陸地の自然延長が達していなくても200海里までは大陸棚が認められる）ことが影響していると考えられます。考慮されるべき関連事情についても [CHECK]，地質的要素より，海岸の形状，方向，長さなど，地理的・地形的要素が重視されるようになっています（コラム3-7）。

　なお，大陸棚と排他的経済水域とは別個の制度であり，考慮されるべき関連事情も異なりうるため，両者の境界線は必然的には一致しません。しかし，制度の運用上は一致させる必要性も指摘され，実際の判決においても単一の境界線で処理される場合が多いと言えます。

３.６ 公海／深海底

　公海は，領海制度とともに古くから発展し，伝統的に各国の自由が認められてきた水域です（公海条約も参照）。もっとも，これまで述べてきたように，今日では特定の事項について沿岸国の管轄権を認めた特別な水域が認められるようになっており（接続水域，排他的経済水域等），公海の範囲はかつてよりは縮小しています（ただしそうした特別な水域においても，例えば航行の自由が公海同様に認められることは前述の通りです）。またその海底についても，大陸棚よりも沖合の部分については，新たな**深海底**の制度が活動を規律するようになっています。

3.6.1　公　海

　国連海洋法条約によれば，**公海**とは，領水や群島水域，排他的経済水域に含まれない海洋を指しています（86条。図表3-1（43頁））。公海では，①領有からの自由（領有の禁止）（89条）と，②すべての国の利用の自由（87条）から成る，**公海の自由の原則**が確立しています。②は，航行の自由，上空飛行の自由，漁獲

コラム 3-7 ● 東シナ海における境界画定問題

　東シナ海では，日本と，中国，韓国との間で，大陸棚，排他的経済水域を主張する
海域が重なっており，まだ境界も確定していません。日本は中間線を基に境界を設定
すべきとの立場ですが，中国，韓国は沖縄トラフ（トラフ＝細長い海底盆地）まで領
土の自然延長が及んでいると主張しています。本文で説明したように，国連海洋法条
約採択後の国際判例の傾向をみる限り，向い合う国の間で領土の自然延長に基づく主
張が認められるとは考えにくく，地質的要素もさほど重視されていません。

東シナ海における中国・韓国による大陸棚延長申請図

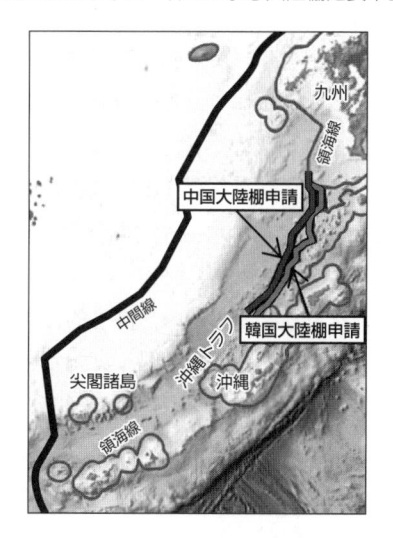

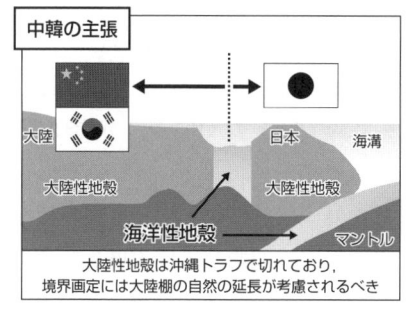

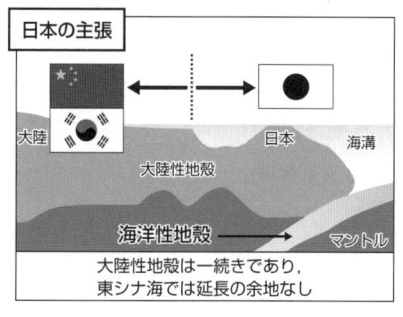

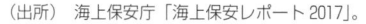

（出所）　海上保安庁「海上保安レポート 2017」。

の自由，海底電線及びパイプラインを敷設する自由などを含みます。もっとも，同じく自由を行使する他国の利益にも，妥当な考慮を払って利用しなければなりません（87条2項）。また，汚染防止や生物資源の保存など，各国の協力的取組を必要とする問題については，個別の条約を通じて関連国の利用に制限を課している場合があります（**図表**3-10）。

船舶は国籍を有し，公海ではその国家（旗国）の排他的な管轄権に服します（91条1項，92条1項）。これを**旗国主義**と呼びます。船舶は国籍国の旗を掲げて航行することから，そうした国家は旗国と呼ばれているのです。公海における秩序は，基本的には，各国が自国を旗国とする船舶を管理することで維持されることになっています。そうした在り方が，航行の利益の保護に最も合致し，また船舶管理において効果的だと考えられているためです。もっとも現実には，税金が安いなどの理由で実質的な関係のない国家の国籍を得ている船舶（**便宜置籍船**）がみられます。そうした場合，管理を行う旗国の意思や能力が不十分であることも少なくなく，旗国とその船舶との真正な関係（実質的関係）の確保（91条1項）も難しい課題となっています。

旗国主義による秩序維持を補完するため，例外的に旗国以外の国による海上警察権の行使が認められる場合があります。第1に，軍艦などが公海上の外国船舶に接近し，国旗や国籍を確認する近接権が，慣習国際法上認められています（国連海洋法条約には明文規定はありません）。第2に，国連海洋法条約は，海賊行為，奴隷取引，無免許放送を実施している疑いのある船舶や，無国籍であるか国旗を濫用している疑いのある船舶に対しては，旗国以外の国による臨検（関連文書の検閲やその他の船内検査）の実施を認めています（110条）。第3に，海賊行為や無免許放送に従事する船舶などについては，旗国以外の国にさらに拿捕（捕捉し支配下に置くこと）や訴追を行うことも認めています（105条，109条3項，4項）（コラム3-8）。

また，沿岸国は，自国の国内法令に違反した外国船舶に対して，自国の管轄水域（領水，接続水域，排他的経済水域等）から追跡を開始している場合には，引き続き公海上まで追跡を行い，拿捕などを行うことができます（**継続追跡権**。111条）（図表3-11（63頁））。これも旗国主義の例外と言えます。

その他にも，例えば事故船舶による汚染に対処するための介入権（221条）な

図表 3-10　地域漁業管理機関による海洋生物資源の管理

　海洋生物資源については，特定の地域や生物種を対象に，条約に基づき地域漁業管理機関と総称される国際的な組織が設立され，資源の保存・管理のための措置を決定するなどしています。主なものとして，例えば以下のようなものがあります。

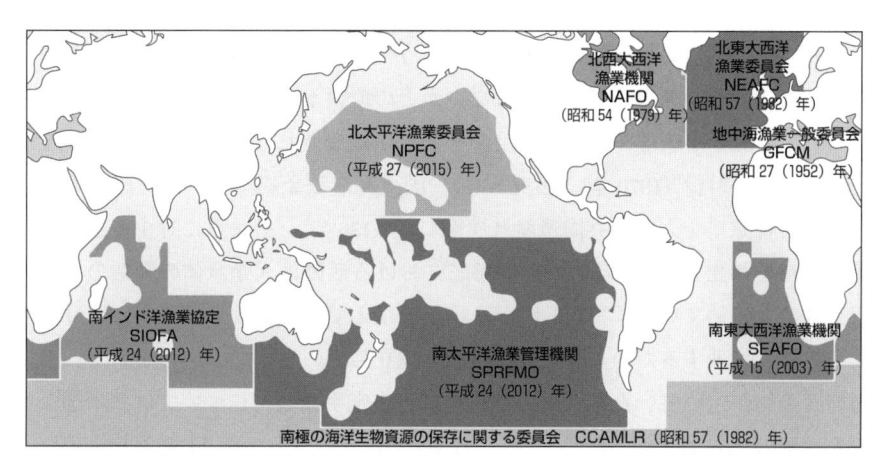

（出所）　水産庁 Web サイト。

コラム 3-8 ● 海賊行為とは何か

　本文で説明したように，海賊行為を行う船舶に対しては，すべての国家に臨検や拿捕，処罰の権利が認められています（105，110 条）。国連海洋法条約によれば，基本的に海賊行為とは，①私有の船舶・航空機の乗務員・旅客が〈主体〉，②他の船舶・航空機またはこれらの内にある人・財産に対して〈客体〉，③公海（排他的経済水域を含む）あるいはいずれの国の管轄権にも服さない場所において〈場所〉，④私的な目的のために〈目的〉，⑤不法な暴力行為，抑留行為又は略奪行為を行うこと〈行為〉を意味します（101 条）。

　こうした定義からわかるように，海上の暴力行為などのすべてが，国際法上の海賊行為となるわけではありません。例えば，ある船に乗っていた人が当該船舶を不法に奪取する行為（シージャック）は，上記の①・②のいわゆる「2 隻要件」を満たさないため，海賊行為にあたりません。こうした行為は，SUA 条約（1988 年）という別の条約の規律対象となっていますが，公海上の臨検・拿捕自体は認められていません。また，シーシェパードによる日本の捕鯨船への抗議活動のように，政治的な目的を掲げる暴力行為などについても，④の「私的目的」の要件を満たすかが論点となります。この点につき，例えばシーシェパード事件米国第九巡回裁判所判決（2013 年）のように，国家を代表して行われていない行為は私的目的の行為だとする国内裁判例もみられます。

ど，条約で旗国以外の国に一定の対応が認められている場合があります。

3.6.2 深海底

　深海底とは，国家の管轄権の及ぶ区域の境界（大陸棚の限界）の外の海底とその地下のことです（1条1項（1））。1960年代頃より，大陸棚のさらに沖合の海底について資源開発の可能性が指摘されるようになると，開発能力を有する限られた先進国に資源が独占されるのではないかとの危惧が途上国などにおいて強まり，開発や利益配分を管理する国際制度の必要性が指摘されるようになっていました（「深海底原則宣言」（1970年）。図表3-12）。国連海洋法条約では，深海底とその資源（鉱物資源）を人類の共同遺産と性格づけ（136条），それらに対する主権の行使や専有を禁止し（137条1項），深海底における活動は人類全体の利益のために行うものと定めています（140条1項）。そのうえで同条約は，深海底における活動を組織・管理するため，**国際海底機構**を設立しています（156条，157条1項）。当初同条約が定めていた同機構の権限や意思決定手続などについては，米国などの先進国の反対が強かったことから，1994年に採択された第11部実施協定により一定の修正が図られています。

　具体的な開発方式としては，国際海底機構の機関である事業体（エンタープライズ）が直接行う開発と，締約国や企業が同機構の許可の下で行う開発が，並行して実施されます（153条2項。**パラレル方式**）。また国や企業が開発申請を行う場合には，商業的に同じ価値を持つ2つの鉱区を申請するものとし，そのうち一つが申請者に許可され，もう一つが機構の直接開発のために留保されます（附属書Ⅲ8条。**バンキング方式**）。なお私企業が開発を行う場合には，保証を与える締約国（保証国）が必要です。

3.7 　島

　国家の本土と対比される概念として**島**があります。国連海洋法条約は，「自然に形成された陸地であって，水に囲まれ，高潮時においても水面上にあるもの」と定義しています（121条1項）。この定義に照らすと，**人工島**や**洋上施設**は同条約上の島にあたりません。また，自然に形成されていても，高潮時になると水没

図表 3-11　継続追跡権行使の例：九州南西海域工作船事件（2001 年）

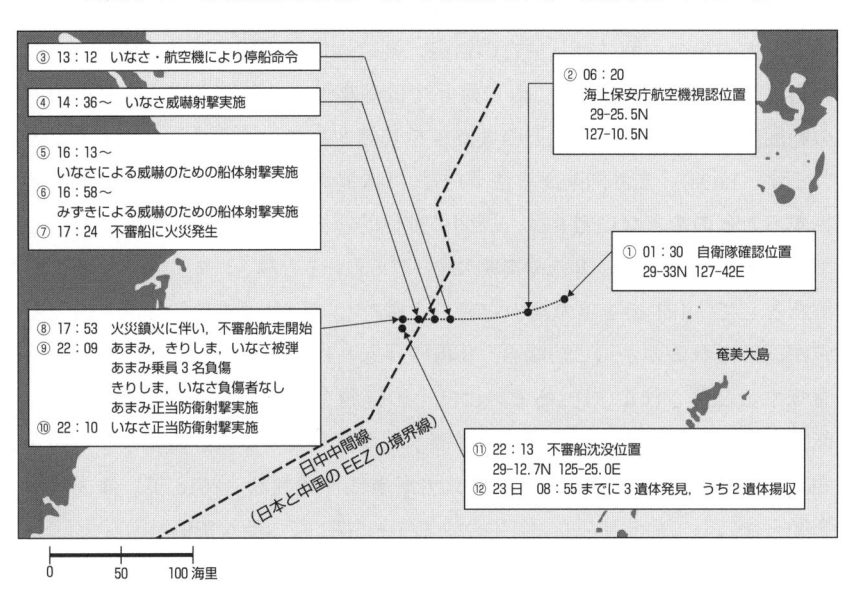

③ 13：12　いなさ・航空機により停船命令
④ 14：36〜　いなさ威嚇射撃実施
⑤ 16：13〜
　　いなさによる威嚇のための船体射撃実施
⑥ 16：58〜
　　みずきによる威嚇のための船体射撃実施
⑦ 17：24　不審船に火災発生
⑧ 17：53　火災鎮火に伴い，不審船航走開始
⑨ 22：09　あまみ，きりしま，いなさ被弾
　　あまみ乗員 3 名負傷
　　きりしま，いなさ負傷者なし
　　あまみ正当防衛射撃実施
⑩ 22：10　いなさ正当防衛射撃実施

② 06：20
　　海上保安庁航空機視認位置
　　29-25.5N
　　127-10.5N

① 01：30　自衛隊確認位置
　　29-33N　127-42E

奄美大島

⑪ 22：13　不審船沈没位置
　　29-12.7N 125-25.0E
⑫ 23 日　08：55 までに 3 遺体発見，うち 2 遺体揚収

日中中間線
（日本と中国の EEZ の境界線）

0　　50　　100 海里

（出所）　海上保安庁「海上保安レポート 2003」。

図表 3-12　深海底・大陸棚の鉱物資源

		海底熱水鉱床	コバルトリッチクラスト	マンガン団塊	レアアース泥
特　徴		海底から噴出する熱水に含まれる金属成分が沈殿してできたもの	海山斜面から山頂部の岩盤を皮殻状に覆う，厚さ数 cm 〜 10 数 cm の鉄・マンガン酸化物	直径 2 〜 15cm の楕円形の鉄・マンガン酸化物で，海底面上に分布	海底下に粘土状の堆積物として広く分布
含有金属		銅，鉛，亜鉛等（金，銀も含む）	コバルト，ニッケル，銅，白金，マンガン等	銅，コバルト，ニッケル，マンガン等	レアアース（重希土を含む）

（出所）　資源エネルギー庁 Web サイト。

してしまう地形も島ではなく，**低潮高地**と呼ばれます（13条1項）（図表3-3（45頁））。高潮時に水没しないよう，低潮高地に人工物を設置するなどしても，「自然に形成された」とはいえず，やはり島とは言えません。

同条約上の島の周囲には，独自の領海，接続水域，排他的経済水域，大陸棚が認められます（121条2項）。これに対して低潮高地は，それが本土や島の領海の幅の範囲内にある場合のみ，その低潮線を基線として用いることができるにとどまります（13条）。また国連海洋法条約は，「人間の居住又は独自の経済的生活を維持することのできない岩」は，周囲に排他的経済水域と大陸棚を有さないと定めています（121条3項。領海や接続水域は認められると解されます）。121条に関する解釈として，121条1項の島の定義さえ満たしていれば排他的経済水域などの設定が認められるのか（この場合，3項の「岩」は1項の「島」とは別個の地形を意味すると解されます），あるいは，その定義を満たしていても3項の居住不可能性などの条件に照らして排他的経済水域などを有することはできないのかが問題となります。この点につき，南シナ海事件仲裁判断（2016年）は後者の立場を明らかにしています（なお日本の沖ノ鳥島に関して**コラム3-9**）。

3.8　国連海洋法条約の紛争解決手続

国連海洋法条約第15部は，同条約の解釈・適用に関する紛争について，以下のような解決手続を定めています（なお，深海底活動に関する紛争は第11部第5節の手続が，科学的調査に関して第13部第6節の手続が適用されます）。

まず紛争当事国は，相互の合意に基づいて選択する平和的手段によって，解決を図ることが求められます（**任意手続**。279条以下）。そして，それらの手続で解決を得られなかった場合には，拘束力のある決定を伴う義務的な手続に付託されます（286条以下：**義務的手続**）。締約国は，いくつかの国際裁判所（ITLOS や ICJ（⇒15.3），仲裁裁判所，特別仲裁裁判所）の中から，紛争を付託する裁判所を宣言により予め選択しておくことができ，紛争当事国が同じ裁判所を選択している場合は当該裁判所に，そうでない場合には仲裁裁判所に付託しなければなりません（図表3-14（67頁））。ただし，例えば排他的経済水域における沿岸国の主権的権利の行使に関する紛争など，一定の類型の紛争には上述の義務的手続の適用が

図表 3-13　海洋地形の扱い

島	自然に形成され，水に囲まれ，高潮時にも水面上にある陸地	周囲に独自の領海，接続水域，EEZ，大陸棚が認められる（121条1項）
岩	人間の居住又は独自の経済的生活を維持することのできない岩	周囲に独自の EEZ，大陸棚は認められないが，領海，接続水域は認められる（121条3項）
低潮高地	自然に形成され，低潮時には水に囲まれ水面上にあるが，高潮時に水没する陸地	周囲に独自の領海，接続水域，EEZ，大陸棚は認められない。ただし，他の領土の領海内に存在する場合には，基線として利用できる（13条）
人工島	人工的に形成された陸地	周囲に独自の領海，接続水域，EEZ，大陸棚は認められない。ただし，人工島の外延から500mを上限に，人工島の安全を確保するための水域（安全水域）を設定できる（60条）

コラム 3-9 ● 沖ノ鳥島の法的地位

　沖ノ鳥島は，東京都に属する日本最南端の島です。東西約 4.5 キロ，南北約 1.7 キロの卓礁で，高潮時にも北小島・東小島の 2 つの地形が海面上にあり，それらの小島の周囲はコンクリートで保護されています。周囲には陸地がないため，同島を根拠とする排他的経済水域の面積は，日本の国土面積を上回ります。近年，中国などは，沖ノ鳥島を国連海洋法条約 121 条 3 項が定める「岩」だと主張するようになっており，もしそうだとすると，周囲に排他的経済水域や大陸棚は認められないことになります。たしかに，南シナ海事件仲裁判断（2016 年）は，本文で触れた点のほか，例えば同項で言う「人間の居住」は，安定的な共同体（規模は必ずしも大きくなくてよい）がそこを居住地（home）として継続的かつ自発的に生活することを意味すると述べるなど，沖ノ鳥島のような地形を周囲に排他的経済水域などが認められる「島」と主張することを困難としうる解釈を含んでいます。しかし，そうした理解が諸国の慣行を反映していると言えるか疑問が残りますし，少なくとも沖ノ鳥島については，「島」と扱うことについて中国を含む諸国が長らく黙認してきたと言えます。

沖ノ鳥島

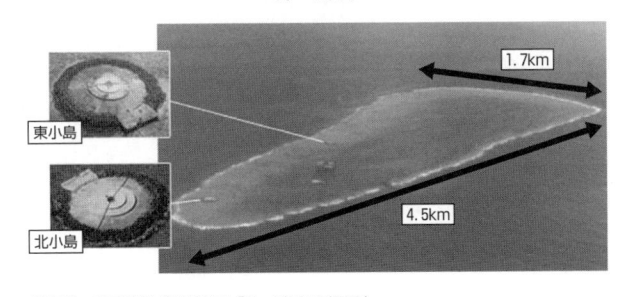

（出所）　東京都産業労働局「沖ノ鳥島の概況」。
（写真）　国土交通省関東地方整備局京浜河川事務局。

ありません（297条2項，3項）。また，境界画定に関する紛争などについては，予め義務的手続の除外を宣言しておくこともできます（298条1項）。ただし，このように義務的な裁判手続の対象とならない紛争でも，国連海洋法条約附属書V第2節が定める調停（強制調停）に付託される場合があります（調停については15.2.2を参照。国連海洋法条約の調停手続については，**コラム15-3**（307頁）や**図表15-2**（309頁）も参照）。

　このように国連海洋法条約は，一定の類型の紛争は除外しているものの，同条約の解釈適用に関する紛争を最終的には国際裁判で処理することを義務づけています。こうして条約の一体性の確保を目指しているのです。もっとも，紛争当事国間の合意により，当該合意が定める手続以外の手続が排除されている場合には，こうした第15部の手続は利用できません（**図表3-14，コラム3-10**）。

　判決までの権利保全と海洋環境保護を目的として，紛争当事国は**暫定措置**を要請することも可能です。国連海洋法条約は，明文で暫定措置の法的拘束力を肯定しています（290条）。また同条約では，前述の早期釈放（⇒3.5.1）に関する不履行の申立てについても特別な手続を定めており，申立国は抑留国が受諾する裁判所，あるいはITLOSに付託することができます（292条）。

図表 3-14 国連海洋法条約の下での紛争解決手続の主な内容

任意手続：国連海洋法条約の解釈適用に関する紛争は，まずは紛争当事国が合意で選択する手段で解決を図る（第1節：279 条以下）

義務的手続：上記の手続で解決に至らない場合は，拘束力のある決定を伴う義務的な手続に付託される（286 条以下）
＊国連海洋法条約の締約国は，ITLOS，ICJ，仲裁裁判所，特別仲裁裁判所の 4 つの裁判機関から，宣言であらかじめ選択しておくことができる
＊①紛争当事国が同一の裁判所を選択している場合はその裁判所に，②そうでない場合（選択がされていない場合も含む），仲裁裁判所に付託される

　ただし，合意により義務的手続の適用は排除できます（281 条。コラム 3-10 も参照）。また，一定の類型の紛争については，義務的手続の適用がありません（例：EEZ での沿岸国の主権的権利の行使に関する紛争。297 条 2 項，3 項）。さらに，境界画定に関する紛争などについては，あらかじめ宣言により義務的手続を一方的に除外できます（298 条 1 項）。

コラム 3-10 ● みなみまぐろ事件

　みなみまぐろはまぐろの一種ですが，国際的な資源管理の必要性が認識され，漁獲国である日本やオーストラリア，ニュージーランドの間でみなみまぐろ保存条約（1993 年）が締結されました。ところがその後しばらくして，資源の状態について当事国間で見解が対立し，それぞれの国の漁獲量の割当につき合意できなくなりました。そこで日本が，調査目的の漁獲を一方的に実施したところ，オーストラリアとニュージーランドが国連海洋法条約にも違反していると主張し，1999 年に同条約第 15 部 2 節の義務的手続に基づいて仲裁裁判所に訴えました。併せて両国は，国連海洋法条約 290 条 5 項に基づいて，調査漁獲の即時停止などを内容とする暫定措置も ITLOS に要請しました。
　同年 ITLOS は，漁獲の影響に関する確定的な科学的評価が困難であることを認めつつも，資源が歴史的に最低水準にあることなどを考慮し，過去に決定された漁獲割当量を超えて調査漁獲を行わないことなどを当事国に求める暫定措置を命じました。しかし 2000 年の仲裁裁判所の判断は，みなみまぐろ保存条約が定める紛争処理規定により，国連海洋法条約の義務的手続の適用が排除されているとして，自身の裁判管轄権を否定し，上記の暫定措置も取り消しました。このように裁判は門前払いとなりましたが，その後関係国間で慎重に漁獲可能量を算出する規則（管理方式（MP）と呼ばれています）が採用され，資源の回復が図られています。

第4章

空域・宇宙

　第2章と第3章で陸と海に関する国際法を扱いましたので，第4章では空に関する国際法を解説します。現代社会では，ある国家の領土の上空を外国の航空機が飛行することは珍しいことではなく，例えば羽田空港や成田空港には多数の外国の航空会社の航空機がやってきますが，これらの民間の航空機は，日本の領土の上空に自由に入ってくることができるのでしょうか。また，外国の軍用機の場合はどうでしょうか。国際法は，こうした空域に関する問題についてもルールを定めています。

　さらに本章では，宇宙に関する国際法も解説します。人類は宇宙にも活動領域を広めていて，月や火星に探査機を送っていますが，そうした衛星や惑星はどこかの国の領土になるのでしょうか。また，もしロケットや人工衛星が事故を起こして被害が生じてしまった場合，誰が責任を負うのでしょうか。このような宇宙に関する国際法上の問題についてもみていきましょう。

4.1 空　域

4.1.1　領空とは何か

　地球上の空域は，国際法上は，領空と領空外の空域（公空）とに分かれます。第2章でみたように，領土及び領水（内水と領海）の上部空域は**領空**と呼ばれ，国家領域の一部を構成します（図表4-1）。1944年に締結された**国際民間航空条約（シカゴ条約）**1条は，領空には領域国の「完全かつ排他的な」主権が及ぶと規定しますが，これは慣習国際法の内容とも一致します。領空に対する主権の排他性は，同じく国家領域の一部である領海と比較して，強いものとなっています。領海においては，外国船舶には無害通航権が与えられますが（⇒3.2.2），領空に関しては，外国航空機の「無害飛行権」のような権利は慣習国際法上認められていません。

　この点に関して国際民間航空条約は，航空機を「国の航空機」と「民間航空機」に分類したうえで，次のような規定を置いています。まず国の航空機（軍，税関及び警察の業務に用いる航空機）については，領域国の許可がなければ，領空に入ることができません（3条）。次に民間航空機は，定期航空業務の場合には，領域国の許可がなければ領空の通過及び乗り入れができませんが（6条），不定期飛行の場合には，「事前の許可を得ることを必要としないで」領空内に入ることができます（5条）。ただし不定期飛行を行う航空機は，領域国の着陸要求権には従わなければなりません。また同条約5条但書は，「但し，各締約国は，飛行の安全のため，近づき難い地域又は適当な航空施設のない地域の上空の飛行を希望する航空機に対し，所定の航空路を飛行すること又はこのような飛行のために特別の許可を受けることを要求する権利を留保する」と定めていることから，領域国の同意を得ない不定期飛行は実際上難しいとされます。

4.1.2　領空侵犯

　外国航空機が領域国の許可なく領空に進入することを，**領空侵犯**と言いますが，領域国は，領空侵犯に対して一定の措置をとることが国際法上認められています。まず侵犯機が軍用機である場合には，強制着陸を命令できるほか，命令に従わない場合には警告射撃や最終的には撃墜することも禁止されません。他方で，民間

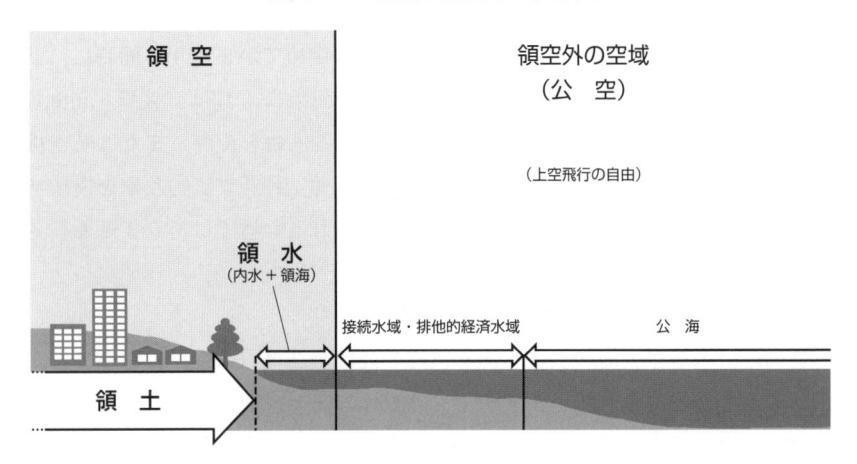

図表 4-1　領空と領空外の概念図

コラム 4-1 ● 大韓航空機撃墜事件

　1983 年 9 月 1 日に，ニューヨーク発ソウル行きの大韓航空 007 便は，予定していた航路を外れ，ソ連（現ロシア）のカムチャッカ半島とサハリンの上空を通過しました。これは，ソ連の領空を侵犯するものでしたが，ソ連空軍機がサハリン付近の上空で，同大韓航空機を撃墜し，乗員・乗客は全員死亡しました。

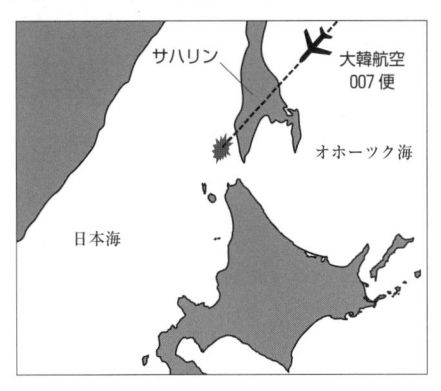

（出所）　ICAO 報告書をもとに作成。

航空機の領空侵犯に対しては，領域国がとれる措置はより制限されています。1983 年のソ連による大韓航空機撃墜事件（コラム 4-1（71 頁））後に追加された国際民間航空条約 3 条の 2 は，領空侵犯した民間航空機に対して指定空港への着陸要求などの指示を行うことを，領域国ができると定めていますが，同時に，武器の使用を控える義務も領域国に課しています。同条によれば，要撃（interception）を領域国が行う場合には，航空機内における人命を脅かしまたは航空機の安全を損なってはならないとされます。ただし，領空侵犯が武力攻撃を構成する場合に，領域国が自衛権を行使することが妨げられるわけではありません。

4.1.3 領空外での上空飛行の自由と防空識別圏

　排他的経済水域や公海の上空である領空の外側の空域（公空）においては，上空飛行の自由が認められていますので（⇒3.5.1，3.6.1），他国の接続水域や排他的経済水域の上空であっても，外国航空機は自由に飛行する権利があります。そして，領空の外側の空域を飛行する航空機は，その航空機が登録された国家の排他的管轄権に服します。

　他方で領空の外側に「**防空識別圏（ADIZ：Air Defense Identification Zone）**」を設定する国があります（日本，米国，英国，カナダ，インド，韓国等）（**図表4-2**）。航空機の飛行速度は速いため，安全保障上の目的から，領空の外側においても外国航空機を識別する目的で防空識別圏は設定されます。そして正体不明機に対しては軍用機を緊急発進（スクランブル）させるなど，領空侵犯を防止する措置がとられます。防空識別圏に入る航空機には，飛行計画の提出が義務づけられることがありますが，それ自体は上空飛行の自由を侵害するものとは通常みなされていません。しかし，2013 年に中国が設定した「東シナ海防空識別区」においては，同空域を飛行するすべての航空機が中国当局の指令に従うこと，及び，指令に従わない場合には中国軍が「防御的緊急措置」をとるとされており，これは上空飛行の自由を侵害する国際法違反を構成する可能性があります。

4.1.4 民間航空機に関する「空の自由」

　上述のように，民間航空機であっても他国の領空に入るためにはその国の許可が必要ですが，今日では多くの航空会社が国際線を運航しています。そうした外

2023 年 2 月に米国は，中国の偵察気球が領空侵犯したとして，当該気球を撃墜しました。気球は，国際民間航空条約が定義する航空機に含まれます（同条約附属書 7）が，偵察は軍事活動と考えられますので，当該気球が偵察活動を行っていたならば同条約 3 条 (b) に言う「国の航空機」に該当します。したがって，当該気球が許可なく米国の領空を飛行していたことは

米軍の U2 偵察機から撮影された米本土上空を飛行する中国の偵察気球。2023 年 2 月 3 日撮影［米国・国防総省提供］　　　　（写真）時事。

領空侵犯であり，米国の撃墜措置は，領空侵犯対応措置として国際法上も正当化できると考えられます。

図表 4-2　日本と周辺国の防空識別圏

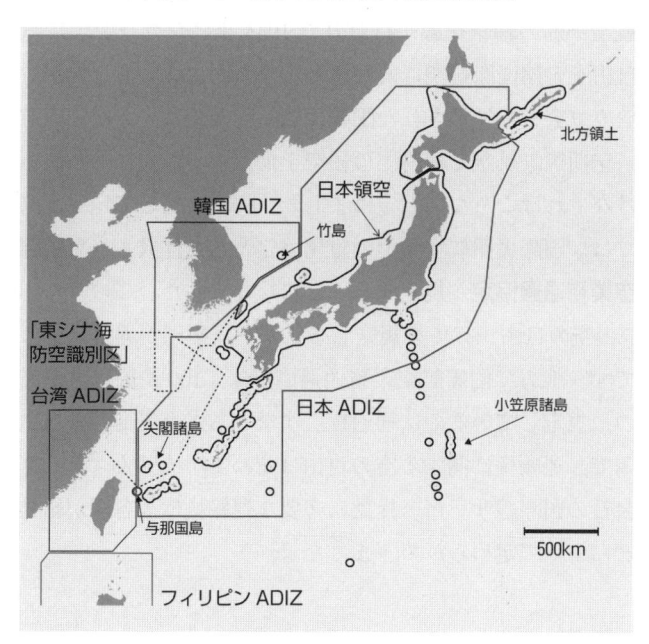

（出所）防衛省「令和 5 年版 防衛白書」。

国航空機の運航は，どのようにして認められているのでしょうか。

　この点に関しては，まず，5つの「**空の自由**」という概念を理解する必要があります（図表4-3）。空の自由は，国際民間航空条約を締結する際に米国が提唱した概念で，①上空通過の自由，②技術着陸の自由，③他国向け運輸の自由，④自国向け運輸の自由，⑤相手国と第三国との間の運輸の自由という5つの自由を意味します。このうち，①の上空通過は他国の領空を無着陸で通過すること，②の技術着陸は給油・機体整備などの理由（乗客・貨物の積み下ろしは含まない）で着陸することで，①と②を合わせて**通過権**と呼びます。そして，③の他国向け運輸は自国から他国へ乗客・貨物を運ぶこと，④の自国向け運輸は他国から自国へ乗客・貨物を運ぶこと，⑤の相手国と第三国との間の運輸は他国へ飛行した航空機が第三国へ乗客・貨物を運ぶこと（第三国から他国への運輸も含む）をそれぞれ意味します。③④⑤を合わせて**運輸権**と総称し，特に⑤は以遠権と呼ばれます。この5つの空の自由が民間航空機に認められると，航空会社は国際線サービスを自由に提供しやすくなります。

　国際民間航空条約の締結交渉が行われた1944年のシカゴ会議においては，これらの空の自由を定期国際航空に関し認めるか否かについて意見が対立しました。そのため，シカゴ会議で採択された**国際民間航空条約**は，定期国際航空の空の自由を認めず，定期国際航空で締約国の領空を飛行するためには当該領域国の特別の許可を受けなければならないと定めました（6条）。そして定期国際航空の空の自由に関しては，国際民間航空条約の附属協定として作成された**国際航空運送協定**と**国際航空業務通過協定**が規定することになりました。このうち国際航空運送協定は，5つの空の自由すべてを規定しますが，当事国が非常に少なく，その効果は限定的です。他方で国際航空業務通過協定は，100か国以上が当事国となっているものの，規定しているのは通過権，すなわち①上空通過の自由と②技術着陸の自由のみで，運輸権に関する空の自由は認めていません（同協定1条）。そのため，航空会社の国際線サービス提供に必要な運輸権は，各国が締結する二国間航空協定などによって定められてきました。

4.1.5　航 空 協 定

　二国間の航空協定では，通過権に加えて，運輸権も定めることが一般的ですが，

図表 4-3　5 つの空の自由

空の自由の類型		国際法上の根拠
① 上空通過の自由	通過権	国際航空業務通過協定 （または国際航空運送協定）
② 技術着陸の自由		
③ 他国向け運輸の自由	運輸権	二国間航空協定 （または国際航空運送協定）
④ 自国向け運輸の自由		
⑤ 相手国と第三国との間の 運輸の自由		

コラム 4-3 ● 民間航空機のロシア上空通過問題

　日本と欧州との間のフライトは，ロシア上空を通過するのが最短距離ですが，ロシアは国際航空業務通過協定の当事国ではないため，日本の民間航空機に対して上空通過の自由を認める義務は，同協定上はありません。その代わりにロシアは，日本との航空業務取極によって，日本の民間航空機に対して上空通過を認めてきましたが，同時に，日本の航空会社が上空通過料を支払うことを要求してきました。この上空通過料は，形式的には，ロシアの政府系航空会社であるアエロフロートと日本の航空会社との間の民間協定に基づき，アエロフロートに対して支払われてきたとされています。ロシアの要求する上空通過料は，非常に高額であるため，航空管制にかかるコストを超える上空通過料の請求を禁止する国際民間航空条約 15 条に違反する可能性があると指摘されてきました。他方で，ロシアによるウクライナ侵略後は，日本の航空会社は，ロシア上空を迂回し，米国のアラスカ上空などを飛行する「北回り」ルートと，中央アジア上空などを通過する「南回り」ルートを使って，欧州とのフライトを運行することとなりました。

（出所）　2022 年 3 月 4 日 JAL 発表資料より作成。

締約国の輸送力に関する規定ぶりから大別して3つの類型があるとされます（図表4-4）。第1が，**事後審査型（バミューダ1）**と呼ばれる類型で，輸送力について当初は各航空会社が決定し，事後的に締約国が審査すると規定する航空協定です。英米航空協定（1946年）がその典型で，その後日米航空協定（1952年）を含め，多くの航空協定のモデルとなりました。第2が，**事前決定型（バミューダ2）**と呼ばれる類型で，輸送力を締約国の間で事前に決定することを規定した航空協定です。英米航空協定（1977年）が採用したもので，1980年代に締結された航空協定にもみられます。第3が，**自由決定型（オープンスカイ）**と呼ばれる類型で，各航空会社が輸送力を自由に決定できると定める航空協定です。1990年代から，米国を中心にオープンスカイ政策を採用する国が増え，路線，輸送力，運賃などに関する自由化が進展しました。日米間においては，2010年に日米航空協定に関する了解覚書が締結され，路線の自由化，輸送力の自由化，運賃の自由化が実現しました。

4.1.6　国際民間航空機関

　民間航空機の国際的な運航が安全かつ円滑に行われるためには，国際的に統一された運航規則や安全規則（航空規則）が必要になりますが，この点で重要なのが，国際民間航空機関（ICAO）が作成する「標準及び勧告される方式（SARPs：Standards and Recommended Practices）」です（国際民間航空条約37条）。各国が施行する航空規則は，SARPs にできる限り一致させなければなりません（12条）。ICAO は，国際民間航空条約により，国際航空の原則と技術を発展させる目的で設立された国際機関で，総会，理事会，その他の機関から構成されます（43条，44条）。総会はすべての締約国の代表からなり，3年に1回会合し，理事会の構成国を選挙により決定します（48条，49条）。そして理事会は総会によって選ばれた36か国の代表からなり，常設機関として各種業務を執行します（50条）。特に理事会は，上述の SARPs を採択し（**コラム4-4**），国際民間航空条約の附属書を作成するとされ（54条(1)），これまでに19の附属書を作成してきました。

　また ICAO 理事会は，国際民間航空条約の解釈適用に関する紛争解決も行うとされます（84条）。紛争が付託された場合，理事会は，国際司法裁判所規程・規則を参考にして作成された理事会規則に則って審査するため，司法的手続の側面

図表 4-4　輸送力条項に基づく二国間航空協定の類型

二国間航空協定の類型	輸送力条項の内容	具体例
① 事後審査型 （バミューダ1）	輸送力について，当初は航空企業によって個別に決定されるが，事後的に締約国間の協議により審査される	1946 年　英米航空協定 1952 年　日米航空協定
② 事前決定型 （バミューダ2）	航空企業による輸送力を，運航以前に締約国間で決定する	1977 年　英米航空協定 1980 年　日バングラデシュ航空協定
③ 自由決定型 （オープンスカイ）	輸送力に制限を設けず，航空企業が自由に決定できる	2007 年　米 EU 航空協定 日米航空協定 （2010 年 11 月署名の了解覚書の適用後）

コラム 4-4 ● 国際民間航空機関の SARPs の例

　国際民間航空機関が作成した SARPs は，国際民間航空条約の 19 の附属書に定められています。例えば附属書 1 は，航空従事者の技能証明（ライセンス）に関するもので，パイロットや管制官のライセンス取得のために要求される基準を定めており，附属書 2 は，航空規則に関するもので，最低飛行高度や緊急時の信号などすべての航空に適用される一般航空規則，有視界飛行方式及び計器飛行方式に関する基準を定めています。また附属書 16 は，環境保護に関するもので，航空機騒音のほか，気候変動対策として航空機の二酸化炭素排出基準と「国際民間航空のためのカーボン・オフセット及び削減スキーム（CORSIA）」も定めています。

を有しますが，上述のように理事会は締約国の代表者から構成されるので，裁判官が判断するものではありません。紛争当事国間での交渉を促すことが理事会による紛争解決の特徴でもあることから，ICAO 理事会の紛争解決は，独自の準司法的な手続と言えます。なお，紛争解決に関する理事会の決定について不服のある紛争当事国は，国際司法裁判所に上訴することもできます（84条）。

4.2 宇 宙

4.2.1 国際宇宙法とは何か

　近年，宇宙における人類の活動が活発になってきていますが，国際法による規律は宇宙にも及びます。宇宙に関する国際法（国際宇宙法）のルールは，**国連宇宙空間平和利用委員会（COPUOS）**を通じて 1966 年に作成された**宇宙条約**を基本的枠組みとし，それに関連する細則を定めた条約が中心となっています。後者の関連条約とは，宇宙飛行士の救助などについて定めた**宇宙救助返還協定**（1968 年），ロケットや衛星などにより引き起こされた損害に関して規定した**宇宙損害責任条約**（1972 年），ロケットや衛星などの宇宙空間に打ち上げられる物体の登録を定めた**宇宙物体登録条約**（1974 年），天体に関する細則を定めた**月協定**（1979 年）の 4 条約のことです。宇宙条約とこれら 4 条約を合わせて，宇宙 5 条約と呼ぶことがありますが，宇宙条約，宇宙救助返還協定，宇宙損害責任条約，宇宙物体登録条約は，宇宙活動を行う主要国が当事国となっている一方で，月協定は当事国が 17 と少ないだけでなく，主要な宇宙開発国（米国，ロシア，欧州，日本，中国等）が加入していないという違いがあります（図表 4-5）。

　宇宙 5 条約はいずれも，人類の宇宙活動の初期である 1960 年代から 70 年代にかけて作成されましたが，近年では条約ではなく，ガイドラインなどの**ソフトロー**（⇒ コラム 12-3（243 頁））による新たな規律の策定が中心となっています。これは，国連宇宙空間平和利用委員会の構成国が増加し，コンセンサスで意思決定を行う同委員会では条約作成が困難になったからです。代表的なソフトローとして，人工衛星などから地球上を観測するリモートセンシングに関する原則（1986 年国連総会採択）や，寿命を迎えた人工衛星とその破片などの宇宙ゴミ（スペースデブリ）の危険に対処するためのスペースデブリ低減ガイドライン

図表 4-5　宇宙 5 条約の概要

条約名	採択/作成	主な規定内容	当事国数
① 宇宙条約	1966 年	探査利用の自由原則；国家による領有権の否定；大量破壊兵器の設置の禁止；天体の軍事的利用の禁止；国家への責任集中原則	114
② 宇宙救助返還協定	1968 年	事故等による緊急着陸時において，領域国が打上げ機関に通報する義務；宇宙船の乗員を捜索救助するためにすべての可能な措置をとる義務	100
③ 宇宙損害責任条約	1972 年	打上げ国の無過失責任（宇宙物体が地表において引き起こした損害）と過失責任（他国の宇宙物体等に対して地表以外において引き起こした損害）	100
④ 宇宙物体登録条約	1974 年	打上げ国の定義；打上げ国が宇宙物体を国連に登録する義務	75
⑤ 月協定	1979 年	月その他の天体の平和利用原則；国家による領有権の否定；国家及び非国家主体による月の表面・天然資源等に関する所有権の否定	17

※当事国数は 2024 年 1 月 1 日時点（COPUOS 文書に依拠）。

コラム 4-5 ● スペースデブリ低減に向けた取り組み

　現在，スペースデブリは 10 センチ以上の物体で約 2 万個，1 ミリ以下の物体は 1 億個を超えるとされており，運用中の衛星に衝突すると多大な被害が発生するため，対策が急務となっています。宇宙条約 9 条は，宇宙空間の有害な汚染を防止するための適当な措置をとるよう条約当事国に義務づけていますが，具体的にどのような措置をとるべきかは明確化されていません。そこで，国連宇宙空間平和利用委員会が，スペースデブリをそもそも低減するための具体的なガイドライン（正常な運用中に放出されるデブリの制限や運用段階での破砕の可能性の最小化など）を作成してきています。

スペースデブリの種類	具体例
機能を停止した宇宙物体	古くなった人工衛星
正常な打上げや運用に伴って，宇宙空間に排出されるもの	ロケットの上段
宇宙物体の運用から生じる微細なデブリ	剥がれ落ちた塗料
爆発や衝突により生じる断片	バッテリー事故，人工衛星破壊実験などにより生じるもの

（2007年宇宙空間平和利用委員会採択）があります（コラム4-5（79頁））。

4.2.2　宇宙空間の法的地位

　国際宇宙法上，宇宙空間とは，太陽や惑星，月などの天体も含みます（宇宙条約1条）。そして宇宙空間には，いずれの国家の主権も及ばず，領域権原（⇒2.2）を取得することはできません（2条）。また，宇宙空間の探査及び利用はすべての国家が行うことができ，天体のすべての地域への立ち入りは自由とされます（1条）。現在，各国が行っている宇宙探査活動は，この探査・利用の自由に基づいています。なお，宇宙空間と空域との境界は，国際法上明確な定めはありません（コラム4-6）。

　今後は，天体における資源採掘なども行われる可能性がありますが，宇宙条約には天然資源開発に関する明確な規定がありません。他方で月協定は，月や他の太陽系の天体及びその天然資源は「人類の共同の財産」であるとし，天然資源への所有権をも否定しますが（月協定11条），上述のように月協定は当事国が少なく，主要な宇宙開発国を拘束しません。そのため，国家や企業が天体上の資源を採掘した場合の権利関係などが問題となりうるので，2017年から国連宇宙空間平和利用委員会の法律小委員会において，議論が始まっています。

4.2.3　宇宙の平和利用原則

　宇宙条約の前文は，宇宙空間の探査・利用は，平和的目的で行うべきことを明確にしています。そして宇宙条約4条は，大量破壊兵器配備と，その他の軍事利用について次のように定めます。まず大量破壊兵器は，天体上にも，狭義の宇宙空間（天体を除く宇宙空間）にも設置・配置してはならず，さらに地球を回る軌道上に乗せてはならないとされます。次に，通常兵器を含むその他の軍事的利用に関しては，天体においては「軍事基地，軍事施設及び防御施設の設置，あらゆる型の兵器の実験並びに軍事演習の実施」が禁止されますが，狭義の宇宙空間に関してはそのような規定はありません。つまり天体上では，大量破壊兵器の配備だけでなくその他の軍事的利用も禁止されますが，狭義の宇宙空間では，大量破壊兵器の配置などが禁止されるのみで，通常兵器の配備を含む軍事的利用が禁止対象とはなっていないのです。そのため各国は，偵察や通信目的の軍事衛星を打ち

コラム 4-6 ● 空域と宇宙空間

　国際法上の空域と宇宙空間との境界は，条約上の定めはありません。大気がほとんどなくなる地上 100km 以上を宇宙空間とする見解が多いですが，国際法上の定義は未だに確立していない状況です。なお，多くの人工衛星や国際宇宙ステーションが周回している低軌道と呼ばれる空間は，地上 200km～2000km を通常意味します。

地表からの高度のイメージ図

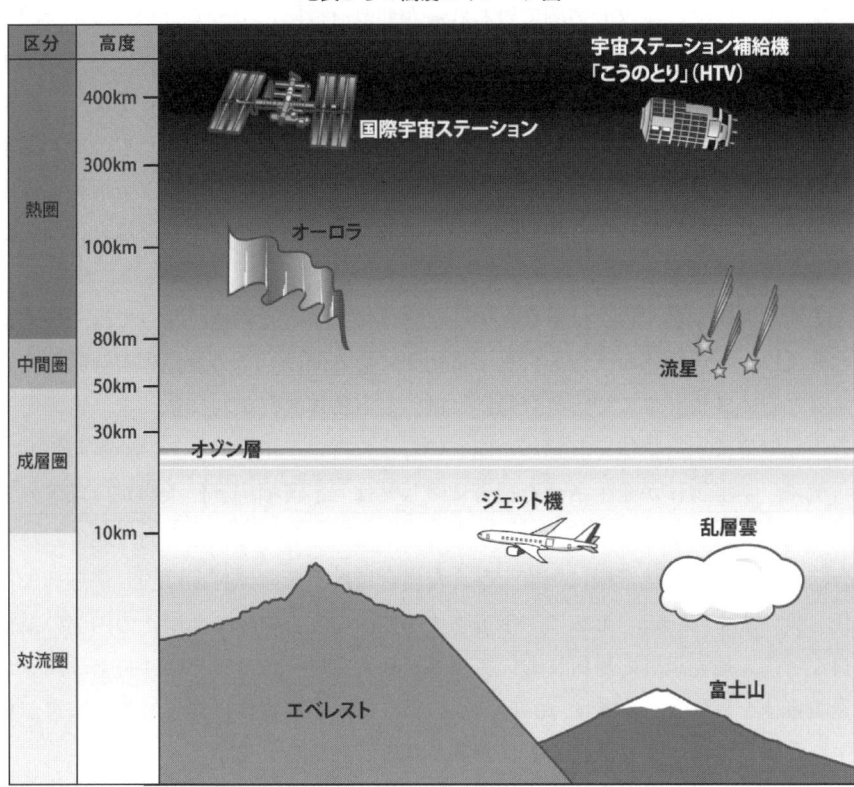

（出所）　JAXA Web サイト。

上げたり，大陸間弾道弾に対するミサイル防衛システムの導入を行ったりすることもできます。ただし，宇宙条約前文が定める「平和的目的」とは「非侵略」目的だと解されていますので，狭義の宇宙空間であっても，自衛目的を超えた軍事利用は禁止されていると解するべきでしょう（図表 4-6）。

4.2.4　宇宙活動に対する責任

宇宙活動は危険と隣り合わせであり，また，ロケットや人工衛星が落下する場合には地上で被害が発生する恐れもあります。そこで宇宙条約 6 条は，宇宙活動に関しては，それが政府機関で行われるか非政府機関によって行われるかを問わず，条約当事国は「自国の活動」について国際的責任を有すると規定しています。これは，国際法上国家の行為とみなされる政府機関の宇宙活動だけでなく，企業などの私人の宇宙活動に対しても，国家が責任を負うことを定めたもので，**国家への責任集中原則**と呼ばれます。この原則により，国家は自国の宇宙活動に高度の注意を払って管轄権を行使し，万が一事故などで損害が発生した場合には，賠償する義務が生じます。

まず，人工衛星やロケットなどの宇宙物体に対する管轄権に関しては，宇宙条約 8 条は，宇宙物体が天体を含む宇宙空間にある間は，その登録国が管轄権を有すると定めます。ここで言う登録国とは，宇宙物体登録条約に基づき，自国と国連の登録簿に宇宙物体を登録した国家のことを言います。

次に，宇宙物体が発生させた損害に関しては，宇宙損害責任条約が，以下のような定めを置きました。第 1 に，宇宙物体が地表において損害を引き起こした場合，また飛行中の航空機に損害を与えた場合には，その「打上げ国」が無過失責任を負います（2 条）。第 2 に，宇宙物体が他国の宇宙物体またはその内部の乗組員などに，地表以外の場所において損害を与えた場合には，その「打上げ国」が過失責任を負うとされます（3 条）。このように，宇宙物体以外のものに損害が発生した場合には，より厳格な責任が課されることになります。

ここで宇宙損害責任条約上，**打上げ国**とは，①宇宙物体の打上げを行う国，②宇宙物体の打上げを行わせる国，③宇宙物体がその領域から打ち上げられる国，④宇宙物体がその施設から打ち上げられる国を意味します（1 条 (c)）。例えば，A国政府が自国の人工衛星を，A 国の領域内にある A 国政府の施設から打ち上げる

図表 4-6　宇宙の平和的利用原則と軍事的利用に対する規制

	通常兵器の実験，軍事基地の設置，軍事演習の実施など	大量破壊兵器の配置など
天体上	禁　止	禁　止
狭義の宇宙空間（天体を除く宇宙空間）	禁止されない（ただし非侵略目的に限る）	禁　止（ただし地球を回る軌道に乗せない方法で大量破壊兵器を発射することなどは禁止されない）

コラム 4-7 ● コスモス 954 号事件

　1978 年 1 月 24 日，ソ連の偵察衛星であるコスモス 954 号がカナダ北部に落下しました。同衛星は小型原子炉を搭載していたため，落下の際に放射線を放出する破片がまき散らされたのが同事件です。幸い，人的被害や建物の損傷などはありませんでしたが，カナダは同衛星の破片の回収だけでなく，落下地点周辺の除染作業を行ったうえで，これらの作業にかかった費用に基づきソ連に対して約 600 万カナダ・ドルの支払いを請求しました。カナダとソ連はともに宇宙損害責任条約の当事国でしたので，同条約 2 条によりソ連に無過失責任がありますが，ソ連は同条約 1 条 (a) が定義する「損害」（人の死亡や障害，財産の滅失など）が生じていないとして請求に応じませんでした。最終的には，ソ連が「見舞金」として 300 万カナダ・ドルをカナダに支払うことで和解が成立しました。

コスモス 954 号の破片の捜索範囲

　当初は衛星の軌道に基づいて北東から南西に延びる常状の区域を捜索しましたが，後に南へ拡張されました。右の地図はコスモス 954 号の破片の捜索範囲を示したカナダの地図です。

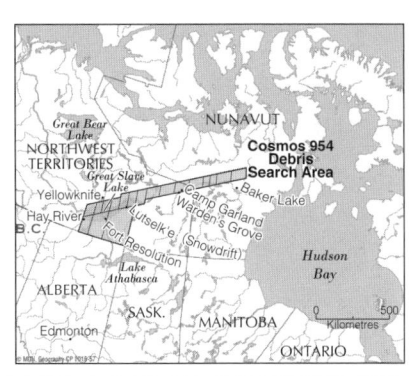

（出所）Ellen Power and Arn Keeling, Cleaning up Cosmos: Satellite Debris, Radioactive Risk, and the Politics of Knowledge in Operation Morning Light, *The Northern Review* 48 (2018) p. 83.

場合には，この人工衛星の打上げ国はA国（①③④に該当）のみですが，A国政府が自国の人工衛星を，B国の領域内にあるB国政府の施設から打ち上げさせる場合には，この人工衛星の打上げ国は，A国（②に該当）とB国（③④に該当）の両方になります（コラム4-8）。なお近年では，私企業がその宇宙物体を外国の領域・施設から打ち上げさせるケースも多くなってきましたが，例えばA国の私企業 α が，B国の領域・施設から，自社の人工衛星を打ち上げさせた場合，A国は上記②の意味での打上げ国に該当する可能性はあると考えられます。

4.2.5　宇宙基地に関する国際法

米国，欧州諸国，日本，カナダ，ロシアの15か国（参加主体）が参加する**国際宇宙ステーション**（ISS：International Space Station）は，高度約400キロの軌道上で地球を周回する宇宙基地です（**図表4-7**）。ISSは，参加主体がそれぞれ打ち上げた構成部分（飛行要素）が合体してできたもので，上記15か国が協力して運用しています（**図表4-8**（86頁））。

ISSについては，1998年に**宇宙基地協定**が締結され，その運用に必要な規則が定められました。特に国際法の観点からは，ISSの飛行要素に対する管轄権と，ISS上の人員（宇宙飛行士）に対する管轄権に関する規定が重要です。まず，飛行要素に対する管轄権については，各参加主体は自らが提供する飛行要素を宇宙物体として登録することが求められ，登録した飛行要素については管轄権を有するとされます（5条）。例えば日本は，「きぼう」という実験棟を提供し登録していますので，この飛行要素に関しては管轄権を有します。次に，各参加主体は，自国民であるISS上の人員に対し管轄権を有するとも規定されています（同条）。これは，国家管轄権の根拠の一つである能動的属人主義（⇒8.2）の現れと言えます。

このように2つの管轄権行使の根拠が宇宙基地協定で認められたため，複数の参加主体の管轄権が競合する可能性があります。そこで宇宙基地協定は22条で，刑事裁判権について特別の定めを置いています。同条1項は，各参加主体は「いずれかの飛行要素上の人員であって自国民である者について刑事裁判権を行使することができる」と規定しましたが，これは飛行要素の登録国の管轄権よりも，容疑者の国籍国の管轄権を優先させるものです。そのため，例えばA国が登録す

コラム 4-8 ● スペースシャトル

　スペースシャトルは，米国航空宇宙局（NASA）が開発した再使用型宇宙機で，1981 年から 2011 年までの 30 年間，国際宇宙ステーションの構成部分や補給品，人工衛星の運搬などを行っていました。国際宇宙ステーションの日本の構成部分である「きぼう」も，米国のケネディ宇宙センターからスペースシャトルで打ち上げられました。このミッションは，日本の宇宙物体である「きぼう」を，米国の領域内にある施設から米国により打ち上げたことになりますので，「きぼう」に関して日本は，②宇宙物体の打上げを行わせる国としての打上げ国であり，米国は，③宇宙物体がその領域から打ち上げられる国・④宇宙物体がその施設から打ち上げられる国としての打上げ国となります。

スペースシャトル アトランティス号。
1988 年 12 月 2 日
（写真）　NASA。

図表 4-7　国際宇宙ステーションの全景

（写真）　JAXA/NASA。

る飛行要素上で，B国の宇宙飛行士が犯罪を行った容疑がある場合には，B国が刑事裁判権を優先的に行使することができます。

図表 4-8　国際宇宙ステーションの仕様・構成

寸　法		約 108.5m×約 72.8m（サッカーのフィールドと同じくらい）
質　量		約 420 トン
運用に関わる宇宙機関	米　国	NASA（米国航空宇宙局）
	ロシア	ROSCOSMOS（国営宇宙公社ロスコスモス）
	欧州（11 か国）	ESA（欧州宇宙機関）
	日　本	JAXA（宇宙航空研究開発機構）
	カナダ	CSA（カナダ宇宙庁）
構　成	実験モジュール（4棟）	「デスティニー」（米国実験棟） 「コロンバス」（欧州実験棟） 「きぼう」（日本実験棟） 「ナウカ」多目的実験モジュール（ロシア）
	統合モジュール（3棟）	「ユニティ」（第 1 結合部） 「ハーモニー」（第 2 結合部） 「トランクウィリティー」（第 3 結合部）
	その他モジュール（保管庫など）	「クエスト」（エアロック） 「ザーリャ」（基本機能モジュール） 「ズヴェズダ」（ロシアのサービスモジュール）など

（出所）　JAXA Web サイトを参照して作成。

第5章

国際環境法

　第5章では，環境保護に関わる国際法のルールを主に扱います。比較的古くから扱われてきた問題の一つは，近隣国間で国境を越えて発生する汚染問題で，これに関して慣習国際法上も重要なルールが存在しています。また，例えばタンカー事故による油汚染の場合のように，特定の活動については，被害者への損害賠償のための具体的な仕組みが条約を通じて整備されています。さらに今日では，生物・生息地の保護，海洋汚染の防止，化学物質・廃棄物の規制，気候変動への対処といった問題について，環境リスクの制御などを目的に様々な条約が締結され，ルールの発展とその遵守の促進が継続的に図られています。

5.1 国際環境法の発展と全体像

　気候変動，生物多様性の損失，廃棄物汚染など，現在私たちが直面している様々な環境問題について，国際法の規則が発展しています。国際環境法とは，そうした環境保護に関わる国際法規範の総称です。この法分野が発展する重要な契機となったのが，1972 年にストックホルムで開催された**国連人間環境会議**です。それ以前の時期においても，近隣国間の越境汚染のほか，特定の生物や資源の管理などに関して，一定の法の発展はみられましたが，この会議では，より一般的に環境保護が国際社会の課題であることが確認され，取り組みにあたっての原則や考え方を明文化した文書も採択されました（「**人間環境宣言**」）。この会議の前後から，例えば 1973 年に国連環境計画（UNEP）が設立されるなど，国連における環境問題への取り組みも本格化し，また，環境リスクの規制や環境損害の賠償に関する条約の数も増えていきます（**図表 5-1**）。

　さらに，1992 年にリオ・デ・ジャネイロで開催された**国連環境開発会議**では，気候変動や生物多様性保全といった地球規模の環境問題に対処するための条約締結が進められるとともに，環境と開発の統合を求める「持続可能な開発」の理念のほか，「予防原則」や「共通に有しているが差異のある責任」といった環境分野に特徴的な新たな基本原則が提唱されるようになります（「**環境と開発に関するリオ宣言**」）（コラム 5-1）。この頃には国際環境法の教科書も公刊されるようになり，一つの国際法分野として広く認識されるに至ったと言ってよいでしょう。

　図表 5-1 でまとめたように，今日の国際環境法は，問題別・地域別に締結される条約を通じて主に発展しています。これらの条約の締結を通じた制度形成は，次に見るような伝統的な慣習国際法による対処の限界を克服する試みとしても理解できます。

5.2 慣習国際法上の越境汚染に関する規律

5.2.1 越境損害防止義務

　慣習国際法による規律が比較的早くから論じられていた環境問題として，近隣国間の越境汚染を挙げることができます。1941 年の**トレイル溶鉱所事件最終判**

環境分野	条　約
気候変動	気候変動に関する国際連合枠組条約（1992 年），同条約の京都議定書（1997 年），パリ協定（2015 年）
オゾン層保護	オゾン層の保護のためのウイーン条約（1985 年），オゾン層を破壊する物質に関するモントリオール議定書（1987 年）
大気汚染防止	長距離越境大気汚染に関する条約（1979 年），越境煙霧汚染に関する ASEAN 協定（2002 年）
海洋汚染防止	廃棄物その他の物の投棄による海洋汚染の防止に関する条約（ロンドン条約）（1972 年），同条約の 1996 年の議定書（1996 年），船舶による汚染の防止のための国際条約（MARPOL 条約）（1973 年），同条約に関する 1978 年の議定書（1978 年）
生物・生態系の保全	湿地保全条約（ラムサール条約）（1971 年），絶滅の恐れのある野生動植物の種の国際取引に関する条約（ワシントン条約）（1973 年），生物の多様性に関する条約（1992 年），同条約のバイオセーフティーに関するカルタヘナ議定書（2000 年），同条約の遺伝資源の取得と利益配分に関する名古屋議定書（2010 年）
廃棄物・化学物質の規制	有害廃棄物越境移動規制条約（バーゼル条約）（1989 年），残留有機汚染物質に関するストックホルム条約（2001 年），水銀に関する水俣条約（2013 年）

コラム 5-1 ● 国際環境法の主な基本原則

　環境問題の特性を背景に，国際環境法に特徴的な原則が発展しつつあります。以下はその代表的なもので，環境と開発に関するリオ宣言（1992 年）などの非拘束の国際文書で支持されてきました。さらにこれらの原則は，個別の条約で明文化されることもあります。

① 　**未然防止原則**：環境損害の発生は未然に防止しなければならない。

　（理由）環境損害の事後の回復は困難であったり，多大なコストを伴ないうる。

② 　**予防原則**：甘受できない損害のおそれがある場合には，科学的不確実性があることを，費用対効果の高い未然防止措置をとらない理由としてはならない。

　（理由）環境問題は複雑で，専門的知見の確立を待っていては対応が手遅れになりうる。

③ 　**共通に有しているが差異のある責任原則**：いずれの国も，地球規模の環境問題に対処する責任をもつが，その具体的な負担配分は国により差異を設けるべきである。

　（理由）原因への寄与の度合いや，問題に対処する能力などは，国により異なりうる。

④ 　**汚染者負担原則**：汚染を発生させている者が，その防止・浄化措置等の費用を負担すべきである。

　（理由）汚染発生者は，汚染がもたらす費用を自らが負わないことで，汚染の原因となる生産活動等を過剰に行ってしまう。

断（コラム 2-2（21頁）参照）では，自国の領域に対する排他的権利を行使するにあたっては，他国に損害が生じないよう適切に管理する義務（**領域使用の管理責任**⇒2.1.2）が伴うことが，越境大気汚染の文脈で認められました。その後，人間環境宣言（1972 年）第 21 原則後段は，こうした越境損害を防止する義務を環境保護一般の文脈で明文化しました（**資料 5-1**）。しかも，国家が規制しなければならない対象を「自国の管轄又は管理下における活動」としている点や（したがって例えば自国を旗国とする公海上の船舶も対象），保護の対象に「国家の管轄権の範囲を越えた地域」（公海等）の環境も含めている点で，トレイル溶鉱所事件最終判断で確認された義務の射程を拡張しています。こうして拡張された義務は，今日慣習国際法として確立していると考えられます。

この**越境損害防止義務**は，「重大な」損害の防止を求めるもので，また「**相当の注意（due diligence）**」を払う義務（その国の能力に従って合理的な対応を尽くす義務）だと一般に理解されています。重大な損害の発生という結果だけをもって直ちに違反となるわけではなく，危険の程度や，関連する科学的知見・技術の発展状況などに応じて，原因国が損害防止のための適切な措置を国内で採用し，実施していたかが問われます。またそうした対応の前提として，計画されている事業などによる環境への悪影響の調査・評価（**環境影響評価**）を事前に実施したかどうかも，注意を尽くしたか否かの判断において重視される傾向にあります。なお，環境影響評価の実施や，その結果をふまえた関係国への通報・協議の義務などは**手続的義務**と総称され，それら自体も慣習国際法上の義務だとの理解が今日広く支持されつつあります（**コラム 5-2**）。

5.2.2 国家責任の追及とその限界

越境損害の被害国としては，以上のような防止義務の違反に基づいて，原因国の国家責任を追及することが可能です（⇒ **第 14 章**）。具体的には，違法行為の中止や，金銭賠償などによる被害の事後救済を求めることができます。市場価値への換算が一見容易ではない環境損害（例えば湿地生態系の損失等）については，金銭賠償の対象となりうるのかが問題となります。この点につき国際司法裁判所（ICJ）は，ニカラグア活動事件判決（2018 年）（**資料 5-2**）で，人間の利益となる環境の様々な機能（原料の提供，自然災害の緩和，生物多様性等）に対する損失

　各国は，国連憲章及び国際法の原則に従い，自国の資源をその環境政策に基づいて開発する主権的権利を有する。各国はまた，自国の管轄内又は管理下の活動が他国の環境又は国家の管轄権の範囲を越えた地域の環境に損害を与えないよう確保する責任を負う。

コラム 5-2 ● 越境損害防止の実体的義務と手続的義務

　環境へのリスクを伴う活動を規律する義務を「実体的義務」と呼ぶ一方で，そうした活動に関わる意思決定の〈プロセス〉を規律する義務を「手続的義務」と呼ぶことがあります。後者の具体例として，事前の環境影響評価の実施，影響を被るおそれのある国への事前通告・協議，活動実施後の影響の監視などを挙げることができます。手続的義務の違反は，越境損害が生じていなくても発生します。また，本文で触れたように，越境損害が実際に生じた場合に，これらの手続の実施を怠っていると，実体的義務の実施で求められる相当の注意を欠いていたと評価される可能性があります。

資料 5-2 ◆ ニカラグア活動事件 ICJ 判決〈金銭賠償〉（2018 年）

【事件の概要】　2015 年の ICJ 判決において，ニカラグアによるコスタリカ領への侵入や運河の掘削により，コスタリカの領域主権の侵害が認められ，ニカラグアに金銭賠償の支払いが命じられました。その後 2017 年にコスタリカは，環境損害の賠償額の決定を求めて ICJ に再び提訴し，2018 年本判決が下されました。

Para. 41.　本裁判所は，環境損害に関する金銭賠償の請求について過去に裁判を行ったことはない。だが，環境に対する損害の結果として被害国に生じた支出に加えて，環境それ自体にもたらされた損害に対しても金銭賠償が支払われるべきだと判断することは，十分な事後救済（full reparation）の原則など，国際違法行為の帰結を規律する国際法の諸原則と整合的である。両紛争当事国もこの点については同意している。

Para. 42.　ゆえに本裁判所は，環境に対する損害，またその結果である，財やサービスを提供する環境の能力の減損や損失は，国際法において金銭賠償の対象となりうると考える。…

も，金銭賠償の対象となりうることを認めました。

もっとも，こうした慣習国際法の規則による対処には限界もあります。第1に，越境損害防止義務の違反の立証は現実には必ずしも容易ではありません。損害の原因や因果関係の立証が，難しい可能性があります。また，仮に原因活動や因果関係が特定できたとしても，例えば高度な技術を用いた活動が原因であれば，特にそうした活動の実績がない国にとっては，原因国の不注意を立証することは困難だと考えられます。第2に，特定の国家への損害として観念し難い環境破壊（例：公海上の生態系への悪影響）に，十分対応できるのかという問題もあります。国家責任を追及できるのは，伝統的に被害国（自らの利益を害された国家）とされてきたためです（⇒14.4.1）。国家責任条文48条が定めるように，被害国以外の国家に責任追及が認められるとしても，その請求は違法行為の中止に限定される可能性があり（⇒14.4.3），そうであれば例えば失われた生態系の回復を求めることはできません。第3に，これらの規則による対処は，本来的に損害発生後の事後救済にとどまり，環境損害の未然防止の役割を期待することは基本的には困難です。

以上のような慣習国際法上の規則の限界も背景として，環境損害の救済についても，またそうした損害の未然防止についても，実際には条約を通じた一定の制度形成が進んでいます。

5.3 条約に基づく環境損害の救済

発生した損害の救済については，既に1960年代から70年代にかけて，船舶による油の輸送，原子力施設の稼働，宇宙活動といったように，危険性の高い一定の活動について金銭賠償の制度を定める条約が締結されています。これらは，特定の事業者に民事賠償責任を課す「**民事責任型**」（例：油濁民事責任条約（1969年，1992年）。コラム5-3），事業者の民事責任を定めつつ，その負担能力を超える部分を管轄国が補完する「**混合責任型**」（例：原子力民事責任条約（1963年，1997年）），管轄国に責任を集中させる「**国家の専属責任型**」に分類できますが（例：宇宙損害責任条約（1972年）），いずれも過失（不注意）の立証を要さない厳格責任を導入しています。その後，上記の制度の改正を目的とする条約や，新

コラム 5-3 ● タンカーによる油濁損害に関する条約に基づく賠償制度

◆ タンカーによる油濁損害については，民事責任条約の賠償額の限界を補うために，国際基金を設立するための条約も締結されています。

民事責任条約 （1969 年条約， 1992 年条約）	・当該船舶の所有者（船主）が無過失で賠償責任 ・賠償額には上限あり
基金条約 （1971 年条約，1992 年条約，2003 年追加議定書）	・船主による賠償が十分ではない場合に一定限度まで補償 ・油の受取人（荷主）がその資金を拠出

◆ 日本国内で賠償請求訴訟が提起された例として，1997 年に日本海で発生したロシアのナホトカ号の油流出事故があります。

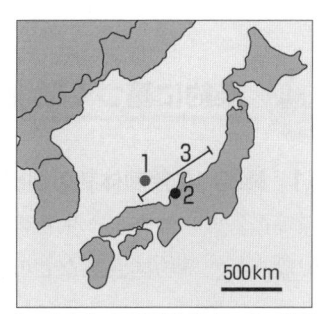

1：ナホトカ号沈没地点。2：船首部漂着地点。3：重油漂着の範囲。
（出所）福井県衛生環境研究センター Web サイト。

ロシア船籍タンカー「ナホトカ号」（写真上）から流出し，海岸に漂着した重油の回収作業をする地元住民，ボランティア（1997 年 1 月。福井・三国町）。
（写真）時事。

◆ なお 2020 年に，モーリシャス近海で貨物船ワカシオ号が座礁し，油の流出とその影響が日本でもさかんに報道されましたが，同船はタンカーではなく，流出したのは同船の燃料油でした。ワカシオ号の事故の油濁損害については，2001 年の燃料油による汚染損害についての民事責任に関する国際条約（バンカー条約とも言います。バンカーとは燃料油のことです）という別の条約の対象となります。

たな活動について採択された責任に関する条約の多くでは，事業者の賠償責任を基本とする方式が採用されています。ただし，油濁分野を除くと，これらの条約の批准あるいは実施の状況は概ね低調です。また，宇宙や南極の制度は別として，国家の管轄を超えた場所での損害は，やはり賠償の対象外とされています。

　条約による制度の一般的な発展傾向として，人身や財産に対する損害にとどまらず，環境損害の未然防止措置や原状回復措置にかかる費用なども賠償の対象とすることで，間接的に環境自体に対する損害も責任の範囲に含めるようになっている点は重要です。また，例えば遺伝子組み換え生物の越境移動に関わる賠償責任を定めた，**バイオセーフティに関するカルタヘナ議定書の責任及び救済に関する名古屋・クアラルンプール補足議定書**（2010 年）のように，発生した損害に対して対応措置をとることを締約国が事業者に要求し，国が代わりに措置をとった場合にはその費用を事業者に負担させる制度の導入の試みもみられます。想定される損害の特質をふまえ，個別の被害者が特定できない可能性を考慮したものだと言えるでしょう。

5.4　条約に基づく環境リスクの規制

5.4.1　継続的な規制体制の創出

　環境損害の未然防止や生物の管理などを目的とする大半の多数国間条約は，条約で設立した締約国会議などの組織を通じて，条約締結後も規範形成や履行確保を継続的に展開している点に特徴があります（**図表 5-2**）。

　規範形成の面では，第 1 に，特に地球規模の条約において，**枠組条約**の採択がみられます（オゾン層保護のためのウイーン条約（1985 年），気候変動に関する国際連合枠組条約（1992 年），生物の多様性に関する条約（1992 年）等）。枠組条約とは，比較的合意が容易な規制の枠組みの条約化をまずは目指すもので，さしあたりは国の参加を広く確保することを重視しつつ，締約国会議等を通じてさらに規則・基準を発展させることを意図しています。こうした規範形成の方式のことを**枠組条約方式**と言います。枠組条約の下では，**議定書**と呼ばれるさらなる条約の採択を予定することが一般的です（モントリオール議定書（1987 年），京都議定書（1997 年），カルタヘナ議定書（2000 年）等）（**コラム 5-4**）。第 2 に，

図表 5-2　多数国間環境条約でみられる継続的な規制プロセス

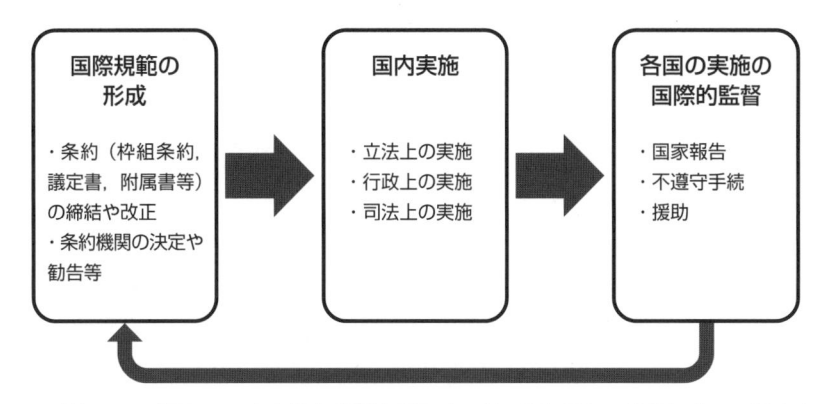

　一般にこのプロセスで中心的な役割を果たすのが，それぞれの条約によって設立される「締約国会議（COP：Conference of the Parties）」です。締約国会議は，各締約国が参加する最高の意思決定機関です。

コラム 5-4 ● 枠組条約方式

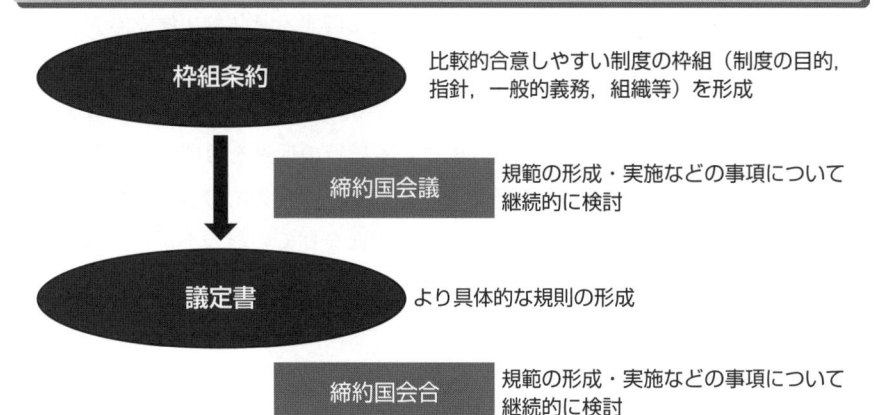

　枠組条約でも，比較的具体的な規則が定められる場合があります。また枠組条約も議定書も，それぞれに締約国会議（COP）があり（議定書の場合は「締約国会合（MOP：Meeting of the Parties）」と呼ばれることが多いです），必要に応じて細則などについての交渉・決定を継続的に行っています。

上記の枠組条約方式の採用の有無にかかわらず，一般に環境条約では，規制対象である具体的な物質・生物種や，詳しい基準値を**附属書**などと呼ばれる条約の附属文書に定める傾向があります。こうした文書の採択・改正については，一定期間内に異議を唱えた国に対してのみ効力が否定される「オプトアウト」の手続が採用されることが多く，できるだけ迅速な規範形成が図られています。第3に，法的拘束力のない締約国会議の決議などを通じて，基準や条約解釈などに関する合意が明らかにされることがあります。これは必要に応じて，一定の規範の形成や変更を迅速かつ柔軟に進めていくための手法だと理解できます（コラム5-5）。第4に，環境条約では，予防原則など，問題への取り組みを方向づける比較的抽象的な規範の明文化が図られることが少なくありません。こうした規範は，「規則（rule）」と対比して一般に「**原則**（principle）」と呼ばれ，少なくとも当該条約下の規則の解釈や新たな法定立に指針を与えます（コラム5-1（89頁））。原則を明文化することには，継続的に展開するリスク規制において，多様な状況への対応を可能とする柔軟性と，一定の予見可能性を確保する狙いがあります。

　履行確保の面では，締約国に実施状況などの定期的な報告を求める**国家報告制度**が一般化しているのに加えて，規定の不履行に関する具体的事案を審査し，必要な対応措置を組織的に決定する手続を予定・採用する環境条約が増えています。こうした手続は，**不遵守手続**（あるいは遵守手続）と呼ばれています（コラム5-6）。一般にこの手続は，あくまで締約国による履行の促進を目的とし，不履行に対して助言や支援といった対応も予定しています。環境条約の場合，締約国（特に開発途上国）の不履行の要因が，資金や技術面などでの能力不足にあることが少なくないためです。同様の事情を背景に，例えば国際基金の設置などを通じて，履行の促進が図られる場合もあります。

5.4.2　個別分野の環境問題

　[1] 生物・生息地の保護　　遅くとも20世紀前半には，生物の管理に関わる条約がいくつか登場するようになりますが，それらの初期の条約は，生物の経済利用に焦点を当てたものが多く，また捕獲や殺害といった，生物に対して直接的な脅威となる行為を主に規制する傾向がありました（例：国際捕鯨取締条約（1946年））。しかし，1970年代頃より，生物の保護それ自体を目的とする条約が

コラム 5-5 ● 締約国会議の決議の法的意義

　環境条約の締約国会議などの決議には，法的拘束力がないことのほうが一般的です。しかしそうであったとしても，国家はそれらを全く無視してもよいのでしょうか。少なくともこれらの決議は，関連の条約の解釈において考慮されるべき「後の合意」（条約法条約 31 条 3 項 (a)）あるいは「後の慣行」（同 31 条 3 項 (b)）を示すものと評価される可能性があります。南極海捕鯨事件 ICJ 判決（2014 年）によれば，そのように評価されるためには，当該決議はコンセンサスあるいは全会一致で採択される必要があります。なお，上記の判決は，国際捕鯨取締条約の当事国は，同条約の下で設立された国際捕鯨委員会や科学委員会と協力する義務があり，したがって，それらの機関が採択した法的拘束力のない勧告・指針の内容に妥当な考慮を払うべきとも指摘しています。しかし，より一般的に環境条約の当事国に同様の義務があるといえるかは慎重な検討が必要です。

コラム 5-6 ● 不遵守手続

【A】 **手続の大まかな流れの例**：オゾン層を破壊する物質に関するモントリオール議定書の場合

ⅰ) **手続の開始**
①不遵守国の自己申立，②他の締約国からの申立，③事務局の判断，のいずれかで開始
　　　　↓
ⅱ) **実施委員会**（議定書で設立した遵守問題を扱う機関）での送付情報の検討
　　　　↓
ⅲ) **実施委員会から締約国会議に報告書を提出**
　　　　↓
ⅳ) **締約国会合による不遵守国への対応の決定**
　　　　決定しうる措置として，①援助，②警告，③権利・特権の停止

【B】 **裁判手続と比較した不遵守手続の一般的特徴**
① 具体的な紛争の存在を必ずしも前提としない。
② あくまで条約の履行の確保・促進を目的とする。
③ 本来的に多数国間で実施される。
④ 最終的な判断を下すのは，締約国会議など政治的機関である（ただし京都議定書の場合のように例外といいうるものも）。
⑤ 手続の開始にあたって不遵守が疑われる国の同意は必ずしも必要としない。
⑥ 手続の性質が対立的ではない。
⑦ 最終的な判断には法的拘束力がない（あるいはその点が不明確である）　など。

締結されるようになり，生物に影響するより多様な脅威（生息地の破壊，国際取引等）への対処も図られるようになります。例えば生息地の保護に関連するものとして，**湿地保全条約（ラムサール条約）**（1971 年）は，湿地の保全やその賢明な利用（ワイズユース）を目的とし，国際的に価値のある湿地の登録を締約国に求めています。自然遺産の保護を目的に含む**世界遺産条約**（1972 年）も，顕著な普遍的価値を持つ遺産の登録を通じて，生息地を保護するインセンティブを現地に与えます。

　また，**絶滅の恐れのある野生動植物の種の国際取引に関する条約（ワシントン条約）**（1973 年）のように，生物の乱獲の要因となりうる国際取引を規制する条約も登場するようになりました。同条約は，規制対象とすべき具体的な生物種を附属書Ⅰ～Ⅲに掲載し，掲載された附属書に応じて異なる許可制度の採用を締約国に求めています（コラム 5-7）。この条約で言う「取引」は，輸出入のみならず「海（基本的に公海）からの持ち込み」も含むため，海洋生物が附属書に登録されれば，その水産活動にも規制が及ぶ可能性がある点には注意が必要です。

　以上の条約は，特定の生物・生息地や活動を規制するにとどまりますが，より包括的に生物多様性の保全などを目的として締結されたのが，**生物の多様性に関する条約**（1992 年）です。この条約は枠組条約であり，国家戦略・計画の策定と実施や，生息地内での保全などを中心とした国内措置の採用を締約国に求めていますが，いずれも個々の国家に広く裁量を認める規定ぶりとなっています。同条約の下では，遺伝子組み換え生物の国際取引などから生物多様性を保護するための**バイオセーフティに関するカルタヘナ議定書**（2000 年）並びに，そうした取引などに伴う損害の救済に関する名古屋・クアラルンプール補足議定書（2010 年）と，**遺伝資源の取得と利益配分に関する名古屋議定書**（2010 年）が採択されています。また，国家の管轄外区域における海洋生物多様性の保全については，2023 年に新条約が採択されました（国家管轄権外区域の生物多様性の保全と持続可能な利用に関する国連海洋法条約の下での協定。英語の marine biological diversity beyond areas of national jurisdiction から，この条約は BBNJ 協定と略称されることが多いです）。

　[2] 海洋汚染の防止　　国連海洋法条約（1982 年）第 12 部は，海洋環境保護（192 条），海洋汚染の防止（194 条），環境影響評価の実施（206 条）などを，一般

コラム 5-7 ● ワシントン条約の附属書ごとの規制

　ワシントン条約は，下記の附属書に掲載された生物種の「標本」（生物の個体（生死を問わない）に加え，その部分や派生物も含まれる）の国際取引を規制します。規制内容は，下記のように，どの附属書に掲載されているかで異なります。なお，規制からの例外を定めた規定もあり，例えば手回品や家財に該当する場合などについては，原則として規制の適用がありません。（下記の表の掲載種の情報は 2024 年 4 月時点。）

	掲載される生物種	取引の規制内容（輸入の場合）
附属書Ⅰ	取引の影響を受ける，もしくは受ける可能性のある生物種で，絶滅の脅威にさらされるもの ・掲載種の改正には，締約国会議での多数決の採択が必要 例　ジャイアントパンダ, トラ, ゴリラ等	・輸入国が発給する輸入許可書と，それをふまえて輸出国が発給する輸出許可書の提出が必要 ・輸入許可書は，取引される標本が主に商業目的に利用されるものではないことを，輸入国の当局が認める場合のみ発給〈商業利用のための取引の禁止〉 ・輸出許可書の発給にあたっては，輸出国の当局が当該種の存続が脅かされないことの確認（「無害証明」という）等も必要
附属書Ⅱ	現在必ずしも絶滅のおそれはないが，取引を規制しないと将来絶滅の可能性がある種，及びそうした種と識別が難しい種 ・掲載種の改正には，締約国会議での多数決の採択が必要 例　カバ, ケープペンギン等	・輸出国が発給する輸出許可書の提出が必要 ・輸入許可書の発給は必要とされず，商業利用のための取引も可能 ・輸出許可書の発給に際して，種の存続が脅かされないこと等の確認が条件となる点は附属書Ⅰ掲載種と同じ
附属書Ⅲ	自国に生息する生物の保全のため，当該国が国際的な協力を必要とする種 ・関係国による条約事務局への通告だけで掲載・削除可能 例　セイウチ（カナダ）等	・輸出国が発給する輸出許可書の提出が必要 ・商業利用のための取引は可能 ・種を掲載した国以外の国から輸入する場合には，その点を明らかにする原産地証明の提出が必要

的義務として締約国に課しています（コラム 5-8）。また，汚染類型に応じて，関連国が国内法令を制定・執行する権利あるいは義務についても定めを置いています（207 条以下）。ただし，具体的な規則や基準の作成は，海洋汚染防止を目的とする他の条約や，関連の国際機関に委ねています（国際基準方式）。

　船舶の通常の航行に伴う海洋汚染の防止については，**船舶による汚染の防止のための国際条約（MARPOL 条約）**（1973 年）（より厳密には同条約の内容を修正した議定書（1978 年））の下で規則が発展しています。具体的な汚染類型に即して，現在 6 つの附属書が採択されており，それぞれにおいて排出行為や船舶の構造・設備などに関する詳しい規則が定められています（コラム 5-9）。船舶などを利用した廃棄物などの海洋投棄については，**廃棄物その他の物の投棄による海洋汚染の防止に関する条約（ロンドン条約）**（1972 年）が締結されています。その後，同条約の**議定書**（1996 年）は，海洋投棄を原則として禁止するに至り，附属書Ⅰに列挙された一定の物のカテゴリーに該当する物の投棄のみ，各国の許可の対象として認めています（緊急投棄を除く）（コラム 5-10）。海底開発による海洋汚染の防止については，地球規模の条約は締結されていませんが，深海底については国際海底機構（⇒3.6.2）が規則の制定を進めています。

　海洋汚染の多くを占めるとされる，陸上活動に直接起因する海洋汚染（例：工場から海への排水によるもの）についても，地球規模の条約の締結は進んでいません。原因活動が多岐にわたるため具体的規則の合意は容易ではなく，地理的状況により汚染の影響が近隣国に及びやすいといった事情のある地域に限って，条約による対処がみられるにすぎません（例：地中海）。もっとも，陸上活動からの海洋環境の保護に関する世界行動計画（1995 年）といった法的拘束力のない文書において，国際社会が目指すべき取り組みの方向性は示されています。また，例えば次にみる化学物質や廃棄物の規制に関する条約は，結果的に海洋汚染の軽減にも寄与するでしょう。

　[3] 有害な化学物質や廃棄物の規制　　1970 年代から 80 年代にかけて，先進国で環境規制が強化されると，より安価な処分を求めて，特に開発途上国に有害廃棄物が流入し，現地で汚染を引き起こす事案が発生するようになります。こうした有害廃棄物の発生・処理に起因する悪影響から人の健康と環境を保護するため，**有害廃棄物越境移動規制条約（バーゼル条約）**（1989 年）が締結されていま

コラム 5-8 ● 南シナ海の埋立活動と海洋環境の保護

　中国は，南シナ海にあるいくつかの地形を占拠し，埋め立てにより大規模に土地を拡大し，滑走路などの施設を構築してきました。それらの地形は，生物多様性の豊かなサンゴ礁の海にあり，こうした工事には海洋環境保護の観点からも懸念が指摘されていました。フィリピンが中国を訴えた南シナ海事件仲裁判断（2016 年）においては，そうした埋め立てにより，国連海洋法条約の環境関連規定（192 条，194 条，206 条など）の違反が認定されています。

コラム 5-9 ● MARPOL73/78 に基づく規制

　1973 年に採択された MARPOL 条約自体は発効しておらず，その内容を修正して実施するために 1978 年に採択された議定書が発効し，それが一般に今日 MARPOL73/78 と呼ばれています（1997 年には，大気汚染防止に射程を拡大する（＝附属書 VI を追加する）ための議定書も採択されました）。MARPOL73/78 における汚染防止のための具体的な規則・基準は，下記のような附属書に定められています。附属書 I・II は MARPOL73/78 のすべての条約当事国を拘束しますが，それ以外の附属書に拘束されるかどうかは選択できます。

附属書 I	油による汚染の防止のための規則
附属書 II	ばら積みの有害液体物質による汚染の規制のための規則
附属書 III	容器に収納した状態で海上において運送される有害物質による汚染の防止のための規則
附属書 IV	船舶からの汚水（＝運航中に発生する汚水）による汚染の防止のための規則
附属書 V	船舶からの廃物（＝運航中に発生する廃物）による汚染の防止のための規則
附属書 VI	船舶からの大気汚染防止のための規則

コラム 5-10 ● ロンドン条約 1996 年議定書による規制の概要

　同議定書では，下記の附属書 I に列挙された物のみ，投棄の検討を認めています。それらの投棄にあたっては，締約国の規制当局の事前許可が必要で，その際には海洋投棄の必要性の確認や，海洋への潜在的な影響の評価などが求められます。

【附属書 I に列挙された物】
しゅんせつ物／下水汚泥／魚類残さ又は魚類の工業的加工作業から生ずる物質／船舶及びプラットフォームその他の人工海洋構築物／不活性な地質学的無機物質／天然起源の有機物質／主として鉄，鋼及びコンクリート並びにこれらと同様に無害な物質であって物理的影響が懸念されるものから構成される巨大な物／二酸化炭素を隔離するための二酸化炭素の回収工程から生ずる二酸化炭素を含んだガス

す。同条約は，廃棄物の発生抑制や，環境上適正な管理といった基本原則を定めるとともに，禁止されていない有害廃棄物の輸出については，輸入国の書面による同意を条件とする「**事前の通告に基づく同意（PIC）**」の手続を導入しています（図表 5-3）。また，第 3 回締約国会議（1995 年）で採択されたいわゆる「BAN 改正」（先進国から開発途上国への有害廃棄物の輸出を禁止する内容）が，ようやく 2019 年に発効しています。さらに，同年に開催された第 14 回締約国会議では，プラスチックごみへの対応のため，関連の附属書の改正も採択されています。農薬や化学物質の輸出に関しては，**有害化学物質等の輸出入の PIC 手続に関するロッテルダム条約**（1998 年）が締結されています。

　毒性，難分解性及び生物蓄積性があり，大気や水，移動性の生物を介した越境移動が懸念される残留性有機汚染物質（POPs：Persistent Organic Pollutants）の利用については，**残留性有機汚染物質に関するストックホルム条約**（2001 年）が包括的に規制しています。附属書 A の掲載物質（PCB 等）についてはその製造，使用，輸出入が原則として禁止され，附属書 B の掲載物質（DDT 等）についてもそれらの行為が制限されます。これらの物質を含む廃棄物については，適正な管理・処分等も求められます。また**水銀に関する水俣条約**（2013 年）は，水銀という特定の物質に焦点を当てて，採掘から使用，廃棄を含めた利用過程全体を対象に，排出削減や適正な管理を定めています。

　[4] 気候変動　　気候変動に対する国際的な取り組みは，枠組条約である**気候変動に関する国際連合枠組条約**（1992 年）の締結を出発点とします。同条約を基礎に締結された**京都議定書**（1997 年）では，温室効果ガスの排出削減について，国際交渉で設定された拘束力のある国別数値目標を先進国と市場経済移行国（旧ソ連・東欧諸国）のみに設定し，排出量取引など京都メカニズムと呼ばれる柔軟な目標達成手段を整備するとともに，目標の不達成には制裁的な措置を予定するという規制方式を採用しました。しかし，中国やインドをはじめとする開発途上国の温室効果ガスの排出量の増大を背景に，京都議定書の第 1 約束期間（2008 年〜2012 年）終了後の制度では，すべての国家が自主的な削減約束を個々に表明し，国際的な審査によりその実施を促進する方式への転換が図られました（カンクン合意（2010 年））。その後締結された**パリ協定**（2015 年）は，この規制方式を基本的に継承しており，気温に関する長期目標（産業革命以降の平

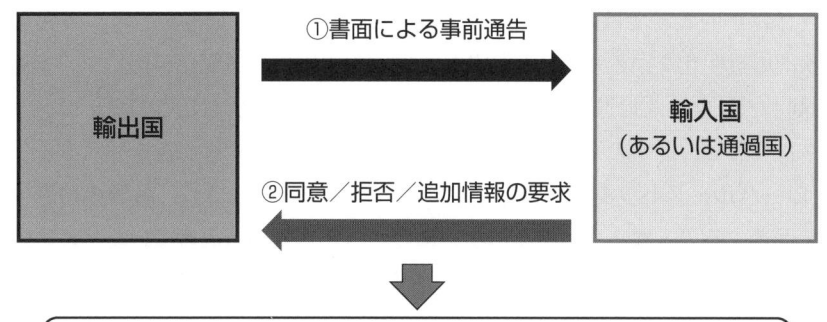

図表 5-3　バーゼル条約の PIC 手続の概要

| 輸出国 | ①書面による事前通告 → | 輸入国（あるいは通過国） |

②同意／拒否／追加情報の要求

③輸出国は，輸入国から書面の同意を得ていること，並びに，環境上適正な処理がなされることを明記する輸出者と処分者間の契約の存在について輸入国から確認を得ていることを条件に，輸出を許可することができる

図表 5-4　主要国の NDC が掲げる 2030 年削減目標 （2024 年 4 月 1 日現在）

国　名	2030 年削減目標
日　本	総排出量を 46% 削減（2013 年度比）（さらに 50%削減の高みに向け挑戦）
米　国	総排出量を 50 〜 52% 削減（2005 年比）
Ｅ　Ｕ	総排出量を 55% 以上削減（1990 年比）
中　国	GDP 当たり排出量を 65% 以上削減（2005 年比）
インド	GDP 当たり排出量を 45% 削減（2005 年比）

均気温の上昇を2度より十分低く抑え，1.5度に抑える努力を追求）を掲げる一方で，開発途上国を含むすべての国家に「**国が決定する貢献（NDC：Nationally Determined Contribution）**」と呼ばれる自国の約束の作成・通知・更新（基本的に5年毎）を義務づけました（ただし，各国が自国のNDCで掲げる削減目標の達成自体は法的義務ではありません）（図表5-4（103頁））。同協定では，各国の実施状況の透明化を図るために強化された国家報告制度（**透明化枠組**）や，実施の「強制」ではなく「促進」に焦点を当てた遵守手続に加え，NDCの更新のタイミングに合わせ，協定の掲げる長期目標に照らして全体の進捗状況を検討する手続（**グローバル・ストックテイク**）も定めています。このように，各国の約束の実施を促進するのみならず，そうした約束の水準を継続的に高めていくための具体的なプロセスを構築している点にも，パリ協定の大きな特徴があります（コラム5-11）。

　気候変動の緩和に寄与している条約として，他に**オゾン層の保護のためのウィーン条約**（1985年）と**オゾン層を破壊する物質に関するモントリオール議定書**（1987年）があります。これらは，もともとオゾン層の保護を目的として締結された条約で，オゾン層の回復に向けて国際的な取り組みを進めてきました。しかし，モントリオール議定書でオゾン層破壊物質としてその生産量と消費量を規制されてきたクロロフルオロカーボン類（CFCs）やハイドロクロロフルオロカーボン類（HCFCs）は，高い温室効果も有するため，その規制は温暖化の抑制にも一定程度貢献してきました。さらに2013年には，やはり温室効果をもつハイドロフルオロカーボン類（HFCs）を規制するため，同議定書の改正がなされました（改正の採択地であるルワンダの都市名をとって「キガリ改正」と呼ばれます）。HFCsはオゾン層破壊物質ではありませんが，CFCsやHCFCsの代替物質として生産量が増加してきたことなどを考慮して，同議定書の下でも規制が進められることになったのです。これらの温室効果ガスについては，生産量と消費量に関する具体的な削減目標が設定され，締約国はその達成を基本的に義務づけられています。

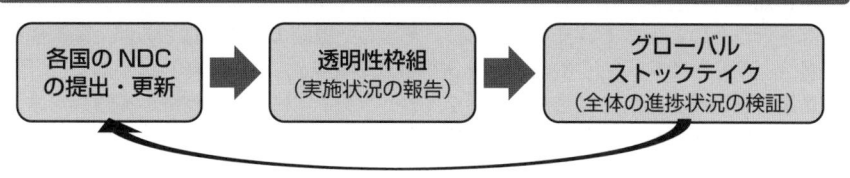

各国の NDC
の提出・更新 → 透明性枠組
（実施状況の報告） → グローバル
ストックテイク
（全体の進捗状況の検証）

上記の手続などに関わる遵守促進を目的とする遵守手続も整備

　パリ協定では，具体的な気温に関する全体目標を掲げたうえで（近年では，産業革命以降の気温上昇を 1.5 度に抑えるべきとの認識が強まっています），各国に自主的な貢献を約束させるとともに，継続的に各国の約束の水準を高め，条約目的の実現を目指すプロセスを作り出しています（このプロセスは基本的に 5 年サイクルで動きます）。

　温暖化対策として，「二酸化炭素の回収・貯留（CCS：Carbon dioxide Capture and Storage)」という技術があります。排出源などから二酸化炭素を回収して地下に貯留するという技術ですが，例えば回収した二酸化炭素を海上に輸送し，船舶や洋上施設から海底下に注入・固定する場合は，ロンドン条約や 1996 年議定書（⇒5.4.2 [2]）の規制対象となります（石油増産のために注入する場合などは別です）。1996 年議定書によれば，他の廃棄物の海洋投棄と同様に，規制対象となる CCS は環境への影響評価などをふまえた各国の許可制に服することになります。

CCS の流れ

凡例	
■	分離・回収段階
→	輸送段階
➡	貯留段階

CCS のイメージ
※①〜③は船舶を活用した CCS の場

①CO₂ を分離・回収

パイプライン

CO₂ 排出源

②海上輸送

パイプライン

地上設備より陸域に圧入

地上設備より海域に圧入

海上設備より海域に圧入

③船舶より海域に圧入

CO₂ 貯留

CO₂ 貯留

陸域 帯水層 ← 不透水層 → 海域

（出所）　環境省「平成 26 年版　環境白書・循環型社会白書・生物多様性白書」

　国連海洋法条約は，特に鯨類については，「適当な国際機関」を通じて保存，管理，研究を行うものと定めています（65 条）。そうした機関の代表的なものが，国際捕鯨委員会（IWC）です。IWC を設立した国際捕鯨取締条約（1946 年）は，前文で「捕鯨産業の秩序ある発展」に言及していますが，1982 年には商業捕鯨の捕獲数をさしあたりゼロとする規則改正（商業捕鯨モラトリアムの採択）がなされるなど，IWC では鯨類の保護が強く志向されるようになっています。

　同条約の当事国であった日本は，商業捕鯨モラトリアムに服するようになった後も，科学的研究のための捕鯨の許可を認めている同条約の 8 条を根拠に，IWC 規制対象種（ミンククジラなど）について，いわゆる調査捕鯨を自国民に許可していました（なお IWC の規制対象ではない小型鯨類（ツチクジラなど）については，商業捕鯨を継続して認めてきました）。しかし，国際司法裁判所（ICJ）の南極海捕鯨事件判決（2014 年）は，当時日本が南極海で許可していた調査計画（JARPA II）について，研究目的に照らして計画の内容・実施に様々な不合理な点があると指摘し，8 条に基づく捕鯨とは言えないとの判断を下しました。その後も日本は，判決をふまえた新たな計画の調査捕鯨を許可していましたが，商業捕鯨再開の目途が立たないことを理由に，2018 年末に同条約の脱退を表明しました。

　脱退後日本は，IWC 規制対象種についても，日本の領海と EEZ の海域に限定して商業捕鯨を認めています。捕獲枠の算出にあたっては IWC で支持された算出方式を採用するなど，上述の海洋法条約 65 条の規定にも配慮した対応がなされています。

　なお，ワシントン条約の下でも，日本が調査捕鯨として許可していた北太平洋でのイワシクジラの捕鯨がかつて問題となりましたが，日本の領海や EEZ で捕獲した鯨の水揚げであれば，そもそも同条約の「海からの持ち込み」（⇒5.4.2 [1]）には該当せず，その意味でワシントン条約の違反は問題となりません。

ローマ数字は IWC の管理区域，濃いアミカケ部分は JARPA II の調査区域。
（出所）（一財）日本鯨類研究所提供。

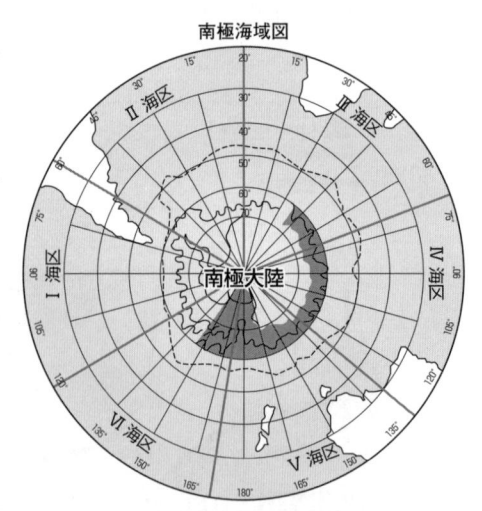

南極海域図

南極大陸

国際経済法

　現在の国際社会においては，国境を越えた様々な経済活動が行われていますが，それを支えているのが国際経済法です。国家は，それぞれの国内法に基づき，貿易や外国投資を規制することがありますが，そうした規制が過剰になると，国際的な企業活動の障壁となり，国際経済は停滞してしまうでしょう。そこで各国は経済を活性化するために，貿易の自由化や外国投資の保護を目的とする条約を数多く締結してきました。本章では，これらの条約（WTO 協定や FTA，国際投資協定等）について解説します。

　本章で扱う国際経済法とは，経済に関連する国際法のルールの総称です。経済活動がグローバル化した現在において，国際経済法には様々なルールがあります。その中でも，物品やサービスの国際取引である貿易に関しては，多角的自由貿易体制を維持するための国際機関として**世界貿易機関**（WTO：World Trade Organization）が存在するなど，貿易に関する国際法（**国際貿易法**）が発展しています。他方で，一部の国々がWTOよりも貿易自由化を進めるために**自由貿易協定**（FTA：Free Trade Agreement）や**経済連携協定**（EPA：Economic Partnership Agreement）を締結することも多く，国際貿易法は複雑な構造となっています。

　また冷戦終結後のグローバリゼーションは，物品・サービスだけでなく，資本の国際的移動，すなわち海外投資も活発化させました。日本を例にとれば，近代化後の我が国は，資源を外国から輸入し，それを加工して付加価値をつけ輸出することによって豊かになるといういわゆる貿易立国として発展してきましたが，現在の日本企業は，外国に子会社を設立するなどの投資を行い，海外事業活動を展開することが一般的となっています。現在の日本は，こうした海外投資から得られる利益にも支えられており，投資立国とも呼ばれます。こうした企業活動を円滑に行うためには，工場の建設などに必要な資本を外国に自由に移転できること（**投資の自由化**）や，外国に投下した資本による企業活動が現地国政府によって不当に阻害されないこと（**投資の保護**）が必要になります。そこで，こうした投資の自由化や保護に関する国際法（**国際投資法**）として**国際投資協定**も多数締結されるようになりました。

　本章では，国際経済法の中心的な内容である国際貿易法と国際投資法について主に解説しますが，その他にも，国際経済活動に関わる国際法のルールは多数あります（図表6-1）（コラム6-1）。例えば，企業活動が国際化するとその利益に対していずれの国が課税権を有するのか，また，租税回避行為をいかに防ぐかが課題となるため，各国は租税条約などを締結しています（コラム6-2（111頁））。さらに，外国企業による競争阻害行為によって悪影響を受けた国家が，自国の競争法（独禁法）を当該外国企業に対して域外適用できるかも問題となります。このように国際経済活動は多岐にわたるため，国際経済法の外延を画定することは難

図表 6-1　国際経済法の全体像

■ 国際貿易に関するルール　（国際貿易法）
【例】　WTO 協定　FTA/EPA
⇒関税の削減・撤廃義務や数量制限の撤廃義務など

■ 国際投資に関するルール（国際投資法）
【例】　慣習国際法　二国間投資協定　EPA/FTA の投資章
⇒外国投資規制の自由化義務や外国投資の保護義務など

■ 通貨・国際金融に関するルール
【例】　IMF 協定　バーゼル合意
⇒通貨に関する協力義務，銀行の自己資本比率規制に関するソフトローなど

■ 国際租税に関するルール
【例】　二国間租税条約　BEPS 防止措置条約
⇒国際的二重課税に関する課税権の調整など

■ 競争法の域外適用に関するルール
【例】　慣習国際法　独占禁止協力協定
⇒競争法（独禁法）に関する国家管轄権行使の調整など

■ 国際的な経済犯罪に関するルール
【例】　国連腐敗防止条約　外国公務員贈賄防止条約
⇒外国公務員に対する賄賂の取締りなど

コラム 6-1 ● 国際通貨・金融に関するルール

　通貨に関しては，第 2 次世界大戦後のブレトンウッズ体制の柱としてドル金本位制に基づく固定相場制が導入され，それを支える国際組織として国際通貨基金（IMF：International Monetary Fund）が IMF 協定によって設立されました。しかしドル金本位制の崩壊により 1970 年代以降変動相場制に移行すると，IMF は特に途上国に対する金融支援を行うことが主たる任務となっていきました。他方で，主に先進国間での国際金融（資本移動）は自由化されていますが，金融の安定化を確保するための自己資本比率規制などが国際合意に基づいて行われています。この合意はバーゼル合意と呼ばれますが，条約ではなくソフトロー（**コラム 12-3**（243 頁））の一種と考えられます。

しく，今後も様々な新しいルールが形成される可能性があります。

6.2　国際貿易法

6.2.1　国際貿易法の歴史

　国際貿易法は，18 世紀から二国間通商条約によって形成されてきましたが，1929 年の大恐慌後は，大英帝国特恵制度のような排他的貿易政策を欧米諸国が採用したため，ブロック経済化が進んでしまいました。こうした極端な保護貿易主義が第 2 次世界大戦を招いた原因にもなったと考えた米国は，戦後の国際経済秩序はすべての国に開放された自由貿易体制とすべきとの構想を，1941 年の英米共同宣言（大西洋憲章）において提唱しました。そして，第 2 次世界大戦終結後には，米国が交渉を主導した国際貿易機関（ITO）憲章が国連貿易雇用会議で採択されましたが，ITO 憲章は米国議会での批准が得られず発効しませんでした。他方で，ITO 憲章の作成と同時期に行われた関税引き下げ交渉の結果を実施するために，1947 年には**関税と貿易に関する一般協定**（GATT：General Agreement on Tariffs and Trade）が作成されました。GATT は，ブロック経済化を防ぐための最恵国待遇原則や数量制限撤廃義務を定め，さらに関税の漸進的引き下げを目指すものでした。戦後の世界は米ソ対立により二分され，GATT の適用は主に西側諸国に限定されましたが，数次にわたる自由化交渉（ラウンド）により，GATT 締約国の関税引き下げが実現し，世界貿易の発展に寄与しました（図表6-2）。

　1986 年に始まったウルグアイ・ラウンドでは，GATT を発展させる形で WTO の設立が合意され，1995 年に WTO が成立しました（図表6-3（113 頁））。WTO 協定には，従来からの物品の貿易に関するルールだけでなく，新しい概念である「サービス貿易」の自由化に関するルールや，貿易に関連する知的財産権の国際的保護に関するルールも含まれます。また紛争解決制度が，GATT に比べて司法化されたことも WTO の特徴です。さらにその後，WTO には中国やロシアも加盟したため，WTO はほぼ世界貿易全体をカバーすることになりました。他方で，1992 年に成立した北米自由貿易協定（NAFTA）以降，FTA や関税同盟による貿易自由化も進んでいます。特に，WTO における自由化交渉の停滞が鮮明となってからは，二国間または地域内での貿易交渉のほうが進展してきました。なお，

国際的な経済活動が活発になると，ある経済活動について複数の国が課税すること
が増えていきます。例えば多国籍企業がその本拠地の国と進出先の国の両方で課税さ
れるような場合で，これを二重課税と呼びます。そこで，二重課税を防止するための
二国間租税条約が多数締結されてきました。また最近では逆に，租税回避行為に
よって多国籍企業がどの国でも納税をしないような事態が問題になっています。これ
を租税浸食・利益移転（BEPS：Base Erosion and Profit Shifting）と呼び，BEPS
防止措置実施条約（2016 年）という多数国間条約が策定されました。

図表 6-2　ラウンド交渉の経緯と GATT ／ WTO

	期　間	交渉内容
GATT	1947 年～1962 年 （計 5 回の交渉）	関税引き下げ
	1964 年～1967 年 （ケネディ・ラウンド交渉）	関税引き下げ・一部の非関税障壁に関する ルール
	1973 年～1979 年 （東京ラウンド交渉）	関税引き下げ・非関税障壁に関するルール
	1986 年～1994 年 （ウルグアイ・ラウンド交渉）	関税引き下げ・非関税障壁に関するルール・ サービス貿易に関するルール・知的財産権の 国際的保護に関するルール・紛争処理手続・ 組織規定 （⇒これらは WTO 協定の内容に）
WTO	2001 年～未完 （ドーハ・ラウンド交渉）	関税引き下げ・非関税障壁に関するルール・ サービス貿易に関するルール・知的財産権の 国際的保護に関するルール・紛争処理手続・ 貿易と環境・途上国問題など

米国の第2次トランプ政権が進めようとしている一方的な関税政策などは、これまでに築き上げられてきた自由貿易体制を覆しかねないものであり、懸念されます。

6.2.2 物品貿易についての WTO のルール

　上述のように、WTO は GATT を発展させたものであるため、1947 年に作成された GATT の条文は、WTO 協定の一部になっています（WTO 協定附属書 1A）（図表6-4）。したがって現在でも、GATT が定める物品貿易に関する基本的なルールは重要であり、次のようなものがあります。第 1 は**最恵国待遇原則**（GATT1 条）で、WTO 加盟国は、他の加盟国からの輸入産品について第三国からの輸入産品に対して与える待遇よりも不利でない待遇を与えなければなりません（なお輸出産品についても最恵国待遇義務はかかります）。第 2 は**内国民待遇原則**（3 条）で、他の加盟国からの輸入産品を国内産品よりも不利に扱わないよう WTO 加盟国に義務づけます。最恵国待遇と内国民待遇をまとめて無差別待遇原則と言うこともあります。第 3 は**関税譲許**に関するルール（2 条）で、関税交渉の結果として約束した関税率などを各加盟国が自国の譲許表に記載し、その関税率（譲許関税率）を超える関税を輸入産品に賦課しないよう義務づけられます。第 4 は**数量制限の禁止**（11 条）で、いずれの加盟国からの輸入（またはいずれの加盟国への輸出）についても、数量を制限すること（禁輸も含む）が禁止されます。

　ただし、GATT には**一般例外条項**（20 条）や**安全保障例外条項**（21 条）などの様々な例外規定が存在し、上述の基本的なルールに反するような貿易制限措置であっても、例外として認められる場合があります（コラム6-3（115 頁））。例えば感染症の防止など、人、動植物の生命、健康を守るための衛生植物検疫措置については、GATT 上の義務に反するとしても正当化可能です（20 条(b)）。また、自国の安全保障上の重大な利益の保護のために必要な措置をとることも妨げられません（21 条(b)）。

　さらに、WTO 協定の附属書 1A には、GATT のルールを補完する協定が含まれています（図表6-4）。例えば衛生植物検疫協定（SPS 協定）は、上述の GATT20 条(b) を補完するもので、WTO 加盟国が衛生植物検疫措置を実施する権利を認めつつ、それらの措置が不当な貿易制限措置にならないように義務づけています。

図表 6-3　WTO の組織構造の概要

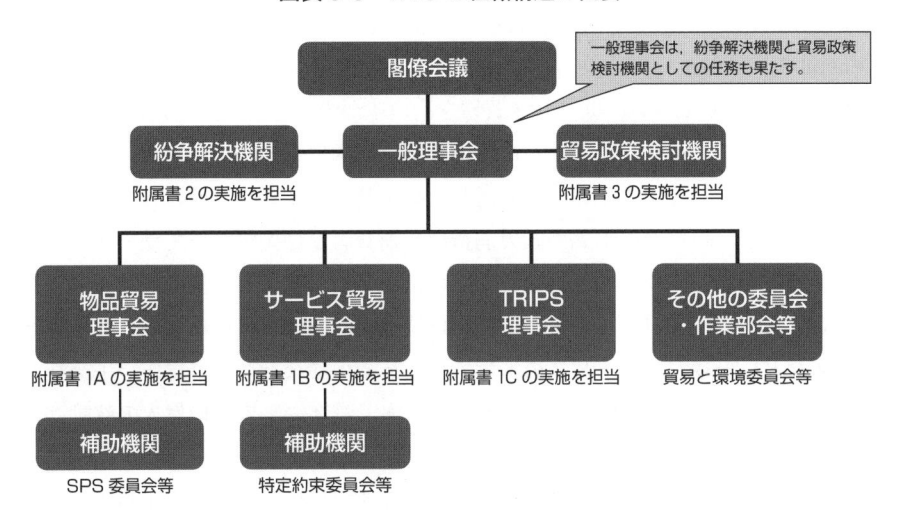

図表 6-4　WTO 協定の全体像

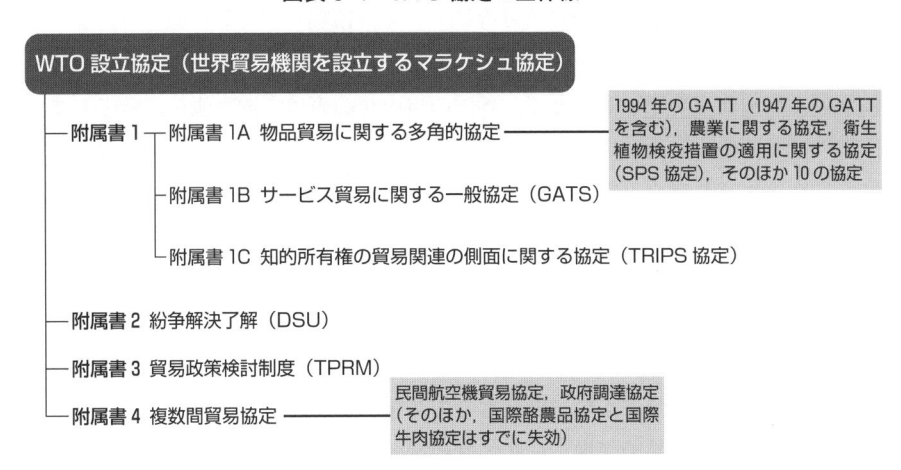

6.2.3　サービス貿易についての WTO のルール

　20 世紀後半から産業のサービス化（通信や金融などのサービス業の発展）が進んだため，ウルグアイ・ラウンドではサービス貿易に関するルールの交渉が行われ（図表 6-2（111 頁）），WTO 協定の一部として**サービス貿易協定**（GATS：General Agreement on Trade in Services）が策定されました（附属書 1B）（図表 6-4（113 頁））。GATS は，サービス貿易を次の 4 つの形態として定義します（1 条 2 項）（図表 6-5）。第 1 の形態である**越境取引**は，国境を越えてサービスの取引が行われる場合で，インターネットを通じたコンサルティング・サービスの提供などが該当します。第 2 の形態の**国外消費**は，消費者が他国に赴いてサービスの提供を受ける場合，すなわち海外旅行先での宿泊・飲食サービス消費（インバウンド消費）などがその例です。第 3 の形態は**業務上の拠点**（他国に設立した子会社や支店など）を通じたサービスの提供で，銀行や保険会社の海外支店・子会社が金融サービスを提供する場合などが該当します。第 4 の形態は**自然人の移動**によるサービスの提供であり，例えばアーチストが外国でコンサートを行う場合です。

　GATS は，これらのサービス貿易に関連する各国の措置を自由化することを目的とします。具体的には，他の加盟国のサービスまたはサービス提供者どうしを差別しないという意味での最恵国待遇が義務づけられます（2 条）。また，**各加盟国が特定の約束を行ったサービス分野については市場アクセスの確保**（16 条）と**内国民待遇**（17 条）の義務が生じます。特定の約束とは，サービスの特定の分野について自由化を約束することで，各国の自由化約束は，約束表に記載されます。例えば特定の約束を行ったサービス業種については，原則として外資制限は撤廃するよう求められます（16 条 2 項 (f)）。

6.2.4　知的財産権の国際的保護に関するルール

　著作権，特許権，商標権といった知的財産権は，高度化した現代の産業にとって極めて重要であり，知的財産権を侵害するコピー商品が海外で蔓延すれば，輸出機会が失われ貿易にも悪影響が生じてしまいます。そこでウルグアイ・ラウンドにおいては，貿易の促進には知的財産権の国際的保護が不可欠であると認識され，**知的所有権の貿易関連の側面に関する協定**（TRIPS 協定）が WTO 協定の一部として策定されました（附属書 1C）（図表 6-4（113 頁））。ただし，知的財

コラム 6-3 ● 海老海亀事件

　WTO では環境保護に関する貿易制限措置と例外規定との関係が問題になることが多く，その典型例とされるのが海老海亀事件です。同事件では，天然の海老を大型の網で捕獲する漁法は海亀を混獲することがあるため，一定の海亀混獲防止対策がとられずに捕獲された海老の輸入禁止を米国が行ったことが，WTO 紛争解決手続で争われました。WTO 上級委員会（⇒6.2.5）は，米国の輸入禁止措置は GATT20 条 (g) の「有限天然資源の保存」に関する措置ではあるが，同条柱書の要件（正当と認められない差別待遇の手段であってはならない）を満たさないため，例外規定によって正当化できないと判断しました（上級委員会報告（1998 年 10 月 12 日））。しかしその後，米国は制度改正を行い，改正後の措置が再び WTO 紛争解決手続に付託されると（履行確認手続），上級委員会は改正後の措置は GATT20 条によって正当化できると認めました（上級委員会報告（2001 年 10 月 22 日））。

図表 6-5　サービス貿易の形態

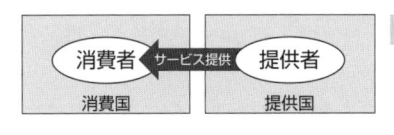

■第1モード：国境を越える取引

［例］電話やインターネットを通じた外国コンサルタントの
　　　利用
　　　外国のカタログ通信販売の利用

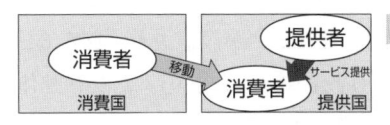

■第2モード：海外における消費

［例］外国の会議施設を使用した会議の開催
　　　外国における船舶・航空機などの修理

■第3モード：業務上の拠点を通じたサービス提供

［例］海外支店を通じた金融サービス
　　　海外現地法人が提供する流通・運輸サービス

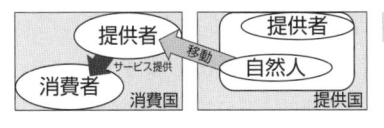

■第4モード：自然人の移動によるサービス提供

［例］招聘外国人アーチストによる娯楽サービス
　　　外国人技師の短期滞在による保守・修理サービス

（出所）　外務省 Web サイト。

産権保護に関しては以前から各種条約が存在していたので，TRIPS 協定は実体規定については，既存条約のルールをそのまま適用する形になっています。すなわち，著作権については文学的及び美術的著作物の保護に関するベルヌ条約（1971年）を（TRIPS 協定 9 条），特許などについては工業所有権の保護に関するパリ条約（1967年）を（2条），それぞれ遵守することを WTO 加盟国に義務づけ，加えて TRIPS 協定独自の知的財産権保護規定を設けました。このような法的構造を，**ベルヌ・プラス・アプローチ**，及び，**パリ・プラス・アプローチ**と呼びます。

　既存条約があるにもかかわらず TRIPS 協定が策定されたのは，ベルヌ条約やパリ条約の実効性が不十分であるとの認識が米国などにあったからだと言われます。その点に関して TRIPS 協定は，加盟国内における実効的な知的財産権保護を実現するため，民事・刑事・行政面における手続・制度の整備を加盟国に義務づけたことが特徴です（TRIPS 協定第 3 部）。また，ある加盟国が他の加盟国の知的財産権を十分に保護していない場合には，TRIPS 協定に違反しているとして当該加盟国を WTO の紛争解決手続に提訴することもありえます。

6.2.5　WTO の紛争解決手続

　WTO 協定の特色は，貿易に関する実体的規定を包括的に設けたことと同時に，その遵守を確保する紛争解決手続を整えたことにあります（図表 6-6）。WTO には，全加盟国の代表で構成される**紛争解決機関（DSB）**が設置され（図表 6-3（113 頁）），加盟国間の紛争処理を行います（WTO 設立協定 4 条 3 項）。ただし具体的な紛争処理は，WTO 協定の附属書 2 の**紛争解決了解（DSU）**が定める手続に従って，**パネル（小委員会）**と**上級委員会**が担います。パネルは，事件ごとに設置され，3 人の独立の個人により構成されます（紛争解決了解 8 条）。他方上級委員会は，4 年の任期で任命される 7 人の独立の個人により構成され，そのうちの 3 人が，一の事件を担当します（17 条）。他の加盟国が WTO 協定上の義務に違反したと考える加盟国は，まずパネルの設置を要請することとされ，設置されたパネルが協定違反の有無を審理し，その結論を報告書として発出します（11 条）。そしてパネル報告書に不服のある紛争当事国は，上級委員会に上訴可能で，その場合上級委員会はパネルの判断を支持，修正または取り消すことができます（17条）。このように WTO 紛争解決手続は，二審制を採用する点が特徴と言えます。

　TRIPS 協定は医薬品特許も国際的保護の対象としていますが，これはコピー薬が国際的に出回ることを防ぐためには重要です。他方で，医薬品特許の保護によって価格が高止まりし，途上国の貧困層などに必要な医薬品が供給されにくくなるという問題も指摘されてきました。TRIPS 協定 31 条は，特許の強制実施（権利者の許諾を得ない実施）を加盟国が認める場合，主に国内市場への供給（医薬品であればコピー薬の製造国内での供給）のためでなければならないとの要件があったため，そもそも製造能力を持たない低開発途上国への供給にとっては厳しい規定でした。そこで 2017 年に発効した TRIPS 協定の改正（新設された 31 条の 2）により，医薬品については強制実施の場合にも一定の条件の下，国外市場への供給が認められるようになりました。また COVID-19 ワクチンについては，製造能力を持つ途上国（インドなど）が強制実施によりワクチンを製造・輸出しやすくするための閣僚会合決定が，2022年 6 月に採択されました。

図表 6-6　WTO 紛争解決手続の流れの概要

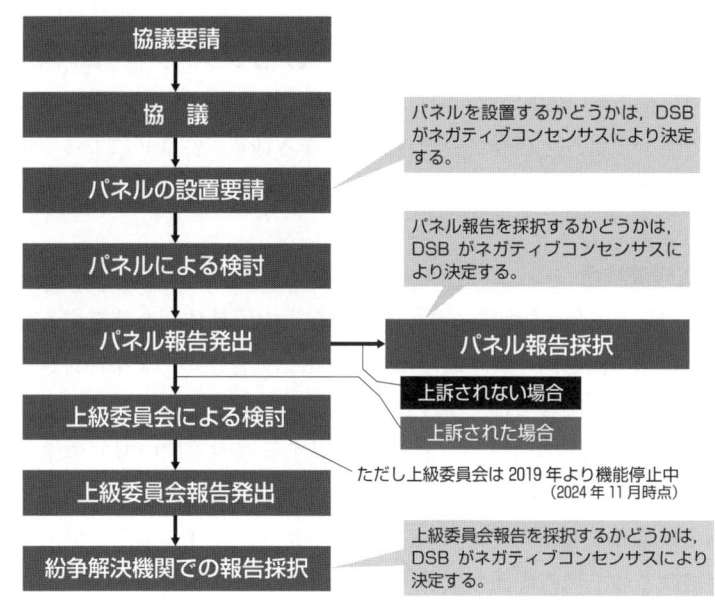

※上記の手続の他にも，紛争解決機関の勧告が遵守されているか否かを審査する履行確認手続や，協定違反措置を是正させるための対抗措置の承認手続などが存在します。

WTO 紛争解決手続のもう一つの特徴は，事実上の強制管轄権を持つことです。上述のように，他国が WTO 協定に違反しているとして提訴する加盟国は，紛争解決機関にパネルの設置を要請しなければなりませんが，紛争解決機関を構成するすべての WTO 加盟国が反対しない限り，パネルの設置は認められます（6条）。このような意思決定方法は**ネガティブ・コンセンサス方式**と呼ばれ，パネル設置のみならず，パネル・上級委員会報告の採択の可否などについても採用されています（16条，17条）。それゆえ，加盟国による一方的提訴が可能であり，ほぼ手続が自動化されているといえます。このような紛争解決手続は実効性があると評価され，活発に利用されてきました。

しかし米国は，上級委員会の司法積極主義的な姿勢を批判するようになり，2017 年からは任期切れ上級委員の空席ポストの補充に反対したため，2019 年 12 月に上級委員会は機能停止に陥りました。そのため，現在（2024 年 11 月時点）でも上級委員会が機能していないので，パネル報告が上訴されると，紛争解決手続を完了できない事態になってしまっています。こうした事態に対応するため，一部の WTO 加盟国は，**多数国間暫定上訴仲裁アレンジメント（MPIA）**を立ち上げました。MPIA に参加する WTO 加盟国間の紛争については，パネル報告に不服がある場合には，上級委員会の代わりとなる仲裁（25条）によって扱われることになります。

6.2.6 地域経済統合

WTO は，最恵国待遇原則により，無差別な自由貿易体制を確立するものですが，他方で特定の国家間でより進んだ貿易自由化を行うことを条件付きで認めています。物品貿易に関しては，GATT24 条が関税同盟と自由貿易地域の設立要件を定めています。**関税同盟**とは，同盟を構成する域内国間の貿易障壁（関税など）の導入を原則として撤廃するとともに，対外共通関税など，域外国に対する貿易規則を共通化するものであり（GATT24 条 8 項 (a)），EU はその例です。また**自由貿易地域**とは，域内国間の貿易障壁を原則として撤廃する点では関税同盟と同様ですが，域外国に対する貿易規則は共通化しないもので（同条項 (b)），例えば包括的・先進的環太平洋パートナーシップ協定（CPTPP）はこれに該当します（図表 6-7）。なおサービス貿易に関する地域統合についても，一定の要件の下で

図表 6-7　関税同盟と自由貿易地域の違い

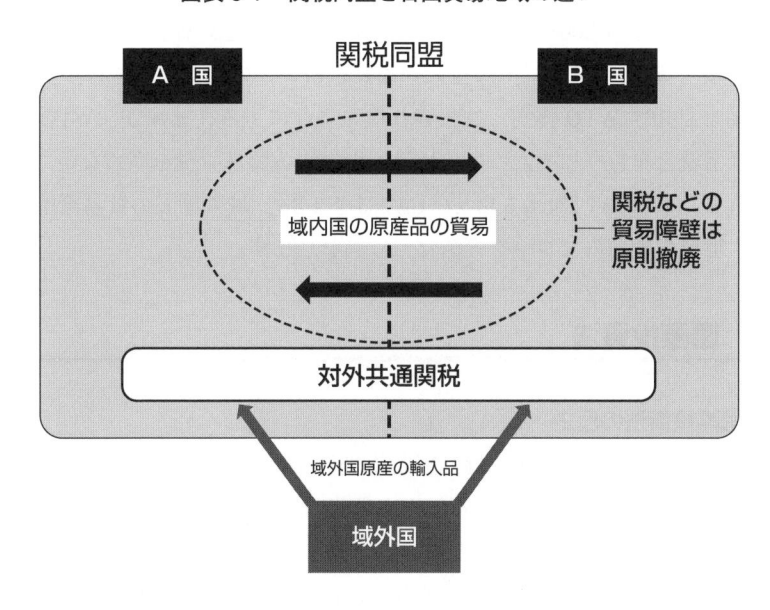

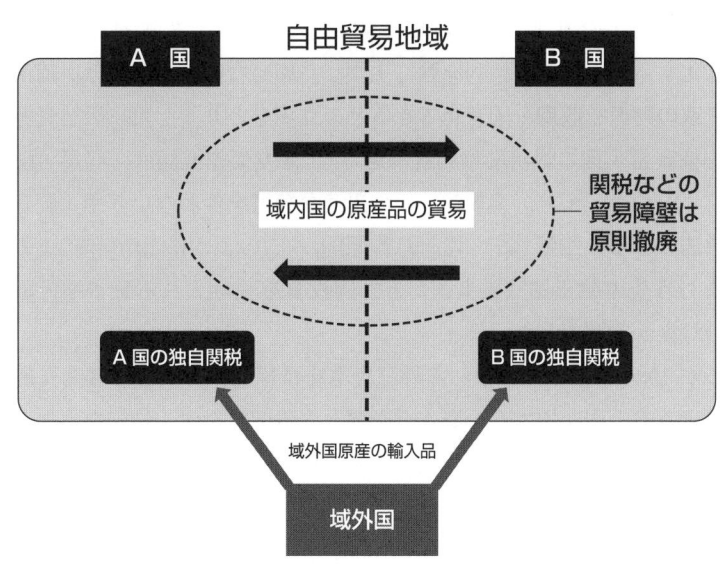

認められます（GATS5条）。

　上述のようにWTOでの貿易自由化交渉が妥結しない中，各国は地域経済統合へと傾斜し，日本も2001年のシンガポールとの**経済連携協定（EPA）**締結を皮切りに，多くのEPAを締結しました（図表6-8）。このような動きは，無差別な自由貿易を目指すWTO体制とは相容れないようにもみえますが，WTO加盟国は地域経済統合を行うにあたって，域外国に対する貿易障壁を高めないことが要件とされるため（GATT24条5項及びGATS5条4項），域外国との貿易障壁を高めた第2次世界大戦前のブロック経済化とは異なります。

6.3　国際投資法

6.3.1　国際投資法の歴史

　投資に関する国際法は，古くは外国人及びその財産の保護に関する慣習国際法として生成し，19世紀には主として中南米諸国に進出した欧米列強の投資家を保護するために，本国による外交保護権の行使が行われました（⇒14.4.2）。また第2次世界大戦後は，旧植民諸国の独立に伴い，旧宗主国の投資財産の取り扱いが大きな問題となりました。新たに独立した諸国は，外国投資家の財産を収用・国有化する国際法上の権利を強く主張し，適当な補償などの低い補償基準で外国投資家の財産を収用・国有化できるとの立場をとりました（天然資源に対する恒久主権宣言・国の経済的権利義務憲章）。他方で先進国は，収用・国有化の権利を認めつつも，十分，実効的，かつ迅速な補償を伴わない収用・国有化は国際法上違法であると主張しました（**ハル原則**）。このように1970年代までは，外国投資を行う資本輸出国（先進国）と外国投資を受け入れる資本輸入国（途上国）との対立が鮮明でした。

　ところが1980年代以降，むしろ外国資本を積極的に導入して経済発展を実現しようとする途上国が増加し，資本を必要とする国に対する投資を促進・保護することで，**資本輸出国と資本輸入国の双方の経済発展を目的とする国際投資協定**が多数締結されるようになりました。これらの国際投資協定は二国間で締結されることが一般的であるため，全世界で3000近い国際投資協定が存在します（図表6-9）。また国際投資協定では，外国投資家が投資受入国の協定違反を直接国際

図表 6-8　日本が締結した主な EPA*

CPTPP（TPP11） （包括的・先進的環太平洋パートナーシップ協定）	2018 年発効。当事国は，日本，オーストラリア，ブルネイ，カナダ，チリ，マレーシア，メキシコ，ニュージーランド，ペルー，シンガポール，ベトナム，英国**
RCEP （地域的な包括的経済連携協定）	2022 年発効。当事国は，日本，オーストラリア，ブルネイ，カンボジア，ラオス，シンガポール，タイ，ベトナム，中国，ニュージーランド，韓国，マレーシア，インドネシア，フィリピン**
日 EU 経済連携協定	2019 年発効
日英経済連携協定	2021 年発効
日米貿易協定・ 日米デジタル貿易協定	2020 年発効
日 ASEAN 経済連携協定	2008 年発効

* このほか日本は，シンガポール，メキシコ，マレーシア，チリ，タイ，インドネシア，ブルネイ，フィリピン，スイス，ベトナム，インド，ペルー，オーストラリア，モンゴルと個別に EPA を締結している。
** 当事国は，いずれも 2024 年 12 月時点。

図表 6-9　国際投資協定の累積数の推移

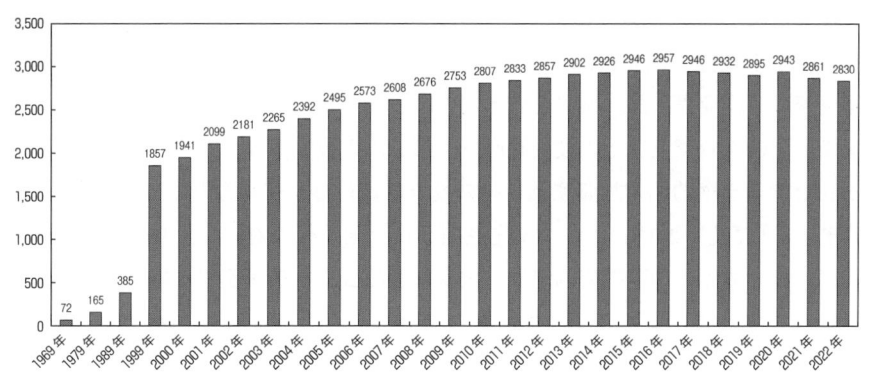

（出所）　経済産業省「2024 年版不公正貿易報告書」（UNCTAD「World Investment Report」を元に作成）。

仲裁に提訴できる手続（**投資家対国家の紛争解決手続**（ISDS：Investor - State Dispute Settlement））が定められ，今世紀に入ってから仲裁件数が急増しました。

6.3.2　投資自由化と投資保護に関するルール

　国際投資協定の実体規定は，投資自由化に関するものと投資保護に関するものに大別されます。現在多数の国際投資協定が締結されていますが（図表6-10），各協定の投資自由化規定どうし，または投資保護規定どうしは，ある程度類似するものが多くなっています。

　投資自由化に関するルールとしては，外国投資家が投資受入国に資本を投下して子会社を設立したり企業を買収したりすることに関し**内国民待遇**を与える義務を課す規定が存在します（日韓投資協定2条1項等）。このような規定があると，国内の投資家が自由に会社を設立・買収できる場合には，外国投資家にも同様の待遇を与えなければならないことになるため，外国投資が自由化（外資制限の撤廃など）されることになります。また，会社の設立・取得に関し**最恵国待遇**を義務づける規定もあり（日韓投資協定2条2項等），第三国の投資家に投資の自由を認めているのであれば，締約国の投資家にも同様の自由を与える義務が生じます。なお，国際投資協定の締結にあたって，外国投資を自由化しない業種を締約国が指定することなど（留保）もあります。

　投資保護に関するルールは，いったん受け入れた外国投資に対する一定の待遇を保障する義務を課するものです。通例，国際投資協定の内国民待遇・最恵国待遇義務は，投資受入国に投資を行った外国投資家やその投資財産に及ぶので，投資受入国の投資家及びその投資財産や，第三国の投資家及びその投資財産に比べ，不利な待遇を締約国の投資家及びその投資財産に与えてはなりません（日韓投資協定2条1項及び2項等）。かつて先進国と途上国が鋭く対立した収用・国有化に関しては，多くの国際投資協定は，投資財産の公正な市場価格に相当する補償を迅速かつ実効的に支払わなければならないと定め，ハル原則に近い規定内容となっています（日韓投資協定10条2項等）。また，国際投資協定に一般的にみられる投資保護ルールとして重要なものに，**公正衡平待遇規定**があります（日韓投資協定10条1項等）。同規定は，「締約国は他の締約国の投資家の投資財産に対し，公正かつ衡平な待遇を与える」などと定めるもので，ISDSにおいて投資家に

図表 6-10　日本の投資関連協定の現状（2025 年 2 月現在）

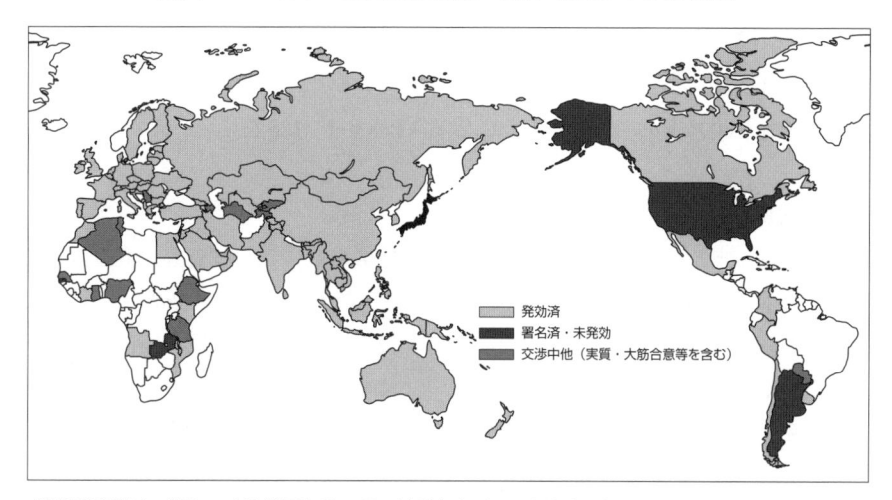

凡例：
- 発効済
- 署名済・未発効
- 交渉中他（実質・大筋合意等を含む）

【投資関連協定（注）の交渉状況】82 の国・地域をカバー，交渉中のものも発効すると，96 の国・地域をカバー。発効済：54 本（投資協定 37 本，EPA 17 本）署名済・未発効：3 本（投資協定 2 本，EPA 1 本）交渉中：21 本（投資協定 16 本，EPA 5 本）　（注）　投資協定及び投資章を含む EPA/FTA。

■投資協定
（自）：「自由化型」協定
（　）：発効年
1　エジプト（1978）
2　スリランカ（1982）
3　中国（1989）
4　トルコ（1993）
5　香港（1997）
6　パキスタン（2002）
7　バングラデシュ（1999）
8　ロシア（2000）
9　韓国（2003）(自)
10　ベトナム（2004）(自)
11　カンボジア（2008）(自)
12　ラオス（2008）(自)
13　ウズベキスタン（2009）(自)
14　ペルー（2009）(自)
15　パプアニューギニア（2014）
16　クウェート（2014）(自)
17　イラク（2014）
18　日中韓（2014）
19　ミャンマー（2014）(自)
20　モザンビーク（2014）(自)
21　コロンビア（2015）(自)
22　カザフスタン（2015）
23　ウクライナ（2015）
24　サウジアラビア（2017）
25　ウルグアイ（2017）(自)

26　イラン（2017）
27　オマーン（2017）
28　ケニア（2017）
29　イスラエル（2017）(自)
30　アルメニア（2019）(自)
31　ヨルダン（2020）
32　アラブ首長国連邦（2020）
33　コートジボワール（2021）(自)
34　ジョージア（2021）(自)
35　モロッコ（2022）
36　バーレーン（2023）
37　アンゴラ（2024）(自)
（注）　台湾との間では 2011 年に日台民間投資取決め（自由化型）を作成。

■投資章を含む EPA
1　シンガポール（2002）(自)
2　メキシコ（2005）(自)
3　マレーシア（2006）(自)
4　チリ（2007）(自)
5　タイ（2007）(自)
6　ブルネイ（2008）(自)
7　インドネシア（2008）(自)
8　フィリピン（2008）(自)
9　スイス（2009）(自)
10　インド（2011）(自)
11　豪州（2015）(自)

12　モンゴル（2016）(自)
13　CPTPP(注1)（2018）
14　EU（2019）
15　ASEAN（2020）(注2)(自)
16　英国（2021）(自)
17　RCEP 協定(注3)（2022）(自)
（注1）　CPTPP：環太平洋パートナーシップに関する包括的及び先進的な協定
（注2）　改正議定書の発効年
（注3）　RCEP 協定：地域的な包括的経済連携協定

■署名済・未発効
TPP 協定(注)（2016 年 2 月署名，承認済）（EPA）
アルゼンチン（2018 年 12 月署名，承認済）(自)
ザンビア（2025 年 2 月署名，未承認）
（注）TPP 協定：環太平洋パートナーシップ協定

■交渉中
投資協定　アルジェリアほか 16 か国
投資章を含む EPA/FTA
　　湾岸協力理事会　日中韓　トルコ
　　バングラデシュ　アラブ首長国連邦

（出所）　外務省 Web サイト。

よって頻繁に援用され，かつ，投資受入国の違反が数多く認定されています。例えば，日本企業の関連会社であるオランダ法人がチェコ共和国を提訴したサルカ事件では，同オランダ法人が投資した銀行に対するチェコ政府の措置が，オランダ=チェコ投資協定の公正衡平待遇規定に違反するとの仲裁判断（サルカ事件仲裁部分判断（2006年））が下されました（コラム6-5（126頁））。

6.3.3 投資紛争解決手続

先にも述べましたように，国際投資協定の特徴の一つは，投資家が直接国家を提訴する手続（ISDS）が認められていることです（図表6-11）。慣習国際法上の外交的保護を投資家の本国が行うためには，投資家が投資受入国の国内救済手続を尽くしていることが要件とされますが（⇒14.4.2），ISDSでは投資家は事前に国内救済完了することは要求されません。またISDSは，**投資紛争解決国際センター**（ICSID）（コラム6-6（126頁））の仲裁手続や国連国際商取引委員会（UNCITRAL：United Nations Commission on International Trade Law）仲裁規則に基づく仲裁手続により行われ，投資家は国際投資協定のISDS条項に基づき投資受入国を一方的に提訴することができます（日韓投資協定15条等）。つまり一種の強制的管轄権が仲裁廷に与えられているとも言え，多数の投資紛争がISDSに持ち込まれ，投資家に対する金銭賠償が認められるケースも多数あります。なお，国際投資協定には国家間紛争解決手続も規定されることがありますが，ほとんど利用されていません。

近年では，外国投資家に対して不当な保護が与えられているとして，途上国などが国際投資協定を破棄する動きがあります。また先進国内でも，ISDSが国家主権に対する過度の制約になるとの批判も出ています。そうした中，仲裁手続の代わりに常設の投資裁判所システムを導入することが提唱されるなど，国際投資法も転換期に差し掛かっています。

図表 6-11　ISDS による投資紛争処理の流れ

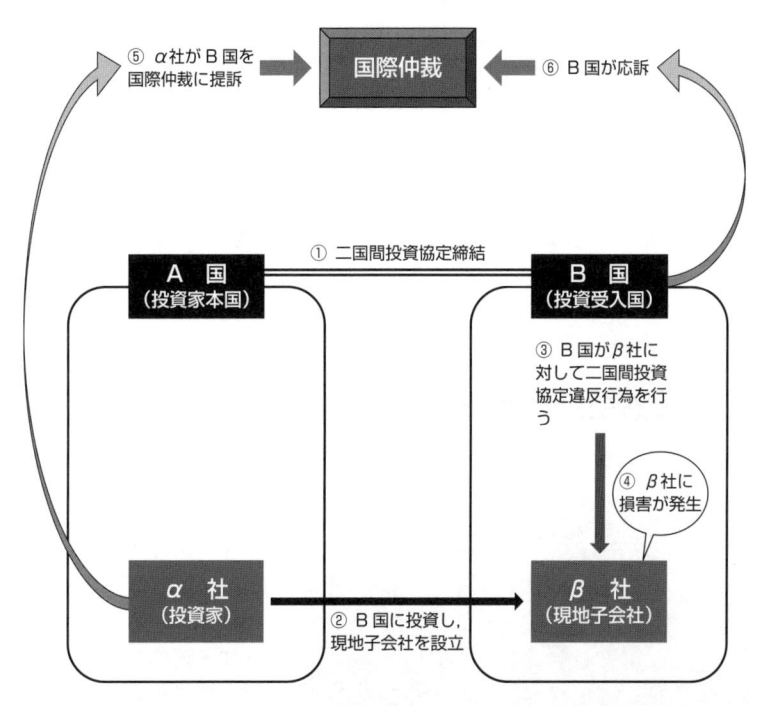

上図は，ISDS による投資紛争の処理の流れを図示したもので，その流れは次の通りです。

① Ａ国とＢ国が，ISDS 条項を含む二国間投資協定を締結。

② Ａ国の投資家であるα社が，Ｂ国に投資し，現地子会社β社を設立（β社は Ｂ国内で事業活動を行う）。

③ Ｂ国が，β社に対して，二国間投資協定違反行為を行う（例えば公正衡平待遇義務違反）。

④ Ｂ国の違反行為により，β社に損害が発生。

⑤ α社が，二国間投資協定の ISDS 条項に基づき Ｂ国を国際仲裁に提訴。

⑥ Ｂ国は，α社の提訴に対して応訴義務あり（ただし，仲裁廷が管轄権を有さないなどの先決的抗弁（⇒15.3.3）を提起することは可能）。

　国際投資協定の保護を受けられる「投資家」は，自然人の場合もありますが，通常は法人である企業です。多国籍企業は，その本拠地以外の国（税制上有利な国など）にも子会社を設立し，その子会社を通じて，さらに別の国に投資を行うこともあります。そうした場合，投資をするためだけに設立された子会社はいわばペーパーカンパニーで，実質的な事業活動を行っていないこともしばしばです。6.3.2 で紹介したサルカ事件でチェコを提訴したオランダ法人は，日本企業が関連するペーパーカンパニーでしたが，オランダ・チェコ投資協定は「投資家」を広く定義しており，仲裁廷はペーパーカンパニーも「投資家」として保護されると解釈しました。他方で，実質的な事業活動を行っていることを「投資家」の要件に含める国際投資協定や，ペーパーカンパニーからの投資については投資受入国が保護を与えないことも認める国際投資協定もあります。

投資紛争解決国際センター（ICSID：International Centre for Settlement of Investment Disputes）は，投資紛争解決条約（1965 年）により設立された組織で，同条約の締約国と，他の締約国の国民との間の投資紛争を解決する調停と仲裁のための施設を提供することを目的としています。ICSID は，世界銀行グループを構成する 5 つの国際組織のうちの一つで，米国・ワシントン DC の世界銀行本部内に所在します。ICSID は，加盟国の代表からなる理事会と事務局から構成され，調停人名簿と仲裁人名簿を常備しており，近年では常時約 300 件の ISDS の事件を扱っています。

ICSID が属する世界銀行本部

ICSID の仲裁で使われる Hearing Room

（写真）　©2025 International Centre for SettLement of Investment Disputes.

国際人権法

　第7章では，人権の保護を目的とする国際法を扱います。伝統的に国際法で認められてきた権利は国家の権利でしたが，今日では多くの条約の下で個人の人権の国際的な保護も図られています。例えば，身体，良心，表現の自由などを定める自由権規約や，労働，教育，社会保障に関する権利などを定める社会権規約は，人権保護を目的とする代表的な条約です。また，難民，女性，児童，移民労働者，障がい者など，差別などの対象となりうる人々を特に保護しようとする条約も締結されています。日本では，憲法や法律といった国内法により人権の保護が図られていますが，これらの国際法の発展にはどのような意味があるのでしょうか。

7.1 国際人権保障の展開

　国際人権法は人権保護を目的とした国際法の分野で，第2次世界大戦以降に本格的に発展してきました（図表7-1）。それ以前には，外国人の保護（実際上は主として非欧米諸国における欧米人の保護）に関する国際法の発展はみられたものの（⇒14.4.2），自国民の保護は各国の国内問題とされていました。また戦間期には，例えば民族的少数者や労働者の保護に関わる条約の締結もみられましたが，いずれも一定のカテゴリーの人の権利に保護対象が限られていました。しかし第2次世界大戦の経験から，特にその戦勝国は，個人の自由を蔑ろにする全体主義国家が世界平和を脅かしたとし，戦後秩序における人権の国際的保障の重要性を強く主張するに至ります。こうして**国連憲章**（1945年）は，国連の目的の一つとして人権尊重の促進に向けた国際協力の達成を挙げ（1条3項），そのため加盟国は国連と協力して行動をとるものとしています（56条）（**資料7-1**）。また，国連経済社会理事会の下部機関として，1946年に**国連人権委員会**が創設されました（68条）。同委員会は，2006年に**人権理事会**（⇒7.3.2）に改組され，国連総会の補助機関（⇒11.2.3）となっています。

　国連人権委員会では，まず人権の具体的内容の明確化が大きな課題の一つとなり，1948年に**世界人権宣言**が採択されます。これは条約という形式ではなく，国連総会決議として採択されたもので，それ自体は法的拘束力を欠きますが，その後の国際人権保障の発展の出発点となりました。国際社会で論じられる人権の多くは，国家権力の介入からの自由を保障する**自由権**（例：身体，良心，表現の自由等）と，弱者保護のために国家による対応を求める**社会権**（例：労働，教育，社会保障に関する権利等）に，大まかには区別されます。世界人権宣言は，当時の欧米先進諸国の人権観を反映して，自由権に分類される諸権利を比較的重視していました。しかしその後は，特に社会主義国や新独立国の主張を背景に，社会権の重要性もさらに認められるようになっていきます。1966年には，人権に関する条約形成の作業の成果として，市民的及び政治的権利に関する国際規約（**自由権規約**）と，経済的，社会的及び文化的権利に関する国際規約（**社会権規約**）が採択されました（コラム7-1（131頁））。自由権と社会権とで別の条約が作成されたのは，両者では締約国の義務に基本的な違いがある（⇒7.2.1[2]）と考えられ

図表 7-1　人権保護に関わる主な国際条約・国際文書

(採択年)

国連憲章		1945 年
世界人権宣言		1948 年
一般条約	自由権規約（市民的及び政治的権利に関する国際規約）	1966 年
	社会権規約（経済的，社会的及び文化的権利に関する国際規約）	1966 年
地域条約（例）	欧州人権条約	1950 年
	米州人権条約	1969 年
	アフリカ・バンジュール憲章（人及び人民の権利に関するアフリカ憲章）	1981 年
主題別条約（例）	ジェノサイド条約（集団殺害罪の防止及び処罰に関する条約）	1948 年
	難民条約（難民の地位に関する条約・難民の地位に関する議定書）	1951 年/66 年
	人種差別撤廃条約（あらゆる形態の人種差別の撤廃に関する国際条約）	1965 年
	女子差別撤廃条約（女子に対するあらゆる形態の差別の撤廃に関する条約）	1979 年
	拷問等禁止条約（拷問及び他の残虐な，非人道的な又は品位を傷つける取り扱い又は刑罰に関する条約）	1984 年
	児童の権利条約（児童の権利に関する条約）	1989 年
	移住労働者権利条約（すべての移住労働者とその家族の権利の保護に関する国際条約）	1990 年
	障がい者権利条約（障がい者の権利に関する条約）	2006 年
	強制失踪条約（強制失踪からのすべての者の保護に関する国際条約）	2006 年

※1　個々の条約ごとに，一般に「委員会」と呼ばれる実施監督機関が設立されています。
　　　例：自由権規約→自由権規約委員会
※2　地域条約の中には，裁判所を設立するものもあります。
　　　例：欧州人権条約→欧州人権裁判所，米州人権条約→米州人権裁判所

資料 7-1 ◆ 国連憲章（1945 年）

前文
　　われら連合国の人民は，…基本的人権と人間の尊厳及び価値と男女及び大小各国の同権とに関する信念をあらためて確認し，…
第 1 条
　　国際連合の目的は，次のとおりである。
　3．経済的，社会的，文化的又は人道的性質を有する国際問題を解決することについて，並びに人種，性，言語又は宗教による差別なくすべての者のために人権及び基本的自由を尊重するように助長奨励することについて，国際協力を達成すること。

たことなどを理由としています。今日では、自由権も社会権も一方だけで成り立つものではなく、その実現にあたり相互に依存し合っていると考えられています（ウイーン宣言（1993年））。

自由権規約と社会権規約は、様々な人権を包括的に扱い、また特定の地域に限定されないという意味で、最も基本的な人権条約だと言えます。これに対して、より限定された地域の人権保障を目的とする条約や、特定の主題に関わるさらなる権利保障に焦点を当てた条約も数多く締結されています。前者の地域人権条約の例として、欧州人権条約（1950年）、米州人権条約（1969年）、アフリカ・バンジュール憲章（1981年）があります。また、後者の主題別人権条約として、ジェノサイド条約（1948年）、難民条約（1951年）、人種差別撤廃条約（1965年）、女子差別撤廃条約（1979年）、拷問等禁止条約（1984年）、児童の権利条約（1989年）、移住労働者権利条約（1990年）、障がい者権利条約（2006年）、強制失踪条約（2006年）などが挙げられます（**図表7-1**（129頁））。

こうした人権条約の多くは、条約の実施を監督する機関を個々に設立し（一般に「委員会」と呼ばれます）、**国家報告**や**個人通報制度**など、条約上の義務の履行確保のための特別な制度を創設しています。またそうした各人権条約上の制度とは別に、国連憲章に基づいた制度も発展しており、国連人権委員会の任務を引き継いだ人権理事会が今日重要な役割を果たしつつあります（**コラム7-2**）。

このように、かつては国内問題として扱われてきた自国民の扱いも含めて、人であれば当然認められるべき人権の尊重が国際的な関心事項となっており、様々な条約の下で取り組みが進められるようになっているのです。

7.2　国際人権基準の設定：自由権規約、社会権規約の場合

人権の国際保障を目的とする条約では、締約国にどのような義務が課せられているのでしょうか。ここでは、最も基本的な人権条約である自由権規約と社会権規約を例にみていくことにします。自由権規約も社会権規約も、保障されるべき権利を具体的に列挙しています。そうした権利の実現をどのように、あるいはどの範囲で締約国に求めているかを押さえておくことも重要となります。

コラム 7-1 ● 世界人権宣言と自由権規約，社会権規約との関係

　自由権規約・社会的規約は，世界人権宣言の内容をそのまま条約化したわけではなく，いくつか重要な違いがあります。第1に，本文でも触れたように，両規約は社会権に自由権と同等の重要性を与えました。ただし，社会権を強く主張した社会主義国は，他方で自由権には否定的で，例えば中国は今日においても自由権規約を批准していません。第2に，両規約では他の人権を享受するための前提として，世界人権宣言にはなかった自決権（各規約1条）の定めが置かれています。両規約の採択当時，植民地問題がまだ残されていたことがその背景にあります（⇒ 自決権については第11章コラム 11-2 参照）。最後に，財産権や庇護を受ける権利のように，世界人権宣言で謳われていたにもかかわらず，両規約で規定されなかった権利もあります。

コラム 7-2 ● 人権条約が存在することの意義

　そもそも日本のように憲法で人権が保障されている国にとって，人権保障を求める国際法の発展にはどのような意味があるのでしょうか。人権保障において，憲法に加えて人権条約が存在することには，以下のような意義を指摘できます。

① 人権内容の充実化	・例えば日本国憲法と比較しても，憲法より詳しい規定や，憲法で明文化されていない権利の規定が人権条約にはみられます（⇒7.4）。 ・また個々の条約で設立される実施監督機関により，関連規定の解釈が示されています（⇒7.3.1）
② 国際的な審査	・各条約の実施監督機関の下での履行確保の諸手続において，当事国は実施状況の説明などが求められます（⇒7.3.1） ・国連憲章下での履行確保の諸手続においても，各人権条約は国際的な人権基準として参照されます（⇒7.3.2）

　なお，日本は履行確保の手続のうち個人通報制度は受諾していません（⇒7.4）。人権保障の観点からは，そうした状況について批判もあります。

7.2.1 自由権規約

[1] **実現すべき権利の内容** 自由権規約は，生命に対する権利（6条），拷問又は残虐な刑の禁止（7条），奴隷及び強制労働の禁止（8条），身体の自由（9条），移動の自由（12条），公正な裁判を受ける権利（14条），プライバシーの尊重（17条），思想・良心・宗教の自由（18条），集会・結社の自由（21条・22条），少数民族の保護（27条）などを定めています。

例えば6条では，死刑についても定めを置いています。死刑は禁止されていませんが，最も重大な犯罪についてのみ科すことができる，などといった条件を定めています。もっともその後，欧州を中心とした死刑廃止論を背景に，死刑廃止を義務づける別の条約も採択されています（自由権規約第2選択議定書（1989年））。現在日本は第2選択議定書は批准しておらず，死刑を維持しています（コラム7-3）。

日本について，規約との関係が議論となってきた問題の一つに，従来代用監獄と呼ばれてきた慣行があります。これは警察の留置場を刑事施設に代用する（捜査機関である警察が被疑者・被告人を拘束・管理する）慣行ですが，自白の強要などによりえん罪の温床となっているのではないかとの批判があり，捜査機関から独立した施設での拘留を想定した9条3項などとの関係が問題となりえます。

また，外国人の処遇が問われる局面として，例えば入国の問題があります。入国については，規約は個人が自国に戻る権利を定めており（12条4項），各締約国は自国民を入国させる義務があります。これに対して，外国人については一律に入国させる義務はありません。ただし，上記12条4項で言う「自国」が厳密にその者の国籍国に限定されるかという論点があります。この点は，日本では特に在日韓国・朝鮮人の扱いとの関係で問題となります。自由権規約の実施監督機関である自由権規約委員会は，その一般的意見（⇒7.3.1）の中で，「自国」を国籍国よりも広く解し，一定の長期居住者などにも入国が認められうるとの立場を明らかにしています（一般的意見27（1999年））。

外国人の処遇に関しては，他に庇護の問題もあります。庇護（ひご）とは，迫害などから逃れてきた外国人を受け入れて保護することです。自国に受け入れる**領域的庇護**（これに対して大使館等で保護することを**外交的庇護**と言います ⇒13.2.2 [2]）は，伝統的に国家の義務ではなく，国家の権利として認められてきました

本文で述べたように，自由権規約6条自体は，死刑の廃止を義務づけているわけではありません。それでは自国で死刑を廃止した国が，死刑を維持する国に犯罪人を引き渡すことは，6条との関係で問題にならないでしょうか（犯罪人引渡については⇒8.3）。自由権規約委員会は，個人通報制度（⇒7.3.1）におけるジャッジ対カナダ事件（2003年）において，死刑存置国から他の死刑存置国に引き渡すことは，6条2項により例外的に許容されているが，死刑廃止国であるカナダが引渡しにより個人を死刑の危険にさらすことは，6条1項に反するとの判断を示しました。死刑の撤廃に向けた国際世論の動向に沿うものである一方，死刑廃止国への逃亡を助長しかねないとの懸念もあります。

コラム 7-4 ● 難民条約・議定書による保護

迫害を逃れる者の保護に関わる一般条約として，難民の地位に関する条約（**難民条約**）（1951年）と，難民の地位に関する議定書（**難民議定書**）（1967年）があります。難民議定書は，保護対象たる難民について，難民条約が含んでいた時間的・地理的限定を撤廃したものです。条約上の難民（条約難民）は，①人種，宗教，国籍もしくは特定の社会的集団の構成員であることまたは政治的意見を理由に迫害を受けるおそれがあること（迫害要件），②国籍国の保護を受けることができないこと（保護喪失要件），③自らの国籍国の外にいること（国外性要件），といった内容から定義されています。

挙げられている迫害の原因事由は限定列挙だと解されています。例えば内乱による経済的困窮を理由に逃れる者や，気候変動の悪影響から逃れる者は，上記の①の迫害事由に該当しないため条約上の難民にはあたりませんし，自らの国籍国の領域内で避難をしている者（国内避難民）も，上記の③の国外性要件から条約難民には該当しません。具体的に難民を認定する権限を持つのは，基本的には受入国です。

難民条約・難民議定書は，難民の入国を明文で保障しているわけではありませんが，生命・自由への脅威がある国に追放・送還してはならないとする，ノン・ルフールマンの原則（難民条約33条）を定めています。

なお，上記の条約難民にあたらない避難民についても，人道的配慮から国家による受け入れの対象とされたり，国連難民高等弁務官事務所（UNHCR）による支援などが行われています。

が，世界人権宣言は庇護を受ける個人の権利を定めています（14条）。しかし，規約はそのような個人の権利を規定しておらず，締約国には逃れてきた外国人を入国させる義務はないと解されています（難民の保護については**コラム7-4**（133頁）も参照）。

自由権規約では，各国国内の少数民族に属する個人の権利も定めています（27条）。そうした者への差別の禁止のほか，民族固有の言語・宗教・文化を享受することの保護が求められます。同規約には先住民族を特に扱った規定がありませんが，少数民族に関する27条は，先住民族に属する者がそうした保護を求める際にも援用されます。二風谷ダム事件札幌地裁判決（1997年）は，27条に基づきアイヌ民族の文化享有権を肯定し，その後の同民族の先住民族としての地位の確立にも影響を与えました（**コラム7-5**）。

[2] 締約国の義務　　自由権規約の締約国は，上記のような権利の実現を即時に実施しなければならないと一般に考えられています（**即時実施義務**）。締約国の義務の基本規定をみても，次にみる社会権規約の場合とは対照的に，「漸進的に達成」するといった文言はみられません（2条1項）。自由権規約が定める権利は国家の介入からの自由を求めるもので，基本的には国家に不作為を要求している（したがって即時の実施も容易であるはず）という理解が背景にあります。

各締約国は，自国領域内にある個人について，規約の定める権利を実現しなければなりません。領域外の個人に対してもその義務が及ぶかについては争いがあります（**コラム7-6**）。また，締約国の義務は，平時のみならず武力紛争時にも及ぶと考えられています（例：パレスチナの壁ICJ勧告的意見（2004年））。ただし自由権規約では，「国民の生存を脅かす公の緊急事態」の場合には，一定の要件の下で義務に反する行動を許容しています（自由権規約4条）。こうした事態は，武力紛争に限らず，大規模な騒動や災害といった状況下でも生じる可能性があります。しかしそうした緊急事態であっても，生命に対する権利（6条）など，特に重要とされる一定の権利については義務からの逸脱は許されていません。こうした権利は，「**逸脱不可能な権利**」と呼ばれています。

7.2.2　社会権規約

[1] 実現すべき権利の内容　　社会権規約は，労働に関する権利（6条～8条），

先住民族の権利については，条約ではありませんが，2007 年に国連総会決議で先住民族権利宣言が採択され，先住民族の個人・集団の様々な権利が定められています。例えば，自決（3 条）や自治（4 条），同化を強制されない権利（8 条），先住民族の共同体に所属する権利（9 条），土地に関する権利（26 条〜28 条）などです。他方で，それらの規定が，既存の国家の領土保全や政治的統合を害さないことも確認されており（46 条），新国家として独立する根拠となることを意図するものではありません。

日本政府は，本文で触れた二風谷ダム事件判決（1997 年）や，上述の先住民族権利宣言を受けた 2008 年国会附帯決議，2019 年のアイヌ民族支援法（アイヌ新法）制定などを経て，アイヌ民族については先住民族と明確に位置づけるようになっています。もっとも，自由権規約委員会は，琉球・沖縄人も先住民族として認めるべきとの見解を示しています（第 6 回日本政府報告書に対する総括所見（2014 年））。

自由権規約の 2 条 1 項は，all individuals within its territory and subject to its jurisdiction について，当事国に規約上の権利の保護を求めています。ここで言う and については，「かつ」と読むか，「又は」と読むか争いがあります。日本の公定訳は「かつ」と訳していますが，自由権規約委員会は「又は」と理解する立場を示しています。後者の立場によれば，自国の領域外であっても，例えば在外の自国大使館や領事館のように，当該国の管轄権内にあると言える活動が行われる場合（旅券の発給など）には，その国に規約上の義務の実施が求められることになります。他に例えば占領地域についても，そのような見解が有力に主張されるようになっています。

〈自由権規約 2 条 1 項の日本の公定訳〉

この規約の各締約国は，その領域内にあり，かつ，その管轄の下にあるすべての個人に対し，人種，皮膚の色，性，言語，宗教，政治的意見その他の意見，国民的若しくは社会的出身，財産，出生又は他の地位等によるいかなる差別もなしにこの規約において認められる権利を尊重し及び確保することを約束する。

社会保障に関する権利（9条），家族・母親・児童の保護（10条），十分な生活水準を享受する権利（11条），健康を享受する権利（12条），教育に関する権利（13条・14条）などを定めています。

　日本について議論があった問題の一つに，中等教育・高等教育における無償教育の問題がありました。規約13条2項(b)と(c)は，そうした無償教育の漸進的導入を締約国に求めていますが，日本はこれらの規定に留保（⇒12.6.3）を付していました。しかし，2012年にこの留保は撤回され，実際にも授業の無料化や支援金制度の充実などが図られつつあります。

　国際的に注目すべき動向の一つとして，水に対する権利の発展があります。社会権規約の実施監督機関である社会権規約委員会は，規約11条と12条に基づき，必要で安全な水資源を享受する権利の保護を求めるようになっています（一般的意見15（2002年））。例えば国際河川の水資源の利用においても，人々の生活上のニーズの確保が優先されるべきだとの考え方が定着しつつあります。

　[2] 締約国の義務　社会権規約2条1項は，締約国に対して権利保障の「漸進的な」実施を求めています。前述の自由権規約が即時の実施を義務づけているのに対して，社会権規約についてはより時間をかけた権利保障が予定されています（**漸進的実施義務**）。社会権規約が定める権利が基本的に国家による積極的な行動を必要としており，各国の事情やリソースに即して実現を図っていくべきものだとの理解がその前提にあります。

　自由権規約＝即時実施義務／社会権規約＝漸進的実施義務という区別は，大まかには妥当だと考えられます。ただし社会権規約も，例えば権利の実現にあたり差別の禁止を定めていますが（2条2項），そうした差別の撤廃は即時に実施すべきだとの理解もありえます。このように両規約における義務づけの在り方については，より精緻な議論の必要も指摘されています（コラム7-7）。

7.3 履行確保のための国際制度

7.3.1　人権条約下での履行確保制度：自由権規約，社会権規約の場合

　人権条約の大半は，個人資格の委員から構成される実施監督機関（「委員会」）を個々に設立しており（例：自由権規約委員会），締約国による義務の履行確保

　人権実現のための国家の義務には，以下のような多面性の指摘もみられます（下記の義務の分類については，例えば社会権規約委員会・一般的意見 12（1999 年）などを参照）。

① 尊重（respect）の義務：国家自らが権利侵害を行わない
② 保護（protect）の義務：第三者の侵害から権利を守る
③ 充足（fulfill）の義務：権利を実現するための積極的措置をとる（人的・物的条件の整備，支援，必要なサービスの直接の提供など）

　こうした区別をふまえつつ，社会権に一般に分類される権利であっても，上記のような意味での「尊重」や「保護」の実現には，即時の対応が求められる場合がありうると指摘されるようになっています。例えば，社会権規約委員会の下で発展してきた水に対する権利についても，もし国が，特定の住民の水へのアクセスを妨害する措置をとっていれば，それを即時に停止することが求められる可能性があると言えるでしょう。

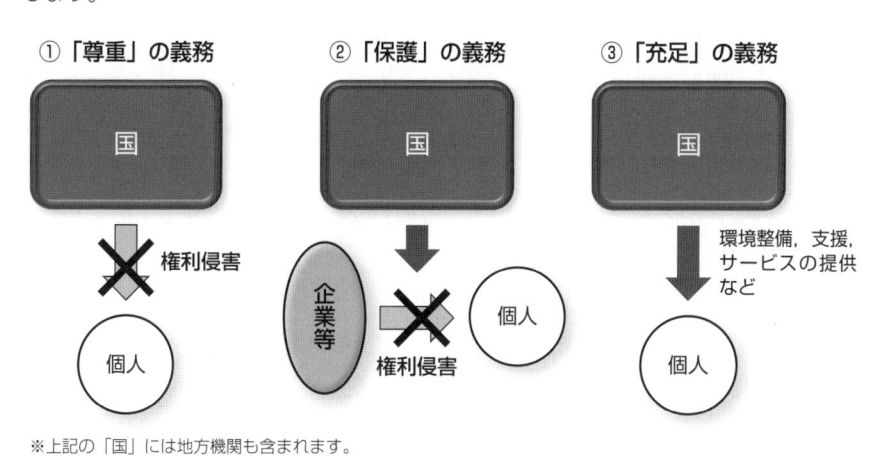

① 「尊重」の義務　　② 「保護」の義務　　③ 「充足」の義務

権利侵害

企業等　権利侵害　個人

環境整備，支援，サービスの提供など

※上記の「国」には地方機関も含まれます。

のため，いくつかの制度を発展させています（**図表7-2**）。以下では自由権規約，社会権規約の場合を例に，それらの制度をみていくこととします（他の主要人権条約も含めた整理として**図表7-3**）。

　まず，「**国家報告制度**」が重要です（自由権規約40条，社会権規約16条）。これは，規約の締約国が，義務の履行状況を示した政府報告書を定期的に委員会に提出し，審査を受ける手続です。委員会の審査は，あくまで対話を通じた締約国の人権状況の改善を目的としており，例えば義務違反に対する責任を追及するものではありません。委員会は，各締約国の政府代表との質疑応答などを経て，審査の後に「総括所見」（または「最終所見」）と呼ばれる意見を採択し，その国の実施状況の評価を明らかにします。この総括所見には法的拘束力はありませんが，改善しないまま放置すれば，その後定期的に提出される報告書の審査においても指摘される可能性が高く，締約国は少なくとも継続的に説明が求められることになります。また所見の内容は，後述する個人通報手続の審査においても考慮されます。

　また，「**国家通報制度**」と呼ばれる手続もあります（自由権規約41条，社会権規約選択議定書10条）。これは，規約の締約国が他の締約国の義務の不履行について，委員会に申立てを行う手続です。委員会は当該案件について検討・審査を行い，必要な場合には当該不履行国に対して注意喚起を行います。ただしこの手続の利用には，問題の締約国双方が，同手続を受け入れる宣言を行っていることが必要です（社会権規約の場合は，そもそも同規約とは別の条約である選択議定書の締約国でなければなりません）。また，他国の人権状況は自国の国益と直接関わりがないことが多く，申立ては相手国との外交関係にも影響することから，この手続の実際の利用は稀です。

　より利用されているのは，「**個人通報制度**」です（自由権規約第1選択議定書1条，社会権規約選択議定書2条）。これは，条約上の権利を侵害された個人などが，直接委員会に通報を行う手続です。委員会は，条約義務の違反の有無を審査し，最終的に「見解」と呼ばれる判断を示します。この見解には法的拘束力はありませんが，見解の実施状況の改善を図るため，1990年以降，違反認定後6か月以内に救済措置を委員会に通知するフォローアップ制度が導入されています（**図表7-4（141頁）**）。個人がこの手続を利用するためには，相手国が規約とは別の選択

図表 7-2　人権条約における主な履行確保制度

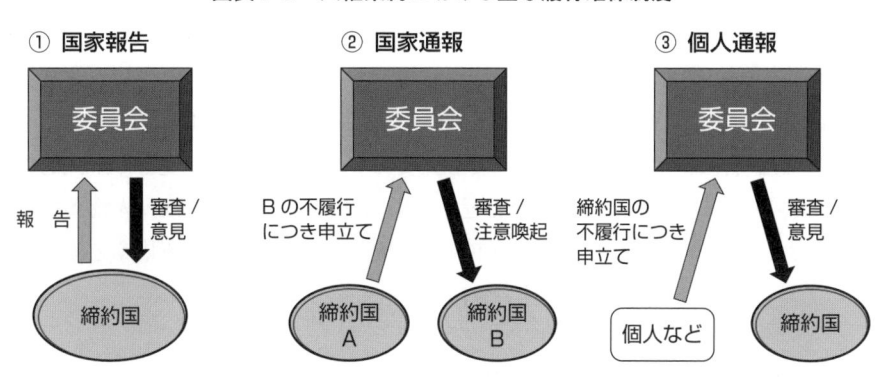

図表 7-3　主要人権条約と履行確保制度

	実施監督機関	国家報告	国家通報	個人通報
自由権規約 (1966 年)	自由権規約委員会	40 条	41 条（選択的手続）	第 1 選択議定書
社会権規約 (1966 年)	社会権規約委員会	16 条	選択議定書（2008年）10 条（選択的手続）	選択議定書（2008 年）
女子差別撤廃条約 (1979 年)	女性差別撤廃委員会	18 条	なし	選択議定書（1999 年）
人種差別撤廃条約 (1965 年)	人種差別撤廃委員会	9 条	11 条	14 条（選択的手続）
拷問等禁止条約 (1984 年)	拷問禁止委員会	19 条	21 条（選択的手続）	22 条（選択的手続）
児童の権利条約 (1989 年)	児童の権利委員会	44 条	選択議定書（2011年）12 条（選択的手続）	選択議定書（2011 年）
移住労働者権利条約 (1990 年)	移住労働者権利委員会	74 条	76 条（選択的手続）	77 条（選択的手続） 未発効。10 か 国 の受諾宣言が必要
障がい者権利条約 (2006 年)	障がい者の権利に関する委員会	35 条	なし	選択議定書（2006 年）
強制失踪条約 (2006 年)	強制失踪に関する委員会	29 条	32 条（選択的手続）	31 条（選択的）

議定書の締約国となり，この手続を受諾している必要があります。2024 年 4 月現在，日本はこの制度を受諾していません。なお，個人通報制度を受諾している外国で日本人が人権侵害を被った場合には，当該日本人がその外国を相手取って申立てを行うことはありえます（例：メルボルン事件（2006 年））。

　そのほか規約委員会は，規約の解釈などを示す「**一般的意見**」と呼ばれる意見も採択しています。規範の内容を明らかにする点に主な意義があり，上でみてきたような履行確保制度の機能にとっても重要です。この一般的意見も，形式的には法的拘束力はありません。ただし近年国際司法裁判所（ICJ）は，人権条約の解釈において，規約委員会のような実施監督機関が示した解釈を考慮する姿勢を示している点には注意が必要です（**資料 7-2**）。

7.3.2　国連憲章下での履行確保制度

　上記の各人権条約の下での制度とは別に，国連憲章の下でも履行確保の制度が発展しています。この制度は，各人権条約が対象とする権利やその締約国に限定されることなく，すべての国連加盟国の人権状況について監督の役割を果たすことになります。今日中心的役割を果たしているのは，国連総会の補助機関である**人権理事会**です。人権理事会は，国連経済社会理事会の下部機関として設立されていた国連人権委員会をその前身としています。同委員会は，国際人権基準の発展や，その履行の監督などの面で重要な役割を果たしていましたが，その一方で，委員会を構成する国（53 か国。3 年任期）に相応しくない国（つまりは重大な人権侵害を行っている国）が含まれているのではないか，また同じく人権を侵害していても国により委員会の対応が異なっているではないか，といった批判もみられました。こうした問題への対処を図り，また国連活動における人権配慮の一層の浸透を進めるため，2006 年に人権理事会への改組が行われました（**図表 7-5**（143 頁））。

　この人権理事会の設立とともに新たに導入されたのが，「**普遍的定期審査**」と呼ばれる手続です（**図表 7-6**（143 頁））。人権理事会は，各国連加盟国の人権状況について，約 4 年に 1 度の頻度で定期的に審査を行います。特に人権理事会の理事国（47 か国）は，任期中に優先的に審査の対象となります。審査にあたって参照される人権基準には，国連憲章，世界人権宣言，当該国が当事国である人権

図表 7-4　個人通報手続の概要（自由権規約の場合）

① 個人から委員会への通報（第 1 選択議定書 2 条）
・書面により通報
・通報は通報の対象となった国にも送付。当該国は 6 か月以内に必要な説明・陳述を委員会に提出（4 条）

② 許容性（受理可能性）に関する委員会の審査（2 条，3 条，5 条 2 項）
・国内救済が尽くされているか，匿名の通報や権利濫用ではないか，他機関の手続で検討されていないか，などの条件をクリアすることが必要
・原則として下記③と一度に審査

③ 本案に関する委員会の審査（5 条 1 項，3 項）
・申し立てられた国家の措置が，規約上の義務に違反しているかを審査

④ 委員会の見解（5 条 4 項）
・違反を認定した場合には，救済措置（金銭賠償の支払い等）も提示される可能性
・見解は通報対象国と通報者に送付
・見解に法的拘束力はないが，1990 年より実施状況を追跡するフォローアップ制度を創設

⑤ フォローアップ
・見解をふまえて対象国がとった措置を評価。適切な措置がとられない場合，問題の案件は引き続き委員会による検討対象

資料 7-2 ◆ ディアロ事件 ICJ 判決（本案）（2010 年）

【事件の概要】　本件では，コンゴ民主共和国によるギニア国民ディアロ氏の逮捕・追放が，自由権規約に違反するかが争点の一つでした。判決は以下のように述べ，自由権規約委員会による規約解釈には重みを与えるべきとの理解を示しました。

Para. 66.　上記の解釈は，締約国による条約遵守の確保のために規約により設置された規約委員会（筆者注：自由権規約委員会のこと）の判例によって，十分に裏付けされる。委員会は創設以来，…特に個人通報に対応する認定，並びに一般的意見の形式により，解釈についての相当量の判例法を構築してきた。本裁判所は，その司法機能の行使において，委員会の解釈に倣って規約を解釈することを義務づけられてはいないが，当該条約の適用の監督のために特別に設置された独立機関が採択した解釈には，大きな重みを与えるべきであると考える。…

条約などが含まれます。この手続は，個人資格の委員が審査する各人権条約の国家報告制度とは異なり，国家間の相互審査である点に特徴があります。具体的には，審査対象国からの報告・発言に対して，理事国やオブザーバー国が発言や勧告を行い，それらをまとめた成果文書が採択されます。審査対象国は，そうした勧告を受け入れるかどうか，意思表明を行います。審査対象国により拒否される勧告もあり，また受け入れた勧告の実施状況も必ずしも良好というわけではありませんが，すべての国連加盟国を対象に，包括的な人権状況の説明と対話の定期的機会が設けられたことは，国際的な人権保障に向けた一定の前進だと言えるでしょう。

　また人権理事会の下では，旧国連人権委員会の時代に形成された手続も継承されています。一つは，現在「**特別手続**」と呼ばれる手続です。この手続では，特定の重大な人権侵害に対して，特別報告者などと呼ばれる個人の専門家が任命されたり，そうした専門家から構成される作業部会が設置されます。特別報告者らは，対象となる人権状況について研究・調査を行い，毎年人権理事会に提言を含む報告を行います。この手続には，特定の国を対象とする国別手続と，国を限定せず特定の問題を扱う問題別手続があります。いずれの手続も，既に旧国連人権委員会の時代から実践がみられました。

　もう一つは「**通報手続**」です。これは，個人や団体（NGO など）に人権侵害の事態についての通報を認め，非公開で審議するものです。かつて旧国連人権委員会の下では，この手続を設立した経済社会理事会の決議の番号をとって，1503手続と呼ばれていました。人権理事会の通報手続は，前述の各人権条約の個人通報制度とは異なり，特定の個人の人権侵害事案を対象とするものではありません。継続的で重大な人権侵害を示す事態について，被害者や侵害国の管轄下にある者に限ることなく，広く個人や NGO に申立てを認めています。もっとも手続は非公開のため，実態は必ずしも定かではありません。

7.4　人権条約の国内実施

　人権条約の目的は，基本的には各締約国が国内で人権保護を図ることで実現されます。各締約国のすべての国家機関（立法・行政・司法を含む）は，人権条約

図表 7-5　旧国連人権委員会と人権理事会との比較

	旧国連人権委員会	人権理事会
会　期	6 週間（3 〜 4 月）	少なくとも年 3 回，合計 10 週間以上（1 年を通じて定期的に会合）
場　所	国連欧州本部（ジュネーブ）	国連欧州本部（ジュネーブ）
ステータス	経済社会理事会の機能委員会（1946 年経済社会理事会決議により設立）	総会の下部機関（2006 年総会決議により設立）
理事国数	53 か国	47 か国
地域配分	アジア 12，アフリカ 15，ラテンアメリカ 11，東欧 5，西欧 10	アジア 13，アフリカ 13，ラテンアメリカ 8，東欧 6，西欧 7
選挙方法	経済社会理事会で出席しかつ投票する国の過半数により選出	総会で全加盟国の絶対過半数により直接かつ個別に選出
任　期	3 年（再選制限なし）	3 年（連続二期直後の再選は不可）
その他	委員国の過半数の合意により特別会期の開催可能。	総会の 3 分の 2 の多数により，重大な人権侵害を行った理事国資格を停止可能。理事国の 3 分の 1 の要請により特別会期の開催可能。

（出所）　外務省 Web サイト。

図表 7-6　普遍的定期審査の大まかな流れ

各国の実施状況を以下のサイクルで定期的に審査

【審査の基礎となる文書の準備】
・国家報告書（被審査国が準備）
・条約機関の報告などを編集した文書（国連人権高等弁務官事務所（OHCHR）が準備）
・NGO 等関係者からの情報を要約した文書（OHCHR が準備）

【成果文書の実施】
・被審査国には，成果文書で受け入れた勧告を実施する主要な責任
・被審査国は，次回の審査において実施状況を報告

【作業部会による審査】
・人権理事会の下に設置される作業部会で審査を実施
・作業部会は人権理事会の理事国 47 か国から構成されるが，他の国連加盟国もオブザーバー国として参加可能
・被審査国は質疑応答に参加。他の参加国が発言のうえ勧告を提示
・理事国から選ばれた 3 か国が，各国が提示した勧告を含む報告書を起草，作業部会で採択

【人権理事会本会合での成果文書の採択】
・本会合で，各国に関する審査結果を検討のうえ，成果文書を採択
・成果文書には，審議の概要，各国が示した勧告，被審査国による自発的誓約など
・被審査国は，特定の勧告を受け入れない旨の意思表示は可能

の規定に整合的に権限を行使しなければなりません。まず立法機関は，条約の的確な実施のため，必要に応じて新規の立法や，既存法令の改廃が求められます。例えば日本は，女子差別撤廃条約を批准した際に，その義務の実施を確保するため，国籍法の改正や男女雇用機会均等法の制定を行いました。そしてこうした関係法令は，行政機関により適切に執行されねばならず，違反があった場合には調査や訴追・処罰などの対応が求められます。

　実際に権利侵害が生じた場合には，国内裁判所などにおける救済の確保も必要となります。この点に関連して，日本の国内裁判所が人権条約に依拠して判断を行えるのかが問題とされてきました。**日本では，国際法の誠実遵守を求める憲法98条2項を根拠に，国際条約もその公布により国内法上の効力を有すると考えられています。**そして，条約の適用の在り方として，国際法に直接依拠して法的関係を確定する「**直接適用**」と，直接依拠するのは国内法だがその解釈基準として国際法を参照する「**間接適用**（国際法適合解釈とも）」とが区別されています。日本の国内裁判における人権条約の適用では，後者の間接適用と評価できる裁判例のほうが多い傾向があります（**資料7-3**）。その理由として，第1に，人権条約の批准などにあたっては，上述のように立法的対応がなされており，その限りでは条約に直接依拠する必要は少ないと考えられていることが挙げられます。第2に，直接適用が可能だとされるためには一定の基準を満たす必要があり，その意味で適用が認められるハードルが高くなっています。日本では，①条約が直接適用を排除していないことと（当事国の意思），②問題の規範の内容が明確であること（規範の明確性）が，その基準として指摘されています。第3に，私人間関係に対しては，憲法の人権規定と同様に，民法などの諸規定を通じて間接的に適用されます。

資料 7–3 ◆ 日本の裁判での直接適用・間接適用の例

直接適用の事例

（東京高裁判決・1993 年 2 月 3 日）

通訳を受ける権利は，わが国内において自動執行力を有するものと解される国際人権 B 規約（著者注：自由権規約のこと）によって初めて成文上の根拠を持つに至ったものであって，これまでのわが国内法の知らないところである。…国際人権 B 規約 14 条 3 項 f の規定する「無料で通訳の援助を受けること」の保障は無条件かつ絶対的なものであって…，刑訴法 181 条本文により被告人に通訳に要した費用の負担を命じることは許されない。

間接適用の事例

小樽浴場事件（札幌地裁判決・2002 年 11 月 11 日）

憲法 14 条 1 項，国際人権 B 規約及び人種差別撤廃条約は，前記のような私法の諸規定（筆者注：民法 1 条や 90 条等）の解釈にあたっての基準の 1 つとなりうる。…実質的には，日本国籍の有無という国籍による区別ではなく，外見が外国人にみえるという，人種，皮膚の色，世系又は民族的もしくは種族的出身に基づく区別，制限であると認められ，憲法 14 条 1 項，国際人権 B 規約 26 条，人種差別撤廃条約の趣旨に照らし，私人間においても撤廃されるべき人種差別にあたるというべきである。

※判決文にあるように，国内裁判で条約を直接適用できることを「自動執行力を持つ」（あるいは「自動執行性がある」）などと表現することもあります。

第8章

国際刑事法

　国境を越えた人の移動が容易になった現代社会では，国際的性質を有する犯罪が多く発生するようになりました。そうすると，各国が刑事分野で有している国家管轄権が競合する可能性があり，そのような場合に国家管轄権をどのように調整するのかという問題が生ずることになります。また，ハイジャックのような各国が共通に関心を有する犯罪については，多数国間条約を締結することによって訴追・処罰に関する国際的な協力が行われています。さらに，戦争犯罪などの訴追・処罰については国際法に基づいて裁判を行う国際刑事裁判所も存在します。本章では，これらの刑事分野に関する国際法について解説します。

8.1 国際刑事法とは何か

　本章で扱う**国際刑事法**とは，刑事，すなわち犯罪の処罰に関連する国際法の
ルールです。人々の活動がグローバル化した現在においては，犯罪が国際的側面
を持つことが増え，国際刑事法の重要性も増しています。国際刑事法という概念
は多義的で，いくつかの意味がありますが，本章では次の内容を説明します。

　第1は，日本の刑法をはじめ，各国の国内刑事法の規律・適用・執行の国際的
範囲に関する国際法です。例えば日本人が外国で犯罪を行った場合や，日本人が
外国で犯罪の被害者になった場合に，日本の刑法の規律は及ぶのでしょうか。こ
のような例は**渉外性を持つ犯罪**（あるいは**外国性を持つ犯罪**）と言われますが，
自国の領域外において，国内刑事法がどこまで規律し，そして適用・執行できる
のかに関して，国際法は一定の規則を有します。

　第2は，**刑事司法共助**に関する国際法です。刑事司法共助とは，外国に逃亡し
た犯罪容疑者の引渡しや，供述・証拠の取得といった外国の捜査機関との協力な
どを意味します。上記第1の内容と関連しますが，ある国の捜査機関が外国の領
域において捜査・逮捕などを行うことは当該外国の領域主権を侵害するため，刑
事司法共助については，条約を締結して国家間協力が行われることがあります。

　第3は，**諸国の共通利益を害する犯罪**に関する国際法です。諸国の共通法益を
害する犯罪とは，海賊行為やハイジャック，テロ行為など，1つの国の法益だけ
でなく多くの国の法益を害する犯罪です。諸国の共通利益を害する犯罪に関して
は，各国が協力して取り締まる必要があるため，近年多くの多数国間条約が締結
されてきました。

　第4は，集団殺害（ジェノサイド）罪や人道に対する罪などの「**国際法上の犯
罪**」と言われる犯罪に関する国際法です。この類型の犯罪については，構成要件
を国際法が直接規定するだけでなく，その訴追・処罰を行う国際裁判所が設立さ
れるなど，国際法の関与が最も強くなります。第2次世界大戦後の極東国際軍事
裁判所における戦争犯罪人の訴追・処罰は，この類型の犯罪を国際裁判所で
扱った初期の例とみなされることもありますが，現在では条約により国際刑事
裁判所という名称の常設の裁判所が設立されています。

　以下では，上記第1～第4の意味での国際刑事法の内容をみていきましょう。

　本書で扱う国際刑事法は，国際法としての国際刑事法ですが，広い意味での国際刑事法には，国内法としての国際刑事法も含みます。例えば，逃亡犯罪人に関して日本は，後述のように米国や韓国と犯罪人引渡条約を締結しており，かつ，逃亡犯罪人引渡法という法律を制定しています。このように広義での国際刑事法は，条約など国際法としての国際刑事法（刑事国際法とも呼ばれます）と，法律など国内法としての国際刑事法の両方を含む広い概念です。本書は国際法の教科書ですので前者を説明しますが，実際には両者は密接に関連していますので，国際法と国内法の双方を理解する必要があります。

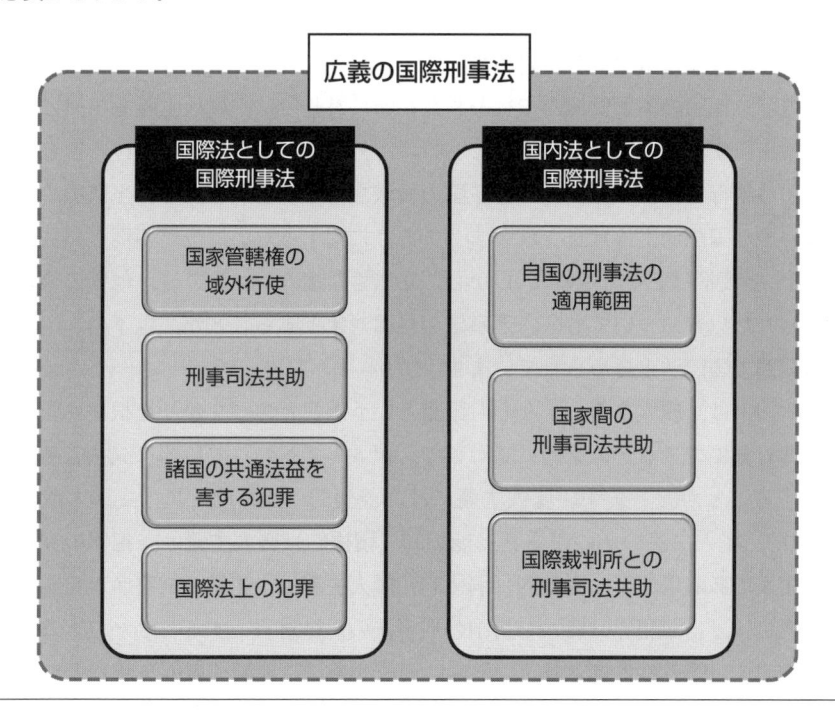

8.2 刑事法に関する国家管轄権の域外行使

　ある犯罪が1つの国の領域内で実行され，容疑者もその国の領域内にいる場合には，当然，当該国の刑事法の規律が及び，適用されます。これは領域主権に基づく国家管轄権の行使です。第1章で説明しましたように（コラム1-2（5頁）），国家管轄権は，人や財産，事実などに対して国内法を立法・適用・執行することができるという権能ですが，属地主義（図表8-1）の原則から，国家は自国の領域内において立法管轄権，司法管轄権，及び，執行管轄権をすべて行使することができます。よって，日本人どうしでの犯罪だけでなく，日本人と外国人，または，外国人どうしでの犯罪であっても，日本の国家領域内で実行され，容疑者が日本国内にいる場合には，立法，裁判，執行のすべてが日本の刑事法に基づき処理されます。日本の刑法1条1項は，「この法律は，日本国内において罪を犯したすべての者に適用する」と定めます。

　他方で，他国の国家領域内で行われた犯罪に対しては，属地主義を根拠に国家管轄権を行使することはできません。特に，外国の国家領域内における捜査や逮捕などの執行管轄権の行使は，当該国の領域主権を侵害するため，当該国の同意がない限り国際法上は禁止されます（この点に関する対応は後述の刑事司法共助（⇒8.3）を参照してください）。しかし，立法管轄権のレベルでは，他国の領域内で行われた犯罪についても国内刑事法の規律対象とすることが，以下のような一定の範囲で国際法上認められています。

　まず国家は，**属人主義**，すなわち国籍という国民とのつながりを根拠に国内法の規律対象にできるとの原則に基づいて，領域外で行われた犯罪に立法管轄権を行使することができます。属人主義には，能動的（積極的）属人主義と受動的（消極的）属人主義の2つがあり，**能動的（積極的）属人主義**は，犯罪の実行者が自国民である場合に，**受動的（消極的）属人主義**は，犯罪の被害者が自国民である場合に，当該犯罪（者）を自国の刑事法の規律対象とすることができるという原則です（図表8-2（153頁））。日本の刑法3条は，能動的属人主義に基づき，「この法律は，日本国外において次に掲げる罪を犯した日本国民に適用する」と定め，殺人などの犯罪を日本人が国外において実行した場合に刑法の規律対象としています（国民の国外犯）。また日本の刑法3条の2は，受動的属人主義に基

図表 8-1　属地主義の類型

　ある犯罪行為が，1つの国の領域内で完結している場合（①通常の属地主義のケース）には，属地主義に基づいてその国の立法管轄権が及ぶことは明らかですが，国境をまたいで犯罪行為が行われた場合にはどうでしょうか。例えば国境をまたいだ銃撃事件やインターネットを介した越境サイバー犯罪などが考えられますが，一方の国の領域内で犯罪行為が着手され，他方の国の領域内でその犯罪行為が完成した場合，属地主義によりいずれの国の立法管轄権も及ぶとされています。このとき，犯罪行為が着手された国の立法管轄権の根拠を主観的属地主義または主体的属地主義（②）と言い，犯罪行為が完成した国の立法管轄権の根拠を客観的属地主義（または客体的属地主義（③））と呼びます。

【① 通常の属地主義】

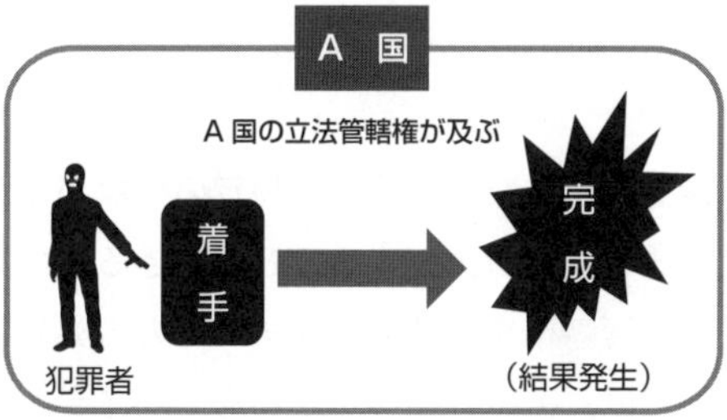

【② 主観的属地主義】

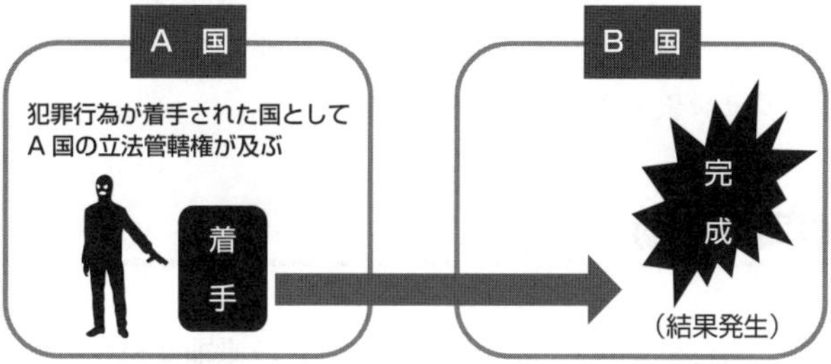

【③ 客観的属地主義】

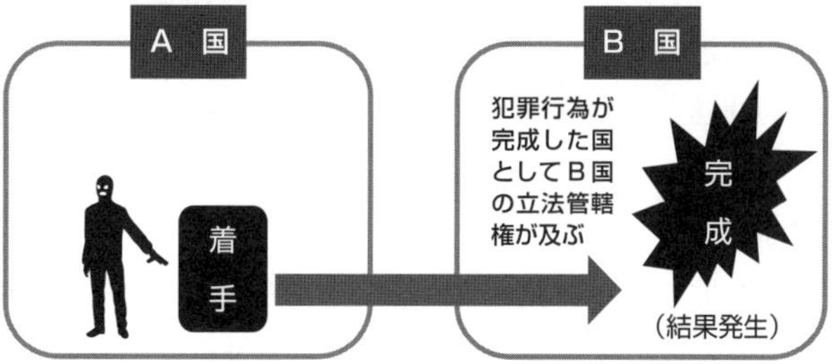

づき，「この法律は，日本国外において日本国民に対して次に掲げる罪を犯した日本国民以外の者に適用する」と定め，国外において日本人が殺人などの犯罪の被害者になった場合にも刑法が適用されるとします（国民以外の者の国外犯）。

次に国家は，国家の重要な法益を侵害する犯罪に対しては，領域外で行われた犯罪行為であっても国内刑事法の規律対象とすることができます。これは**保護主義**と呼ばれる原則で，ここで言う国家の重要な利益とは，国家としての安全や経済秩序の維持が該当します。日本の刑法2条は，「この法律は，日本国外において次に掲げる罪を犯したすべての者に適用する」と定め，内乱や外患誘致などの国家の存立を危うくする犯罪や，通貨偽造や有価証券偽造などの経済秩序を乱す犯罪は，日本国外で日本人以外によって行われたとしても，日本の刑法が規律するとしています。

最後に国家は，**普遍主義**，すなわち国家と特定のつながりがなくとも一定の犯罪に対しては国内刑事法の規律対象とすることができるとの原則に基づき，領域外で行われた犯罪に立法管轄権を行使できます。その古典的例とされるのが，海賊行為です。なお近年では，海賊行為のほかにも，ハイジャックなど諸国の共通法益を害する犯罪に関する各種条約が締結され，普遍的管轄権が設定されたと言われます。またジェノサイドなどの国際法上の犯罪についても，普遍主義に基づき国内刑事法の規律対象とされます。

8.3 刑事司法共助

上述のように，執行管轄権については属地主義の原則が厳格に適用されますので，訴追しようとする容疑者や証拠が外国の領域内に存在する場合には，当該外国との協力（**刑事司法共助**）が必要になります。この点に関する国際法のルールを，犯罪人引渡の問題と，証拠の収集や文書送達などの問題に分けて説明します。

8.3.1 犯罪人引渡

ある国の国内で犯罪を行った犯人が外国に逃亡した場合，その犯人が自国民であったとしても，逃亡先の国家の同意がなければ，犯罪行為地の国家は犯人を逮捕して自国に連行することはできません。また，能動的属人主義に基づき，国民

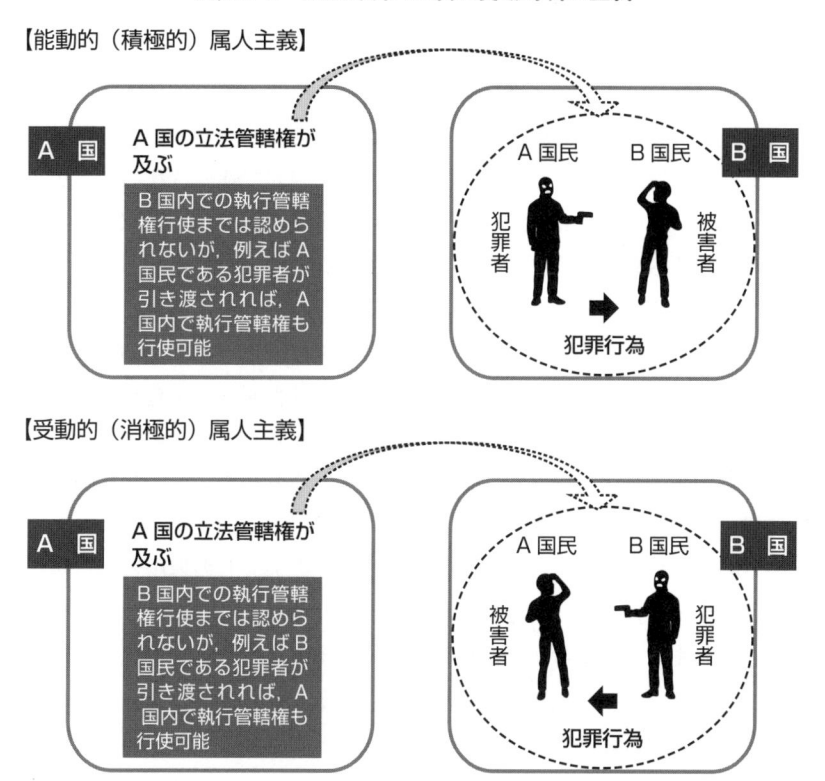

図表 8-2　能動的属人主義と受動的属人主義

【能動的（積極的）属人主義】

A 国　A 国の立法管轄権が及ぶ

B 国内での執行管轄権行使までは認められないが，例えば A 国民である犯罪者が引き渡されれば，A 国内で執行管轄権も行使可能

A 国民　B 国民　B 国

犯罪者　被害者

犯罪行為

【受動的（消極的）属人主義】

A 国　A 国の立法管轄権が及ぶ

B 国内での執行管轄権行使までは認められないが，例えば B 国民である犯罪者が引き渡されれば，A 国内で執行管轄権も行使可能

A 国民　B 国民　B 国

被害者　犯罪者

犯罪行為

コラム 8-2 ● 旗国主義の性質

　船舶や航空機内で行われた犯罪については，旗国主義（⇒3.6.1）に基づく立法管轄権の行使が認められており，例えば日本の刑法 1 条 2 項は，「日本国外にある日本船舶又は日本航空機内において罪を犯した者についても」適用すると定めます。この旗国主義の性質については，船舶や航空機を「浮かぶ領土」とみなして属地主義的にとらえる考え方と，船舶や航空機の登録国（国籍国）とのつながりに着目して属人主義的にとらえる考え方の両方があります。

の国外犯を訴追しようとする場合も，当該犯人が国外に所在するときは，同様の問題が生じます。これらの場合に犯人の身柄を確保するためには，犯人の所在する国に対して，**犯罪人引渡**を要請することになりますが，慣習国際法上は，被要請国には引渡しの義務はありません（コラム 8-3）。

ただし，引渡しの要請国と被要請国との間に，犯罪人の引渡しについて定めた条約（犯罪人引渡条約）が存在する場合には，条約上，被要請国に引渡しの義務が発生することがあります。犯罪人引渡条約は二国間で締結されることが一般的ですが，それらの条約には次のような共通する規定があります（図表 8-3）。第 1 は，**双方可罰性の原則**で，引渡しの要請対象となる行為が，要請国と被要請国の双方において刑罰の対象となる犯罪として法定されていることが，引渡しの条件となるとの原則です。例えば日米犯罪人引渡条約（1987 年）2 条 1 項は，「引渡しは…両締約国の法令により死刑又は無期若しくは長期一年を超える拘禁刑に処することとされているものについて…行われる」と定めます。第 2 は，**特定性の原則**で，引き渡される容疑者を，引渡しの理由となる犯罪以外の犯罪の容疑で訴追・処罰してはならないとの原則です。日米犯罪人引渡条約 7 条 1 項は，「請求国は…この条約の規定に従って引き渡された者を，引渡しの理由となった犯罪以外の犯罪について拘禁し，訴追し，審判し，若しくはその者に対し刑罰を執行しない」と定めます。第 3 は，**自国民不引渡**に関する規定です。例えば日米犯罪人引渡条約 5 条は，「被請求国は，自国民を引き渡す義務を負わない。ただし，被請求国は，その裁量により自国民を引き渡すことができる」と定めます。第 4 は，**政治犯不引渡**に関する規定です。日米犯罪人引渡条約 4 条 1 項は，「この条約の規定に基づく引渡しは，次のいずれかに該当する場合には，行われない。(1) 引渡しの請求に係る犯罪が政治犯罪である場合」と定めます。ただし政治犯罪には，独裁者に批判的な言動を行っただけで犯罪とされてしまうような純粋な政治犯罪（**絶対的政治犯罪**）と，政治的な行動に傷害などの普通犯罪が伴う政治犯罪（**相対的政治犯罪**）とがあり，絶対的政治犯罪については不引渡の対象となることに異論はありませんが，相対的政治犯罪については不引渡の対象となるかどうか必ずしも明確ではありません（コラム 8-4（157 頁））。これに関連して，後述する爆弾テロ防止条約（1997 年）(11 条) などは，条約上の犯罪は犯罪人引渡に関して政治犯罪とみなさないと定めていますので，同条約の当事国である日米間では，

コラム 8-3 ● 犯罪人引渡条約の非当事国への逃亡

日本は米国や韓国と犯罪人引渡条約を締結していますが，日本で犯罪を行った者が日本と犯罪人引渡条約を締結していない国に逃亡した場合，どうなるのでしょうか。左記のように，慣習国際法上は被要請国に引渡義務はありませんので，被要請国が自国の国内法に基づき自発的に引き渡すなどしない限り，逃亡者は逃亡先の国にとどまることができます。日産の元会長カルロス・ゴーン被告がレバノンに逃亡した事件は，そのようなケースです。

なお，1960 年にイスラエルの情報機関は，ドイツからアルゼンチンに逃亡していた元ナチス親衛隊のアイヒマン中佐を，密かにアルゼンチンからイスラエルに連行しました（アイヒマン事件）。アイヒマンのユダヤ人迫害に関する犯罪は，普遍主義に基づきいずれの国も処罰できるというのがイスラエルの立場でしたが，逃亡先の国であるアルゼンチンの同意を得ることなくアイヒマンを連行した行為自体は，執行管轄権の行使としては，国際法上違法であったとイスラエルも認めています。

図表 8-3　犯罪人引渡条約に共通してみられる原則

原則	内容
双方可罰性	引渡しの要請対象となる行為が，要請国と被要請国の双方において刑罰の対象となる犯罪として法定されていることが，引渡しの条件。
特定性	引き渡される容疑者を，引渡しの理由となる犯罪以外の犯罪の容疑で要請国は訴追・処罰してはならない。
自国民不引渡	被要請国は，自国民を引き渡す義務はない。ただし裁量により引き渡すことはできる。
政治犯不引渡	引渡しの要請対象となる行為が，政治犯罪である場合には，引き渡さない。

爆弾テロは政治犯罪とは扱われないことになります。

8.3.2 証拠収集や文書送達に関する刑事司法共助

次に，証拠の収集や文書送達などに関する刑事司法共助についても，慣習国際法上は被要請国が要請に応ずる義務はありませんが，二国間条約などによって特定の国々の間では協力義務が設定されています。例えば日米刑事共助条約（2003年）1条1項は，「各締約国は，他方の締約国の請求に基づき，捜査，訴追その他の刑事手続についてこの条約の規定に従って共助を実施する」と定め，ここでいう共助には，証言・供述・証拠書類の取得や場所の見分，請求国における出頭招請についての伝達などが含まれます（同条2項）。

なお各国・地域の警察機関により構成される**国際刑事警察機構**（ICPO：International Criminal Police Organization，**インターポール**）は，国際的な犯罪に関するデータベースを持ち，加盟する警察機関による犯罪者の特定などに利用されており，また，国際手配書を発行することにより，加盟する警察機関に対して，容疑者の身柄の拘束や事件に関連する人物の情報収集を要請することがあります。こうした国際刑事警察機構の活動は，刑事司法共助を支える国際警察間協力と言えます。

8.4 諸国の共通法益を害する犯罪

諸国の共通法益を害する犯罪として古くから確立していたと考えられているのが，**海賊行為**（コラム3-8（61頁））です。慣習国際法上，海賊は人類共通の敵とされ，いずれの国家も海賊行為を処罰できるとされました（コラム8-5）。また，条約によって犯罪の構成要件が定められる諸国の共通法益を害する犯罪も増加しています。そうした条約は，条約上の犯罪と定めた行為を処罰できるよう国内法上の措置をとることを締約国に義務づけるとともに，**「引渡しか訴追か」**の選択義務を締約国に課すことによって条約上の犯罪の実効的な処罰を実現しようとする点に特徴があります。以下では，その代表的な条約を解説します（**図表8-4**（159頁））。

航空機犯罪（ハイジャック）に関しては，1970年の**航空機不法奪取防止条約**（**ハーグ条約**）（1970年）1条が，飛行中の航空機内において「暴力，暴力による

　1989 年 12 月 16 日北京発上海経由ニューヨーク行き中国国際航空公司の航空機がハイジャックされ，福岡空港に緊急着陸しました。中国は，犯人の中国国籍，張振海を引き渡すよう日本に要請したため，日本の検察は逃亡犯罪人引渡法 8 条に基づき東京高等裁判所に逃亡犯罪人を引き渡すことができる場合に該当するかどうか審査を請求しました。張振海は，天安門事件に関わる政治犯罪から逃れるためにハイジャックを行ったと主張したため，東京高等裁判所は，逃亡犯罪人引渡法 2 条が規定する政治犯不引渡原則について判断を行いました。裁判所は，純粋な政治犯罪は「もっぱら政治的秩序を侵害する行為」であり，相対的政治犯罪は「政治的秩序の侵害に関連して，道義的又は社会的に非難されるべき普通犯罪が行われる場合」であるとしたうえで，相対的政治犯罪については，問題となる行為が政治目的であったかどうかやその行為が政治目的を達成するために直接的で有用な関連性を持っているかどうかなどを総合的に勘案しなければならず，本件ハイジャックは「政治的性質が普通犯罪的性質をはるかにしのぎ，そのために逃亡犯罪人引渡法上保護を要する犯罪であるとは認められない」と決定しました（東京高裁 1990 年 4 月 20 日決定）。この判断は，国内法である逃亡犯罪人引渡法に関するものですが，日本が締結する犯罪人引渡条約上の政治犯罪の概念を考えるにあたっても参考になるものです。

　日本は，2009 年に海賊行為の処罰及び海賊行為への対処に関する法律（海賊対処法）を制定し，悪質な海賊行為をした者は無期または 5 年以上の懲役に処するなどと定めました。2011 年には，バハマ船籍で日本企業が運航するタンカー，グアナバラ号をアラビア海の公海上で襲ったソマリア人海賊 4 名が米国海軍によって身柄を拘束され，その後日本に移送されました。東京地方裁判所で行われた裁判において，被告人らには懲役 11 年の刑などが言い渡され，控訴・上告も棄却されて刑が確定しました。この事件は，諸国の共通法益を害する犯罪である海賊行為について，日本が初めて普遍主義に基づく刑事管轄権を行使した事例です。

脅迫その他の威嚇手段を用いて当該航空機を不法に奪取し又は管理する行為」を犯罪とすると定めました。また同条約 7 条は,「犯罪行為の容疑者が領域内で発見された締約国は, その容疑者を引き渡さない場合には, その犯罪行為が自国の領域内で行われたものであるかどうかを問わず, いかなる例外もなしに, 訴追のため自国の権限のある当局に事件を付託する義務を負う」としています。そのため, ハイジャックの容疑者が領域内で発見された締約国は, ハイジャックの実行地やその容疑者の国籍のいかんにかかわらず, 国家管轄権を行使しなければなりません。これは, 領域内に容疑者が所在するという限定はありますが, 一種の普遍主義 (⇒8.2) に基づく国家管轄権行使の義務を課したものと言えます。さらに**民間航空不法行為防止条約 (モントリオール条約)** (1971 年) 1 条は, 飛行中の航空機の安全を損なう暴力・破壊行為を広く犯罪行為と定め, ハーグ条約よりも条約犯罪の対象を拡大しました。なお船舶に関する「シージャック」については, **海洋航行不法行為防止条約** (1988 年) が, シージャックの犯罪化と引渡しか訴追かの選択義務を締約国に課しています。

その他のテロ行為に関しては, **爆弾テロ防止条約** (1997 年) が, テロ行為の発生が「国際社会全体にとっての重大な関心事」であるとしたうえで, 不法かつ故意に公共の用に供せられる場所における爆発物を爆発させる行為などを条約上の犯罪とすると定め (2 条), かつ, 条約上の犯罪を自国の国内法上の犯罪とすることを明示的に締約国に義務づけています (4 条)。また同条約 8 条 1 項は, 容疑者が領域内に所在する締約国に, 引渡しか訴追かの選択義務を課しています (**図表 8-5**)。さらに, **テロ資金供与防止条約** (1999 年) は, テロ行為を行うために使用されることを意図してまたは知りながら資金を提供する行為などを, 条約上の犯罪とするとし, ここで言うテロ行為は同条約の附属書に掲げる条約上の犯罪行為であると定めています (2 条 1 項 (a))。当該附属書には, 上述のハーグ条約・モントリオール条約・海洋航行不法行為防止条約・爆弾テロ防止条約を含む 9 つの条約が掲げられており, 資金の面から諸国の共通法益を害する犯罪の防止を実現しようとするものです。

またこれらの条約とは別に, 国連安保理決議によって, テロ行為の防止のための措置が国連加盟国に義務づけられています。安保理決議 1267 (1999 年) は, タリバーン構成員やその関係者の資産を凍結することをすべての国連加盟国に義

図表 8-4　諸国の共通利益を害する犯罪に関する主な条約

条約名	対象犯罪	効力発生	当事国数
航空機不法奪取防止条約	ハイジャック	1971 年 10 月 14 日	185
民間航空不法行為防止条約	飛行中の航空機の安全を損なう暴力・破壊行為等	1973 年 1 月 26 日	188
海洋航行不法行為防止条約	シージャック（船舶不法奪取）等	1992 年 3 月 1 日	166
国家代表等に対する犯罪防止条約	国家元首・政府の長・外務大臣の殺害・誘拐等	1977 年 2 月 20 日	180
爆弾テロ防止条約	公共施設等に爆発物を設置・爆発させる行為等	2001 年 5 月 23 日	170
テロ資金供与防止条約	テロ行為に対する資金供与	2002 年 4 月 10 日	190

※当事国数は，2024 年 11 月時点。

図表 8-5　爆弾テロ防止条約上の「引渡しか訴追か」の義務の適用例

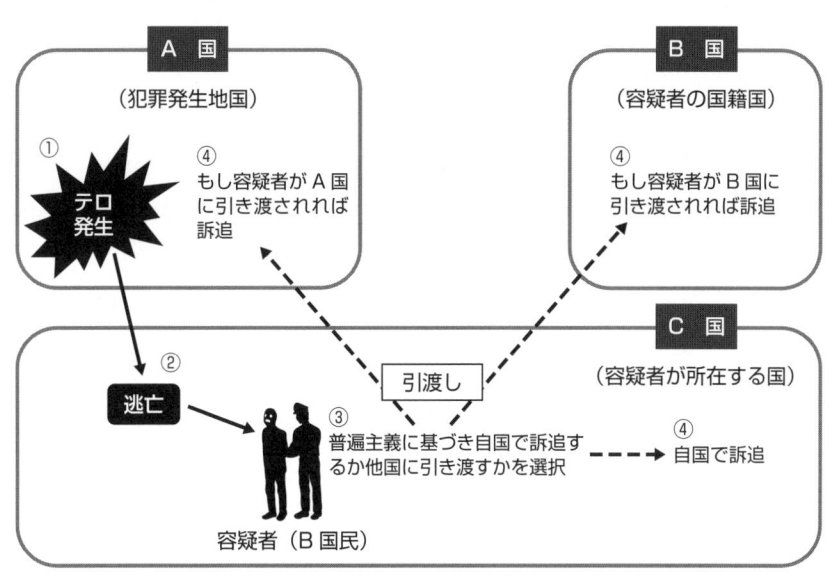

A 国領域で発生したテロ事件の容疑者（B 国民）が，A 国から C 国に逃亡した場合，C 国は自国で訴追するか他国に引き渡すか選択しなければなりません。

務づけるとともに，安保理理事国から構成される**制裁委員会**が，制裁対象となる個人・団体のリスト化を行うことを決定しました。そして安保理決議1390（2002年）では，制裁委員会の作成するリストは定期的に更新され，制裁対象も拡大することになりました。安保理決議は，国連憲章25条により，テロ資金供与防止条約の非締約国を含むすべての国連加盟国を法的に拘束しますので，テロ資金供与の防止には大きな意味があると考えられますが，他方で制裁リストに掲載された個人の人権保障との関係も問題となりえます（コラム9-6（179頁））。

8.5 国際法上の犯罪

8.5.1 国際法上の犯罪の類型

国際法上の犯罪とは，①犯罪の構成要件を国際法が定め，②その犯罪を行った個人は国際法に基づいて直接刑事責任を負い，③国際裁判所が訴追・処罰を行いうるものです。上述の諸国の共通法益を害する犯罪も，①の性質を有しますが，各国が国内法上の犯罪としたうえで，犯罪者の刑事責任は国内法に基づき，国内裁判所で追及されます。これに対して国際法上の犯罪は，国際法に基づき，国際裁判所で個人が刑事責任を追及される点で異なります（ただし，国際法上の犯罪を国内法化して，国内裁判所で裁くことはありえます）。

国際法上の犯罪は，国際社会全体の関心事項である最も重大な犯罪で，集団殺害犯罪（ジェノサイド犯罪）・人道に対する犯罪・戦争犯罪・侵略犯罪の4類型を指します（**中核犯罪・コアクライム**とも言います）。第2次世界大戦後のニュルンベルク国際軍事裁判所と極東国際軍事裁判所では，平和に対する罪（後の侵略犯罪）・戦争犯罪・人道に対する罪の3類型が対象犯罪とされました。1948年のジェノサイド条約では，集団殺害が国際法上の犯罪であることが確認され（1条），将来設置されるであろう国際刑事裁判所での裁判も予定されましたが（6条），そのような裁判所の設立は当時は実現しませんでした。1990年代には旧ユーゴスラビア地域とルワンダにおける国際法上の犯罪が大きな問題となりましたが，個人の刑事責任を追及する常設の国際裁判所が実現していなかったため，安保理決議により，旧ユーゴスラビア国際刑事裁判所（ICTY）とルワンダ国際刑事裁判所（ICTR）が設立され（コラム8-6)，両地域におけるジェノサイド犯

コラム 8-6 ●旧ユーゴスラビア国際刑事裁判所とルワンダ国際刑事裁判所

旧ユーゴスラビアはバルカン半島に存在していた社会主義の連邦国家でしたが，冷戦の終結とともに崩壊してセルビア，クロアチア，スロベニアなどの国々に分裂しました。その過程で民族間の対立が深刻化し，民族浄化とも言われるジェノサイドや人道に対する犯罪が発生したため，国連安全保障理事会は 1993 年の決議 827 によってこれらの国際法上の犯罪を裁くための旧ユーゴスラビア国際刑事裁判所（ICTY）を設立しました。また，アフリカのルワンダにおいてはツチ族とフツ族の間の民族対立が内戦に発展し，同じくジェノサイドなどの国際法上の犯罪が行われたため，1994 年に安全保障理事会は決議 955 によりルワンダ国際刑事裁判所（ICTR）を設置しました。旧ユーゴスラビアとルワンダにおける状況は極めて深刻で悲惨であったため，安全保障理事会はその状況に対応するために事後的に裁判所を設立したのですが，同時に，常設の国際刑事裁判所が必要であるとの国際的認識が広まり，国際刑事裁判所（ICC）の実現につながったとも言えます。

コラム 8-7 ● ICC の補完性原則

コラム 8-6 で述べた ICTY・ICTR では，両国際裁判所が国内裁判所に優越するとされていましたが，ICC を設立したローマ規程前文と 1 条は，ICC が国家の刑事裁判権を補完するものであると定めており，これを補完性原則と呼びます。そのため，国際法上の犯罪に対しても第 1 義的には国家が刑事裁判権を行使する役割を持ち，ICC は何らかの理由で国家の刑事管轄権が機能しない場合にのみ裁判を行うことになります。このことは，ICC の受理可能性の判断に反映されています。例えば，ある事件について管轄権を有する国家によって現に捜査され，または訴追されている場合には，ICC は同じ事件について受理しないと規定されています（17 条 1 項 (a)）。ただし，その国家が捜査または訴追を真に行う意思または能力がない場合には，ICC が事件を受理できるとも定められています。

罪・人道に対する犯罪・戦争犯罪について訴追・裁判が行われました。これらの経緯を経て，罪刑法定主義や遡及的処罰の回避の要請から，**国際刑事裁判所に関するローマ規程**（1998 年）という条約に基づく常設の裁判所である**国際刑事裁判所**（ICC：International Criminal Court）（**図表 8-6**）が 2002 年に設立され，国際法上の犯罪の 4 類型を対象犯罪としています。

　第 1 に**ジェノサイド犯罪**とは，「国民的，民族的，人種的又は宗教的な集団の全部又は一部に対し，その集団自体を破壊する意図をもって行う」殺害や傷害などの行為です（6 条）。単なる殺害や傷害では足りず，人種的な集団などを破壊する意図という主観的要素が構成要件となっています。第 2 に**人道に対する犯罪**とは，「文民たる住民に対する攻撃であって広範又は組織的なものの一部として，そのような攻撃であると認識しつつ行う」殺人・拷問・強姦などの行為です（7 条）。散発的な殺人などでは同犯罪とはならず，広範または組織的な攻撃の一部である必要があり，かつ，そのような攻撃であるとの認識という主観的要素も構成要件となっています。第 3 に**戦争犯罪**とは，武力紛争法に対する違反行為で（武力紛争法については**第 10 章**を参照），国際的武力紛争に関しては，1949 年ジュネーブ諸条約の重大な違反（8 条 2 項 (a)）と慣習国際法上の武力紛争法の著しい違反（同 (b)），非国際的武力紛争に関しては，1949 年ジュネーブ諸条約共通 3 条の著しい違反（同 (c)）と慣習国際法上の武力紛争法の著しい違反（同 (e)）とされます。第 4 に**侵略犯罪**とは，国連憲章に明白に違反する侵略行為を，「国の政治的又は軍事的行動を実質的に管理し又は指示する地位にある者」が，計画，準備，開始または実行することで（8 条の 2），国家の政治的または軍事的指導者の刑事責任を問うものです。

8.5.2　国際刑事裁判所

　国際刑事裁判所の概要（**図表 8-7**）は次の通りです。まず国際刑事裁判所は，裁判所長会議，裁判部門，検察局，書記局によって構成されます（34 条）。国内の裁判所と異なるのは，検察が裁判所組織の一部として位置づけられていることですが，検察局は独立の組織として行動し，裁判所の他の組織から指示を受けないこととされています（42 条）。また，裁判部門は，上訴裁判部門・第 I 審裁判部門・予審裁判部門から構成されます。裁判官は 18 名で，ローマ規程締約国会

図表 8-6　国際刑事裁判所（ICC：オランダ・ハーグ）の外観（左）と法廷（右）

（写真）©ICC-CPI。

図表 8-7　国際刑事裁判所（ICC）の概要

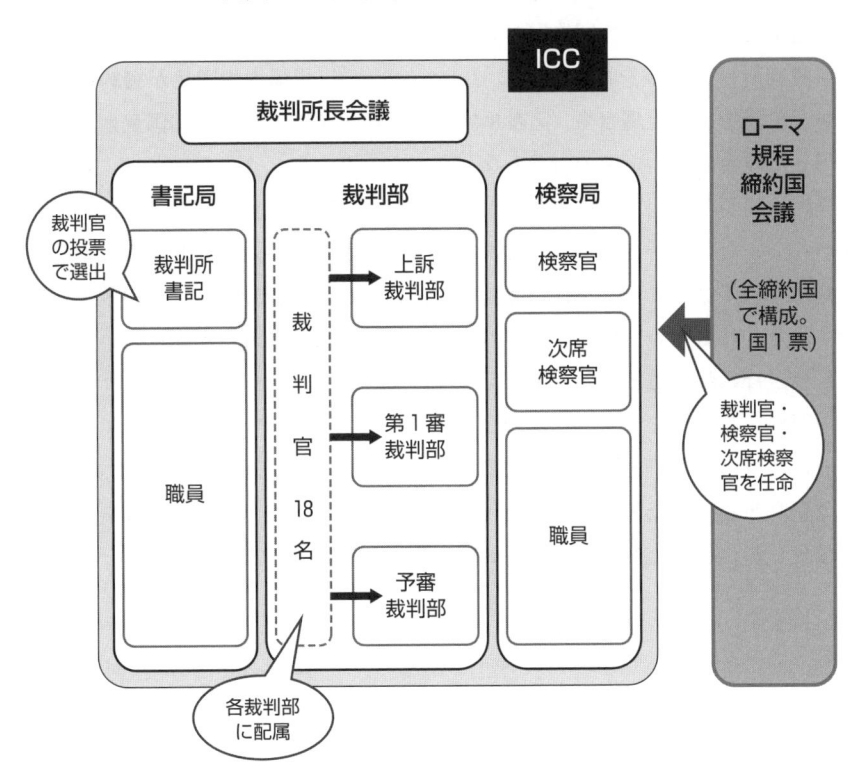

議における選挙で選出され，上記の3つの部門に分かれて職務を遂行します（36条）。事件の公判は，まず第1審裁判部門で審理され，上訴裁判部門に上訴することができるので，二審制をとっていますが，公判開始前に，検察が公判を求めようとする犯罪事実を確認するための審理を予審裁判部が行うこととされています（61条）。

　国際刑事裁判所は，上記4つの国際法上の犯罪（対象犯罪）に関する裁判を行いますが，その管轄の範囲は複雑なものになっています。まず，国際刑事裁判所における手続は，①対象犯罪が行われたと考えられる事態を締約国が検察官に付託する場合（13条 (a)），②検察官が自ら捜査に着手した場合（13条 (c)），③安保理が事態を検察官に付託する場合（13条 (b)），の3つの場合に開始されます。これを**トリガー・メカニズム**と呼びますが（図表8-8），①と②については，対象犯罪の発生地国か被疑者の国籍国のいずれかがローマ規程の締約国であれば，国際刑事裁判所は管轄権を持ちますので（12条2項），非締約国国民が締約国領域内で対象犯罪を行った場合や（図表8-9），非締約国領域内で締約国国民が対象犯罪を行った場合にも，訴追の対象となりえます。さらに，③については，対象犯罪の発生地国が締約国であるかどうかや被疑者が締約国国民であるかどうかが全く問われないため，潜在的には非常に広い管轄権が認められています。なお時間的管轄については，ローマ規程が発効した後に行われる犯罪についてのみ管轄権を有するとされるため，ローマ規程の発効より前に実行された犯罪について遡及的に裁判が行われることはありません（11条）。

　国際刑事裁判所での裁判の結果，有罪となった場合には，最長30年の有期拘禁刑か終身の拘禁刑を刑罰として科することができるとされます（77条）。また，罰金や有罪となった犯罪から得た収益などの没収も可能とされ，それらの罰金・没収金を基金とした被害者への賠償の制度もあります（75条，79条）。

図表 8-8　トリガー・メカニズムと ICC の管轄権行使条件

管轄権行使のきっかけ（トリガー）	管轄権行使の条件
① 締約国による検察官への付託（13 条 (a)）	（ア）犯罪発生地国（12 条 2 項 (a)） （イ）犯罪発生船舶・航空機の登録国（12 条 2 項 (a)） （ウ）犯罪の被疑者の国籍国（12 条 2 項 (b)）
② 検察官の自己の発意による捜査の着手（13 条 (c)）	→（ア）～（ウ）のいずれかの国が締約国であること，または（ア）～（ウ）のいずれかの国が非締約国であっても ICC の管轄権を受諾していること。
③ 安全保障理事会による検察官への付託（13 条 (b)）	上記の条件は適用されない。 →よって，犯罪発生地国や被疑者の国籍国が非締約国であっても ICC は管轄権を行使できる。

図表 8-9　犯罪発生地国が締約国である場合の ICC による管轄権行使
（検察官の自己の発意による捜査の着手）

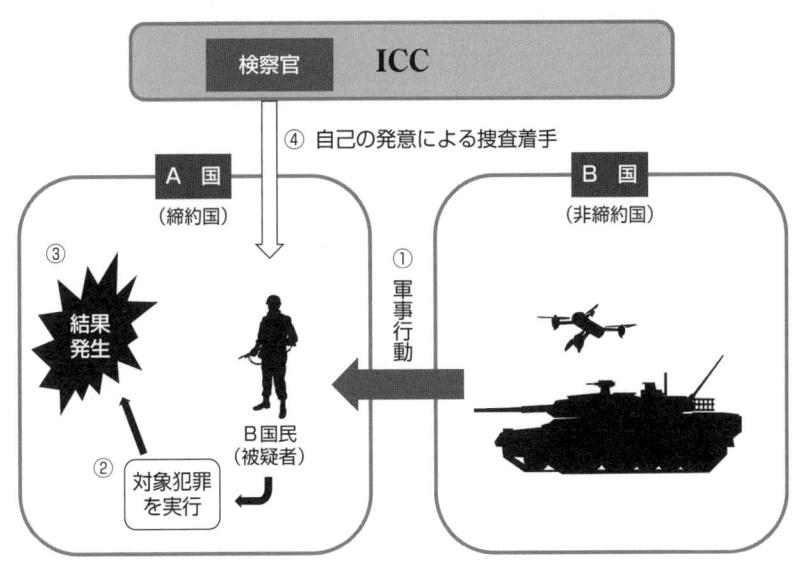

B 国が A 国に対して軍事行動を行い，B 国軍隊構成員である B 国民が対象犯罪を A 国で実行した場合，B 国が非締約国であったとしても A 国が締約国であれば，ICC の検察官は自己の発意による捜査に着手できます（図表 8-8 の（ア）の場合）。

　2017 年以降，ミャンマーの少数民族であるロヒンギャに対するミャンマー軍などによる迫害が問題になっており，ロヒンギャの人々は隣国であるバングラデシュに逃れることを余儀なくされています。2018 年 4 月に ICC の検察官は，この問題について ICC が管轄権を行使できるかどうか予審裁判部に決定を請求しました。予審裁判部は，本件は ICC の対象犯罪である人道に対する犯罪のうち「住民の追放」（7 条 (d)）に該当し，追放元が非締約国のミャンマーであっても，追放先が締約国のバングラデシュであり，12 条 2 項 (a) に基づき管轄権を有すると決定しました。これは，住民の追放という犯罪が非締約国の領域で開始され締約国の領域内で完結したときに，客観的属地主義（**図表 8-1**（151 頁））の考え方に基づき締約国内で犯罪が発生したとみなし，ICC の管轄権行使条件が満たされたと判断したものと考えられます。そして，2019 年 11 年には具体的な犯罪容疑について予審裁判部が捜査開始許可を決定し，さらに 2024 年 11 月には，ICC 検察官がミャンマー国軍司令官の逮捕状請求を行いました。ただし，非締約国であるミャンマーが非協力的であるため，被疑者の逮捕や引渡しには困難が予想されます。

国際安全保障

　国際法は，国家が武力に訴えることをどのように規律しているのでしょうか。今日の国際法では原則として武力の行使は禁止されており，国家が他国を武力で侵略することは国際法に反します。そして，違法に武力を行使する国家が実際に現れた場合には，国連安保理を中心に国際社会全体でその国家に対処し，適宜制裁を加えることを予定しています（国連の集団安全保障体制）。また，安保理が有効に対処するまでの間，国家は侵略国による武力攻撃から自国や他国を防衛することができます（自衛権）。近年のロシア・ウクライナ戦争の勃発からも窺えるように，これらの規則は常に挑戦に晒されてきました。第9章では，こうした規則の発展状況や論点などを扱います。

9.1 武力行使の違法化と集団安全保障体制の発展

18〜19世紀にかけて，国家は戦争（武力）に訴えることが国際法上禁止されておらず，国際平和を保つ方式として，対立する国々の間の**勢力均衡**（balance of power）が重視されました。力が均衡していれば互いに手が出しにくくなるとの発想に基づきますが，自国に有利な均衡を目指した軍拡競争を助長しかねないなどといった問題を含み，第1次世界大戦を防ぐことはできませんでした。そこで同大戦後は，国際連盟の下，**集団安全保障**という新たな平和維持方式の制度化が図られるようになります。集団安全保障とは，すべての関係国の間で戦争を禁止したうえで（武力行使の違法化），それに反して武力を用いる国家が現れた場合には，残りの国々で力を結集してこれに対処する（組織的対処）という平和維持の方式を指します（図表9–1）。

しかし国際連盟の時代は，武力行使の違法化という面でも，組織的対処という面でも不十分なところがあり，米国の連盟への不参加などとも相まって，集団安全保障の制度化は不完全なものにとどまりました（⇒9.3）。その破綻を象徴する第2次世界大戦を経て，国際社会はこの平和維持方式のさらなる強化を目指すことになります。国際連合を設立する国連憲章（1946年）は，2条4項において**武力行使禁止原則**を定めるとともに，その第7章において，**安全保障理事会**を中心とした，より集権的で強力な集団安全保障体制の確立を図っています。こうした国連の体制にも様々な問題や課題があり，また国家による武力行使の事例はその後も尽きません。しかし少なくとも，関係国は自らの武力行使を正当化するため，あるいは他国の武力行使を非難するため，武力行使を規律する国際法規則に依拠することが通常のこととなっています。

9.2 武力行使禁止原則

国連憲章2条4項は，「すべての加盟国は，その国際関係において，武力による威嚇又は武力の行使（threat or use of force）を，いかなる国の領土保全又は政治的独立に対するものも，また，国際連合の目的と両立しない他のいかなる方法によるものも慎まなければならない」と定めています。これは一般に，**武力行使**

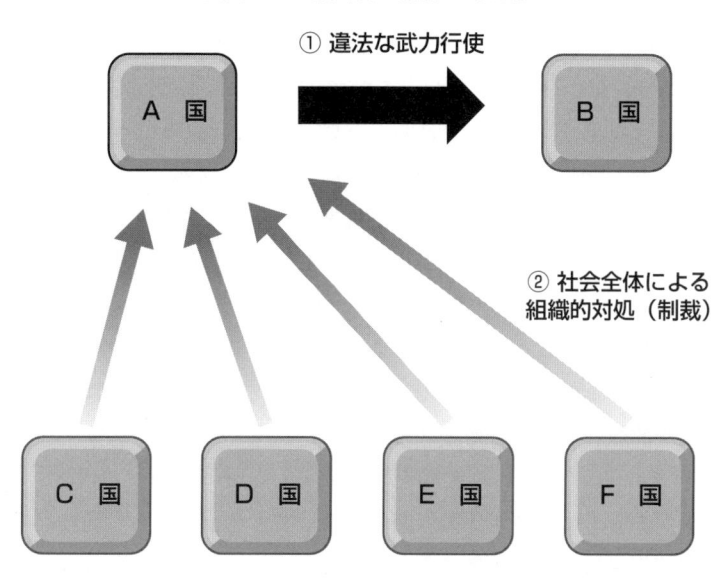

図表 9-1　集団安全保障の考え方

コラム 9-1 ● force の意味

　国連憲章 2 条 4 項が禁止する use of force の force の意味について，途上国から
は，武力に限られず，非軍事的な強制力（経済的圧力など）も含まれるとの主張もみ
られました。しかし，憲章起草時に経済的な力の行使も対象に含める提案が却下され
ており，またその後の慣行に照らしても，ここで言う force は武力を意味すると解す
るべきです。経済的，政治的な圧力の行使については，不干渉原則（⇒ コラム 1-1
（5 頁））に関わる問題として規律されるようになっています（友好関係原則宣言
（1970 年）第 3 原則パラグラフ 2）。

禁止原則と呼ばれています。既に連盟期においても，不戦条約（1928 年）が採択され，「戦争（war)」の一般的禁止が定められていましたが，そこで言う「戦争」が，当時考えられた国際法上の戦争（開戦宣言など戦意の表明を伴うもの）に限定されてしまうのか，条文上は必ずしも定かではありませんでした。この点国連憲章は，「戦争」の語は用いず，広く「武力の行使（use of force)」を禁止しています（コラム 9-1（169 頁))。今日この禁止規範は，慣習国際法上も確立しており，また強行規範（⇒12.6.5）であると一般に理解されています（対ニカラグア軍事行動事件 ICJ 判決（本案）（1986 年）等)。

　ここで禁止される武力の行使には，正規軍による他国に対する攻撃だけではなく，他国に対して武力行使を行う不正規軍・武装集団の組織・奨励なども含むと解されます（友好関係原則宣言第 1 原則パラグラフ 8，9)。また，武力による「威嚇」も禁止されていることから，そのように違法と評価される攻撃を実際に行わなくても，その可能性をちらつかせて相手国に一定の行動を強制するならば，2条 4 項違反が問われうると考えられます。

　同項に含まれるいくつかの文言を手掛かりに，その禁止の射程については様々な議論があります。まず「国際関係において」の文言から，純粋な内戦や国内の治安維持活動は，その規制の射程外だと解されています（コラム 9-2)。他方，例えばイラクによるクウェート侵攻（1990 年）の際にイラクが主張したように，自らの領土を回復するための武力行使だとして正当化を図る事例がみられますが，こうした行動は国際社会で強く非難されており，2 条 4 項が許容していると考えることは困難です。2 条 3 項が定める紛争の平和的解決義務の違反だとも言えるでしょう（⇒15.1)。

　また，「いかなる国の領土保全または政治的独立に対するものも」の文言が，武力行使禁止の範囲を制限するかについては議論があります。コルフ海峡事件（1949 年）における英国のように，国の領土保全や政治的独立に対する武力行使のみが禁じられていると国が主張した例もありますが，国際司法裁判所（ICJ)は否定しました。そうした狭い解釈に公然と依拠した国は少数です。学説の多数も，これらの文言は禁止の射程を限定する趣旨ではないとの立場をとっています。このような文言が挿入されたのは，小国の領土保全と政治的独立の保護を強調するためであったと指摘されています。

コラム 9-2 ● 国連憲章 2 条 4 項と内戦への外国の介入

　国連憲章 2 条 4 項は，ある国家の国内で発生する内戦自体は規制していませんが，そうした内戦に対する外国の介入は規制しています。自国の正規軍を派遣することはもちろんのこと，他国に武力を行使する武装集団を自国領域内で組織したり，他国の反乱団体に対して武器や兵站を支援することも，2 条 4 項が禁止する武力の行使にあたると考えられています。もっとも，対ニカラグア軍事行動事件 ICJ 判決（本案）（1986 年）によれば，反乱団体に単に資金を提供することは，内政干渉に該当するものの，武力の行使にはあたらないと整理されています。

コラム 9-3 ● NATO によるユーゴスラビア空爆（1999 年）

　1999 年に実施された NATO 軍によるユーゴスラビアに対する空爆は，自衛に該当する事例ではなく，また安保理決議による許可もなく実施されました。しかし，コソボにおけるアルバニア系住民への大規模な人権侵害に対応した攻撃とされ，人道的干渉として国連憲章上許容されるかが議論となりました。ロシア，インド，ベラルーシは，憲章違反だとする安保理決議案を提出しましたが，3 か国以外の理事国は反対し否決されています。他方で，一連の空爆を正式に支持する決議が採択されたわけでも

現在のコソボ共和国

（出所）　外務省 Web サイト。

ありません。またユーゴスラビアは，違法な武力行使であるとして ICJ に提訴しましたが，ICJ は管轄権を否定したため，違法か否かの判断は示されませんでした。

　なお NATO は，国連憲章第 8 章で言う地域機関に該当します。憲章は，集団安全保障を地域レベルで補完するため，安保理の許可を条件に，地域機関に「強制行動」をとる権限を認めています（53 条 1 項）。空爆のような軍事的措置は，安保理の許可を要する「強制行動」だと一般に考えられています。ユーゴスラビアに対する空爆については，安保理が黙示の許可（決議 1160（1998 年）などによる）を与えたとする主張もみられました。

さらに，同項は国連の目的との両立にも言及していますが，国連憲章が掲げる目的を増進するための武力行使が，2条4項の下で許容されるかどうかも難しい論点です。そうした論点の代表的なものが**人道的干渉**の問題です。一般に人道的干渉とは，ある国の国内で大規模で深刻な人権侵害が進行している場合に，それを停止させるために他国が干渉することを指します。比較的近年では，特に1999年のNATOによるユーゴスラビア空爆を契機に，人道的干渉のための武力行使の合法性について活発な論争が提起されました（コラム9-3（171頁））。少なくとも現状では，外国での人権侵害への対処という目的であっても，後述する安保理決議による授権もなく国家が単独で武力を行使することを許容する慣習国際法が確立しているかどうかは明確ではありません。その合法性に否定的な国家も多く，また人道的干渉のみに依拠して正当化を図る国家もわずかです。国際社会の「**保護する責任**」が論じられる場合も，基本的には安保理を通じた集団的対処が想定されることが一般的となっています（コラム9-4，資料9-1）。

2条4項が定める武力行使禁止原則には，国連憲章上明文で認められたいくつかの例外があります。①憲章第7章に基づいて実施される武力行使，②自衛権の行使としての武力行使（51条），③安保理の許可に基づく地域機関による武力行使，そして④第2次世界大戦中の連合国の旧敵国に対する武力行使（53条1項，107条）です。このうち最後の④は，旧敵国が国連加盟国となった現在では，実質的に死文化していると考えられています。以下では①と②について，順にみていくことにしましょう（③についてはコラム9-3（171頁）も参照）。

9.3　国連の集団安全保障体制

上述のように，集団安全保障による平和の維持のためには，武力行使を一般に禁止するだけではなく，その禁止に反する行動をとる国に対して組織的に対処し，必要に応じて制裁を加える仕組みが必要となります。国連憲章は，この点についても連盟期と比べて一層の強化を図り，国際の平和・安全の維持に関する主要な責任を安保理に担わせています（24条1項。なお国連の主要機関については**図表9-2**（175頁））。第1に，組織的制裁の条件が満たされたかどうかについて，その認定の集権化を図りました。国際連盟の下では，制裁の前提となる規約違反の認定な

コラム 9-4 ● 保護する責任

　「保護する責任」の概念は，NATO によるユーゴスラビア空爆後，カナダが主導して設置した「干渉と国家主権に関する国際法委員会」の 2001 年報告書において提唱されました。国が自国民を保護する能力や意思を欠く場合には，国際社会による「保護する責任」が不干渉原則に優越するとされ，人道的干渉に正当性を与えるものとして論じられてきました。しかし，その後同概念に言及した下記の国連世界サミットの成果文書（**資料 9-1**）にもあるように，基本的には安保理を通じた対応が想定されるようになっています。

資料 9-1 ◆ 国連世界サミット成果文書（2005 年）

【概要】　国連世界サミット成果文書は，2005 年 9 月に，国連 60 周年を記念した国連総会首脳会議で採択された成果文書です。同文書の「人権と法の支配」を扱った箇所に，「大量殺戮，戦争犯罪，民族浄化及び人道に対する犯罪から人々を保護する責任」という項目があり，下記のような内容が確認されています。

Para. 139.　国際社会もまた，国連を通じ，大量殺戮，戦争犯罪，民族浄化及び人道に対する犯罪から人々を保護することを助けるために，憲章第 6 章及び 8 章に従って，適切な外交的，人道的及びその他の平和的手段を用いる責任を負う。この文脈で，我々は，仮に平和的手段が不十分であり，国家当局が大量殺戮，戦争犯罪，民族浄化及び人道に対する犯罪から自国民を保護することに明らかに失敗している場合は，適切な時期に断固とした方法で，安全保障理事会を通じ，第 7 章を含む国連憲章に則り，個々の状況に応じ，かつ適切であれば関係する地域機関とも協力しつつ，集団的行動をとる用意がある。…

どについては，各国が個別に判断することが許されていました（第2回総会採択「16条適用の指針」（1921年））。これに対して国連憲章では，制裁の前提となる「平和に対する脅威」，「平和の破壊」，「侵略行為」の存在について，安保理が認定することが明文化されています（39条）。第2に国連憲章では，その第7章において，経済制裁などの非軍事的措置のみならず，必要に応じて軍事的な措置の発動を，安保理が決定することが予定されています。従前の国際連盟規約では，制裁手段として経済制裁が重視されていましたが（16条），国連憲章では軍事的措置に関わる規定もより整備されています（42条，43条等）。こうした第7章に基づく措置は，問題国に行動の是正を強いることから強制措置と呼ばれ，またそうした措置の決定は強制措置をとる側の国連加盟国も法的に拘束します（25条）。

国連の集団安全保障体制で中心的役割を果たす安保理は，冷戦期には五大国である米ソの対立を背景とした**拒否権**の行使などにより（コラム9-5），あまり機能したとは言えませんでしたが，冷戦が終了するとその活動は活発化するようになりました。また，内戦やテロ組織の活動なども，国際平和を脅かす要因として認識されるようになり，それらに対処するために決定される措置も多様になっています。もっとも近年では，西側諸国と中ロとの対立が強まるなど，安保理による十分な対応が期待しにくい状況も生じています。

9.3.1 「平和に対する脅威」，「平和の破壊」，「侵略行為」の認定

国連憲章では，第7章に基づく強制措置が発動される前提として，安保理が「平和に対する脅威」，「平和の破壊」または「侵略行為」の存在を認定することとなっています（39条）。ただし，いずれに認定されるかで，その後決定される措置の内容が特に区別されているわけではありません。

これらの3つの概念については必ずしも明確な定義はありませんが，それぞれの認定には一定の傾向が認められます。「平和の破壊」は，国同士の間での武力行使を伴う事態について認定されてきましたが，そうした事例は比較的限定的です。「侵略行為」は，争っている当事国の一方に対する非難を意味しますが，安保理は積極的に認定することをこれまで控える傾向にあります。これに対して，最も多く認定されてきたのが「平和に対する脅威」です。当初はやはり国同士の武力行使が差し迫った事態を想定していましたが，実行上安保理はこの概念を広

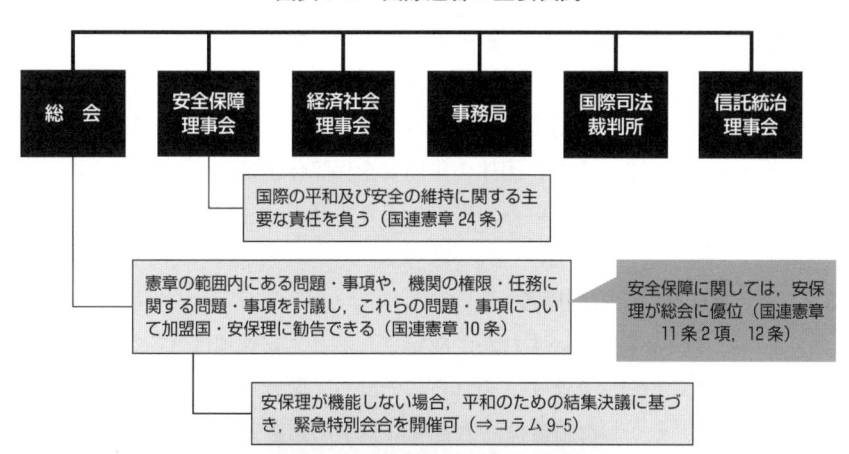

図表 9-2　国際連合の主要機関

| 総　会 | 安全保障理事会 | 経済社会理事会 | 事務局 | 国際司法裁判所 | 信託統治理事会 |

国際の平和及び安全の維持に関する主要な責任を負う（国連憲章 24 条）

憲章の範囲内にある問題・事項や，機関の権限・任務に関する問題・事項を討議し，これらの問題・事項について加盟国・安保理に勧告できる（国連憲章 10 条）

安全保障に関しては，安保理が総会に優位（国連憲章 11 条 2 項，12 条）

安保理が機能しない場合，平和のための結集決議に基づき，緊急特別会合を開催可（⇒コラム 9-5）

ウクライナの平和と安全に関する安保理会合の様子（2022 年 8 月 24 日）
（写真）　AFP＝時事。

コラム 9-5 ● 拒 否 権

　国連安保理は，常任理事国 5 か国（米英仏ロ中のいわゆる五大国）と，2 年任期で総会が選ぶ非常任理事国 10 か国から構成されます。このうち手続的な事項は 9 理事国の賛成投票があれば決定できますが，それ以外の実質的な事項の決定には，「常任理事国の同意投票を含む 9 理事国の賛成投票」が必要です（国連憲章 27 条）。つまり，常任理事国が 1 国でも反対票を投じれば否決されることから，五大国は「拒否権」を持つと言われています。なお，安保理の実践上，投票を棄権した場合には拒否権の行使とはみなされません。

　拒否権で安保理が機能しない場合に，冷戦期の 1950 年に国連総会が採択した平和のための結集決議に基づいて，総会の緊急特別総会が招集されることがあります。2022 年 3 月にもロシアのウクライナ侵略について招集され，ロシアを非難する決議が採択されました。また，その後同年 4 月には，国連総会の通常会期にて，拒否権を行使した場合に国連総会で説明を求める趣旨の決議も採択されています。

く解釈するようになっており，例えば一国の内戦や，人権・自決権の侵害，テロ活動やその支援，大量破壊兵器の拡散などといった事態も「平和に対する脅威」に認定された例がみられます（図表9-3）。こうした解釈の拡大の背景には，単に国家間の武力紛争がない状態を目指すだけではなく，国際関係を不安定化しうる抑圧や暴力などへの積極的対処を図るべきだとする，問題認識の一種の転換があると考えられます。このように国連の集団安全保障体制は，国際法に反する国による武力行使のみに対処しているわけではありません。

9.3.2　第7章に基づく強制措置

　上で述べた3つの事態のいずれかが認定されると，安保理はとるべき措置の勧告・決定を行うことができます（それらに先立って暫定措置の要請も認められています。40条）。そうした措置は，大きく非軍事的措置と軍事的措置に分けられます（図表9-3）。

　[1] 非軍事的措置　　**国連憲章41条**によれば，安保理は自身の決定を実施するため，「兵力の使用を伴わない措置」を決定することができます。こうした非軍事的措置の典型は，武器やその他物品の禁輸などといった**経済制裁**です（安保理決議661（1990年。対イラク），決議733（1992年。対ソマリア）など多数）。経済制裁については，しばしば加盟国の一致した対応の確保などが難しく（例えば制裁対象国と経済関係が密接な国は厳格な実施を控えがちです），その実効性が課題として指摘されます。この点につき，国連憲章は実効性確保に寄与しうる一定の規定も含み（49条（相互援助），50条（経済的困難についての協議）），実施状況を監視する制裁委員会を設置するといった実行もみられます。他方，もう一つの重要な傾向として，社会的弱者に対する制裁の影響の最小限化を目指す，いわゆる**スマート・サンクション**の活用があります。特定の個人（指導者やエリート層，テロリストなど）を対象とした海外資産凍結や入国禁止措置はその典型例ですが，そのように個人をターゲットとした制裁が人権の観点から問題にされる事案も生じるようになっています（コラム9-6（179頁））。

　冷戦後の実行の特徴の一つとして，**旧ユーゴスラビア国際刑事裁判所**（1993年設立）や**ルワンダ国際刑事裁判所**（1995年設立）のように，安保理決議に基づき国際刑事裁判所が設置された事例もみられます（コラム8-6（161頁））。安保

図表 9-3　国連憲章第 7 章の下で安保理がとりうる強制措置

「侵略行為」, 「平和の破壊」 または 「平和に対する脅威」 の認定

「平和に対する脅威」 の認定例
決議 54（1948 年：第 1 次中東戦争）
決議 217（1965 年：南ローデシア独立宣言）
決議 748（1992 年：リビア・パンナム機爆破容疑者
　の引渡し拒否）
決議 794（1992 年：ソマリア内戦）
決議 808（1993 年：ユーゴ内戦）
決議 1874（2009 年北朝鮮・大量破壊兵器拡散）など

「平和の破壊」 の認定例
決議 82（1950 年：朝鮮戦争）
決議 502（1982 年：フォークランド戦争）
決議 598（1987 年：イラン・イラク戦争）
決議 660（1990 年：イラク・クウェート戦争）

暫定措置（40 条）
・停戦の要請など

非軍事的措置をまず検討

非軍事的措置（41 条）
＊下記の例など兵力の使用を伴わない措置が広く含まれうる
・経済制裁
　　例：決議 661（1990 年：対イラク），決議 1695（2006 年：対北朝鮮）など
・国際刑事裁判所の設置
　　例：決議 827（1993 年：旧ユーゴスラビア国際刑事裁判所），決議 955
　　（1995 年：ルワンダ国際刑事裁判所）

軍事的措置（42 条）
・国連軍（43 条）→未創設
・加盟国への武力行使の授権
　　例：決議 678（1990 年：湾岸戦争），決議 1973（2011 年：対リビア）など

理にこうした司法機関を設置する権限があるのか問題となりえますが，旧ユーゴスラビア国際刑事裁判所・タジッチ事件上訴裁判部管轄権判決（1995年）は，憲章41条を根拠に設置は可能だとの判断を示しています。他に41条に基づいてとられた措置として，大量破壊兵器の処分の要請（安保理決議687（1991年））などがあります。

　　[2] 軍事的措置　　国連憲章42条は，非軍事的措置では不十分な場合には，安保理が軍事行動をとることも認めています。憲章の規定上は，そうした軍事的措置を安保理がとるにあたっては，憲章に基づいて設置される軍事参謀委員会が安保理に助言・援助を与えることとなっています（47条）。もっとも，必要な兵力などの提供を加盟国に義務づけるには，安保理と当該加盟国との間で特別協定の締結が必要です（43条）。しかし，米ソ対立で軍事参謀委員会が特別協定の草案作成に失敗して以来，現在に至るまで43条で定める協定は締結されていません。つまり，憲章上の関連規定で本来想定していた意味での国連軍は，いまだに創設されたことがないのです。

　朝鮮戦争において創設され米国の指揮下に置かれた「国連軍」は，ソ連による安保理会合の欠席という特別な状況の下で，安保理による加盟国への勧告を通じて形成されたものでした。また冷戦後には，安保理が加盟国に武力行使の許可を与える事例がみられます（湾岸戦争に関する安保理決議678（1991年）など）。こうした実行はしばしば**「武力行使の授権」**と呼ばれ，その憲章上の根拠をめぐって論争がありましたが，軍事的措置の採用に明示的に言及する42条に根拠を求めるのが妥当でしょう。授権された加盟国による武力行使を，安保理がいかに統制していくかという点も重要な課題です。この点につき，湾岸戦争後の安保理の実行では，授権の期間をより限定したり，安保理に対する報告を強化するといった対応がみられます。このような傾向は，安保理に主要な責任を与えた国連憲章の制度趣旨により適っていると言えるでしょう（コラム9-7）。

9.3.3　平和維持活動

　冷戦期に国連の集団安全保障体制があまり機能しなかった状況で，停戦の確保や兵力の引き離しなど，紛争当事者間の対立の悪化を防ぐための軍事的活動が，国連の実行を通じて形成・実施されてきました。先駆的な例として，1956年に

コラム 9-6 ● カディ事件

　個人を対象とした制裁による人権侵害が法廷で争われた事件の例として，カディ事件があります。安保理決議 1267（1999 年）及び 1333（2000 年）は，国際テロリズムへの対応のため，アルカイダ関係者の金融資産の凍結を求めていました。EU はこれらの決議を実施するための規則を採択し，カディらは資産凍結などの処分を受けます。これに対してカディらは，基本権の侵害であるとして，関連規則の取消などを求めて欧州第 1 審裁判所に訴えました。同裁判所の 2005 年判決では請求は棄却されましたが，上訴を受けて欧州司法裁判所が 2008 年に下した判決は，カディらの防御権（特に聴聞を受ける権利）や，そうした権利について効果的な司法審査を受ける権利などの侵害を認め，彼らについての措置を取り消すとしました。

コラム 9-7 ● 2003 年イラク攻撃の法的根拠

　2003 年 3 月に米英などがイラクに攻撃を開始し，当時のイラクのフセイン政権を打倒しましたが，この攻撃は安保理による明示の授権なく実施されたため，その合法性について議論があります。米英は，安保理決議 687 が示した湾岸戦争の停戦条件（大量破壊兵器の破壊や査察の受入れ）をイラクが破ったことにより，湾岸戦争の際に加盟国に軍事行動を許可した決議 678 が復活したと主張しましたが，多くの批判がみられます。ただ，こうした主張が一応可能であったのは，そもそも決議 678 が比較的抽象的に武力行使を認めていたためでもあり，安保理による統制の観点からは問題を含んでいたと言えます。

　なお，湾岸戦争の際に武力行使を行った複数国の連合軍は「多国籍軍」と呼ばれたのに対して，2003 年イラク戦争の際は「有志連合」の名称が用いられました。その後これらの名称は，安保理決議に基づく場合かどうかで使い分けられる傾向がありますが，必ずしも厳密な定義があるわけではありません。いずれにせよ，憲章 43 条で本来予定する「国連軍」と異なることはたしかです。

エジプト・イスラエル間の停戦監視を行った国連緊急軍（UNEF I）があります。こうした活動は，一般に**平和維持活動**（PKO：Peacekeeping Operations）と呼ばれています。

　従来 PKO では，軽武装の歩兵部隊から構成される平和維持軍か，原則として非武装の将校団や文民から成る監視団が派遣され，一般に以下のような特色がありました。①派遣・駐留は紛争当事者・受入国の同意によること（同意原則・非強制性），②紛争当事者に対して中立・公平を保つこと（中立・公平性），③武器の使用は自衛の場合に限定されること（自衛），④要員の提供は各加盟国の任意であること，⑤現状の維持を基本的任務とすること，⑥国連事務総長の指揮・統制の下に置かれることです。このうち①，②，③は，PKO 三原則と呼ばれることもあります。このように PKO は，憲章第 7 章に基づく集団安全保障とは性格の異なる活動として登場しました。

　こうした活動は国連憲章が本来予定していたものではなく，明文規定はありません。憲章 10 条（総会の権限），24 条（安保理の権限）など，特定の条文に根拠を求める議論がみられましたが，国際組織の**黙示的権限**の法理（国連損害賠償事件 ICJ 勧告的意見（1949 年）等。**コラム 9-8**）に依拠する議論も今日有力です。また，国連経費事件 ICJ 勧告的意見（1962 年）は，UNEF I などの PKO の国連憲章との適合性に関連して，憲章 1 条が定める目的の達成に適切と考える行動を国連がとった場合，その行動は権限の範囲内との推定を受けると述べています（**コラム 11-10**（229 頁））。現在では，PKO の憲章適合性が問題とされることは稀です。

　冷戦後は，内戦などへの対応が要請されることに伴い，PKO にも変容がみられます。第 1 に，その任務は多様化し，選挙監視，治安維持，インフラ整備などといった平和構築の役割も担うようになっています（国連カンボジア暫定統治機構（UNTAC）：安保理決議 745（1992 年）等）。第 2 に，憲章第 7 章のもとで PKO に強制力を付与し，前述の PKO 三原則を維持しない形での活動が実施されたこともありました（第 2 次国連ソマリア活動（UNOSOM II）：安保理決議 814（1993 年）等）。もっとも，当初ソマリアなどで展開されたこうした強制型 PKO は，内戦に巻き込まれるなどして失敗したため，PKO 三原則の重要性が改めて確認されるとともに，紛争の実態に応じてそれらの再定義の必要も認識されるよ

コラム 9-8 ●黙示的権限の法理

　黙示的権限の法理によれば，国際組織は設立条約に明示されている権限のみならず，目的の達成に不可欠な権限を黙示的に与えられているとされます。ICJ は，国連損害賠償事件勧告的意見（1949 年）（**資料 11-1**（227 頁））において，こうした考え方に基づき，国連職員が任務中に損害を被った場合には，国連が加害国に対する請求を行う権限があるとしました。

図表 9-4　国際平和協力法の制定・改正と主な内容

　PKO への自衛隊の参加は憲法 9 条との関係で問題を含みますが，1992 年の国際平和協力法（いわゆる PKO 協力法）の制定により，限定された範囲での活動が可能となりました。その後も同法の改正により，可能な活動の射程の拡大が図られています。

国際平和協力法（1992 年）制定
日本が PKO に参加する際に従うべき 5 つの原則
・紛争当事者間での停戦合意の成立
・受入国と紛争当事者による日本の参加への同意
・中立的立場の維持
・上記諸原則が満たされない状況が生じた場合の撤収
・武器使用は要員の生命身体防護のために必要な最小限のものに限定

1998 年改正
・部隊として参加する自衛官の武器使用が，原則として上官の命令によることに

2001 年改正
・停戦監視など平和維持軍の本体業務が可能に（それまでは医療，輸送などに限定）
・「自己の管理下に入った者」の生命・身体の防衛や，自衛隊の武器等の防護のためにも武器の使用が可能に

2015 年改正
・安全確保業務／駆けつけ警護の実施にあたり，任務遂行上の妨害を排除するための武器使用も可能に
　　安全確保業務：特定区域の保安のための監視や警護の任務
　　駆けつけ警護：自分とは離れた場所にいる他国の PKO 要員などの要請に応じて，武器を持って駆けつけてそれらの者を防護する任務

うになりました（例えばブラヒミ報告（2000 年）。日本の PKO 参加に関して図表 9-4（181 頁））。

9.4 自 衛 権

国連憲章 2 条 4 項の武力行使禁止原則のもう一つの重要な例外が，同 51 条が定める個別的・集団的自衛権です。**個別的自衛権**とは，自国への違法な武力攻撃に対して，国家が自国の防衛のために武力を行使する権利のことです（図表 9-5）。また**集団的自衛権**とは，他国への違法な武力攻撃に対して，自らは直接攻撃されていない国家が，当該他国を攻撃する国家に対して武力をもって反撃する権利を指します（図表 9-6（189 頁））。51 条は自衛権を国家の「固有の権利」と定めており，少なくとも個別的自衛権は，憲章採択以前より慣習国際法上の権利として確立していたと考えられます。

9.4.1 個別的自衛権

[1] 自衛の対象としての「武力攻撃」　51 条は，「**武力攻撃（armed attack）**」が発生した場合に自衛を認めています。対ニカラグア軍事行動事件 ICJ 判決（1986 年）においては，憲章 2 条 4 項が禁止する「武力の行使」は，「最も重大な形態の武力行使」と，「より重大でない形態の武力行使」に区別され，前者のみが自衛の対象となる「武力攻撃」だとされました。ICJ によれば，例えば国境での突発的な発砲など，小規模な武力行使は「武力攻撃」にはあたらないとされます（コラム 9-9）。また，ある国家に対する武力攻撃には，その領域に対する攻撃のほか，少なくとも同国の軍隊，政府船舶，在外基地に対する攻撃が含まれます。

なお，国連憲章以前に既に確立していたとされる慣習国際法上の個別的自衛権は，武力攻撃のみならず，より広く差し迫った法益侵害に対する武力行使を正当化したと考えられています。そのため，慣習国際法上の個別的自衛権と，「武力攻撃が発生した場合」について自衛権を定める国連憲章 51 条との関係が問題となり，この点に関しては制限説（または制限的解釈説）と非制限説（または許容的解釈説）の対立があります。まず制限説は，51 条の下では「武力攻撃が発生した場合」だけに自衛権を行使できるとの立場で，「固有の権利」という文言は

図表 9-5　国連憲章 51 条の個別的自衛権行使の要件

| 相手側による **武力攻撃** | ■ 武力行使の重大な形態を指す。
■ 具体的な攻撃の着手を要する。 |

| **必　要　性** | ■ 侵害を排除するのに，他に合理的手段がないこと。 |

| **均　衡　性** | ■ 相手側の攻撃と均衡のとれた措置であること。 |

※また，自衛権の行使にあたってとった措置は直ちに安保理に報告しなければなりません。

コラム 9-9 ● 武力攻撃に至らない武力行使に対する措置

　国連憲章 2 条 4 項で禁止される「武力行使」のうち，「武力攻撃」とは言えない「より重大ではない形態の武力行使」に対しては，被害国はどのような措置をとることができるのでしょうか。本文で言及した対ニカラグア軍事行動事件 ICJ 判決は，そうした場合，被害国は自衛権の行使ではなく「均衡のとれた対抗措置」をとることができると述べましたが，そこで言われる措置に武力行使を伴う措置が含まれるのか，必ずしも定かにはしておらず，学説上の見解も分かれています。日本政府は，下記の資料 9-2 のように，武力攻撃に至らない武力行使に対しても，慣習国際法上の伝統的な自衛権により，必要最小限度の武力をもって対抗することが可能だとの立場をとっています。

資料 9-2 ◆ 参議院安全保障特別委員会での答弁（1991 年 3 月 13 日）

高村正彦外相：政府は従来より，国連憲章第 51 条は，自衛権の発動が認められるのは武力攻撃が発生した場合である旨規定しているが，武力攻撃に至らない武力の行使に対し，自衛権の行使として必要最小限度の範囲内において武力を行使することは，一般国際法上認められており，このことを国連憲章が排除しているものではない，こう解してきている。

重視しません。他方で非制限説は，51 条が自衛権を「固有の権利」としていることから，国連憲章によっても従前の慣習国際法上の自衛権は制限されずに存続しており，自衛権の行使は武力攻撃が発生した場合だけに限られないとする立場です。この立場の違いは，在外自国民保護のための武力行使が自衛権として認められるのかといった問題（コラム 9-10）などに関連しています。

[2] **先制的自衛**　51 条は，武力攻撃が「発生した（英語正文では occurs）」場合に自衛権を行使できると定めますが，国家が自衛権を行使できる時点は具体的にはどの時点なのかという問題があります。例えばミサイル攻撃を念頭に置いたとき，ミサイルが自国領域に着弾して被害が発生してからでなければ自衛権は行使できないのでしょうか。あるいは，被害が発生する前の段階であっても他国がミサイル発射に着手した時点で，自衛権は行使可能なのでしょうか。この点に関しては，「**先制的自衛**」の問題として長らく論争があります。多くの学説では，自国に向けたミサイルの発射準備など，少なくとも相手国による具体的な攻撃の着手（武力攻撃の急迫性）があれば，ミサイルなどが実際に自国領域に着弾する前であっても，自衛のための行動が正当化される場合があると考えられています。高度の監視体制の下，具体的な行動から相手国の差し迫った攻撃を確信できる状況であっても，自衛行動が否定されるのは不合理だと言えます。なお，日本の武力攻撃事態・存立危機事態対処法においては，「武力攻撃が発生した事態」に加え，「武力攻撃が発生する明白な危険が切迫していると認められるに至った事態」を「武力攻撃事態」と定義しています（2 条 2 号）（図表 9-7（189 頁））。

　他方，そうした具体的な攻撃の着手すらない段階で，自衛権を行使することが認められるかは別の問題です。1981 年にイスラエルが実施したイラクの原子炉への空爆について，イスラエルは自衛権に依拠して自国の行為を正当化しましたが（当該原子炉が核兵器の生産に関わると主張されました），安保理はこの攻撃を憲章違反だとして強く非難しました。9.11 同時多発テロ後の 2002 年に米国が表明した，いわゆるブッシュドクトリンでは，武力攻撃の脅威の急迫性すら不要とする「予防的自衛」の方針が表明されましたが，このような立場に対する国際社会の一般的支持を見出すことは一層困難です。

[3] **テロ攻撃に対する自衛**　自衛の対象となる「武力攻撃」は，国家によるものに限られるのでしょうか。あるいは，テロリストのような私人による攻撃も，

コラム 9-10 ● 在外自国民保護のための武力行使

　国連憲章の下で，国外にいる自国民を保護するための武力行使が許容されるか，という点については争いがあります。肯定的な学説では，①伝統的な慣習国際法上の自衛権により認められうるとする見解や，②憲章 51 条の自衛として正当化できる場合がありうる（国籍を理由に攻撃の対象となっている場合は，自国への武力攻撃と同一視できる）とする見解などがみられます。しかし，否定説も根強く，諸国の見解も一様とは言えません（先例とされるエンテベ空港事件（1976 年）やイラン人質救出作戦（1980 年）でも，各国の見解が分かれました）。なお下記の説明にあるように，日本政府は上記の①の肯定的立場に立っています（ただし，自衛隊法 84 条の 3 が規定する「在外邦人等の保護措置」は，領域国などの同意を前提として自衛隊を派遣するものです）。学説などで肯定的な立場がとられる場合であっても，一般に厳格な要件が論じられています。

〈衆議院安全保障特別委員会での答弁（1991 年 3 月 13 日）〉

小松説明員（外務省条約局法規課長）：…自国領域内におります外国人を保護するということは所在地国の国際法上の義務でございます。しかし，その所在地国が外国人に対する侵害を排除する意思または能力を持たず，かつ当該外国人の身体，生命に対する重大かつ急迫な侵害があり，ほかに救済の手段がない場合には，当該外国人を保護，救出するためにその本国が必要最小限度の武力を行使することも，国際法上の議論に限って申し上げれば自衛権の行使として認められる場合がございます。しかしその際にも，自国民に対する侵害が所在地国の領土，主権の侵害をも正当化し得るほどの真に重大な場合に限られ，また自国民の保護，救出の目的に沿った必要最小限度の武力行使でなければならない，これが従来申し上げているところでございます。

コラム 9-11 ● カロライン号事件（1837 年）

　当時英国の植民地であったカナダで，英国からの独立を目指した反乱が発生し，反徒が米国船籍のカロライン号を雇って，英国領の島への輸送任務などを実施させていました。これに対して英国側は，米国の港に停泊中の同号を襲い，乗員の殺害・船体の破壊などを行いました。米国は自国領域内での自国民の殺害・財産の破壊について抗議しましたが，英国は自衛と自己保存の必要を主張して正当化しました。

「武力攻撃」だと言いうるのでしょうか。この点については，私人による攻撃が国家に帰属するのであれば，この攻撃は国家による「武力攻撃」とみなされ，当該国家に対する自衛権行使は正当化しうると考えられます（私人の行為の国家への帰属問題については⇒14.2.2）。他方で，私人による攻撃が国家に帰属しない場合にも，当該攻撃が国連憲章 51 条に言う「武力攻撃」とみなすことができるのかについては，議論があります。

2001 年の米国・英国によるアフガニスタンに対する軍事行動は，私人であるテロリストによる大規模な攻撃に対して，国家が自衛権を行使できるのかという問題を提起しました。9.11 同時多発テロがテロ組織であるアルカイダにより遂行されたことを受けて，米国はアフガニスタンのタリバン政権に対して同組織の指導者の引渡しなどを求めましたが，タリバン政権が拒否したため，米国は英国とともにアフガニスタンに対する軍事行動を開始しました。米英両国は，この武力行使を正当化するため自衛権を援用しました。軍事行動の開始前に採択された安保理決議 1368，1373 の前文も，自衛権に言及しています。この事件を契機として，「武力攻撃」に匹敵するような私人による攻撃に対して，自衛を根拠に，それらの私人の所在国で軍事行動を展開することが許されるのかについて，論争が生じました。自衛権の初期の先例とされる 1837 年の**カロライン号事件**（コラム 9-11（185 頁））が類似の事例であったと理解できる点や，憲章 51 条が「武力攻撃」の主体を特に限定していない点などは，肯定的見解の根拠となりえますが，各国や学説の見解は必ずしも一致しているとは言えません。なおこの問題については，私人が所在する領域国が，私人による攻撃を抑止する意思や能力を欠いているか否かを重視する立場もあります。

　[4] 必要性・均衡性の要件　　また自衛のための措置は，侵害を排除するため他の合理的手段がなくやむをえず実施したもので，かつ，その規模や目標などの点で相手側の攻撃と均衡のとれたものでなければなりません。前者は**必要性**の要件，後者は**均衡性**（比例性）の要件と呼ばれています。憲章 51 条はこれらの要件を明文化していませんが，自衛という概念に内在する制約だと考えられています（資料 9-3）。

　[5] 国連安全保障理事会との関係における制約　　自衛権は，問題国に対する武力行使の組織的発動を予定する集団安全保障体制の例外でもあります。そのた

資料 9-3 ◆ 核兵器の威嚇・使用の合法性事件 ICJ 勧告的意見（1996 年）

【事件の概要】　1994 年，核兵器による威嚇やその使用が国際法上許されるかという問題について，国連総会が ICJ に勧告的意見を求めました。1996 年に ICJ が示した意見では，以下のように自衛の必要性・均衡性の要件が確認されています。

注：下記の括弧の語のうちはじめの 2 つは著者が加筆。

Para. 40.　（国連憲章）51 条のもとで自衛に訴える権利は一定の制約に服する。それらの制約のうちのいくつかは，ほかならぬ自衛という概念に本来的に含まれる。他の要件は 51 条において具体化されている。

Para. 41.　自衛権の行使が必要性と均衡性の条件に服するということは，慣習国際法のルールである。ニカラグア事件で本裁判所が述べたように，「(相手の) 武力攻撃と均衡性があり，またそれに対して必要な措置のみを自衛は正当化するという特別なルールが存在する。そのルールは慣習国際法において十分に確立している」（同判決 Para. 176）。この二重の条件は，いかなる武力の手段が使用されようとも，国連憲章 51 条に対して等しく適用される。

コラム 9-12 ● 地域における共同防衛体制の構築

　国連憲章における集団的自衛権の明文化は，主に米州諸国による地域的な安全保障の構築の動きと関わっていました。米州諸国は，1945 年 3 月に共同防衛のためのチャペルテペック協定を締結していましたが，こうした地域的取極に基づく強制行動は安保理の許可の下で認める方向で国連憲章の起草が進められていました（現 53 条も参照）。しかし，安保理の票決で五大国に拒否権を認めることとなったことから，米州諸国は自らの地域的取極が機能不全となることをおそれ，安保理の許可なく共同防衛を実施できるよう，集団的自衛権の明文化を強く働きかけたとされます。

　51 条で集団的自衛権が導入された結果，冷戦期には，西側陣営が北大西洋条約機構（NATO），東側陣営がワルシャワ条約機構という，共同防衛体制をそれぞれ構築しました。これらの共同防衛体制においては，機構のいずれかの参加国に対して攻撃があれば，すべての参加国が防衛行動をとるという仕組みがとられており，東西両陣営が対峙していたのです。冷戦後は，NATO のみ存続しており，東欧諸国や旧ソ連構成国などのかつての東側諸国の NATO への加盟も進みました。

め国連憲章では，安保理との関係で一定の規則も定めています（51条）。第1に，自衛行動は，安保理が「必要な措置をとるまでの間」に限定されます。第2に，加盟国は自衛のためにとった措置を安保理に直ちに報告しなければなりません。これは事後的な報告であり，自衛権を発動する前に安保理の承認を得る必要はありません。

9.4.2　集団的自衛権

　上述のように国連憲章51条は，個別的自衛権のみならず，自らは直接攻撃の対象となっていない国家の**集団的自衛権**を認めています。国連憲章起草時において国家の当然の権利と認識されていた自衛権に関し，あえて規定が置かれた一つの理由は，集団的自衛権の明文化にあったと指摘されています（**コラム9-12**（187頁））。当初は，集団的自衛権という概念の不明確さが指摘されていましたが，その後，集団的自衛権も憲章上の権利であるのみならず，慣習国際法上の権利であると理解されるようになりました。

　集団的自衛権の性質をどのように理解するかについては，①個々の国が個別的自衛権を同時に行使しているとみる**個別的自衛権共同行使説**，②ある国に対する攻撃が自国の死活的利益を害する場合に行使できる権利だとする**死活的利益防衛説**，③個別的自衛権を行使している国を支援・援助するために軍事的措置をとる権利だとする**他国防衛説**があります。少なくとも①は，個別的自衛と別個の権利として集団的自衛権を認める必要性を説明しづらく，説得的ではありません。

　集団的自衛権の行使が認められるための要件について，対ニカラグア軍事行動事件ICJ判決（本案）（1986年）によれば，ⅰ）集団的自衛の支援対象となる国家が他国からの武力攻撃の対象となっていること，ⅱ）当該被攻撃国が武力攻撃を受けているとの宣言を行うこと，ⅲ）当該被攻撃国から自国に明確な援助要請があること，が求められます。こうした要件から窺えるように，ICJは上述の③の他国防衛説の立場を示唆しています（**図表9-6**）。また集団的自衛権の行使にあたっては，前述した必要性・均衡性の要件（⇒9.4.1[4]）を満たさねばならず，かつ，安保理への報告も義務づけられます（⇒9.4.1[5]）。

　なお日本は，国際法上は個別的自衛権と集団的自衛権を保有しているが，憲法上は個別的自衛権の行使はできるものの集団的自衛権の行使は許されないとの立

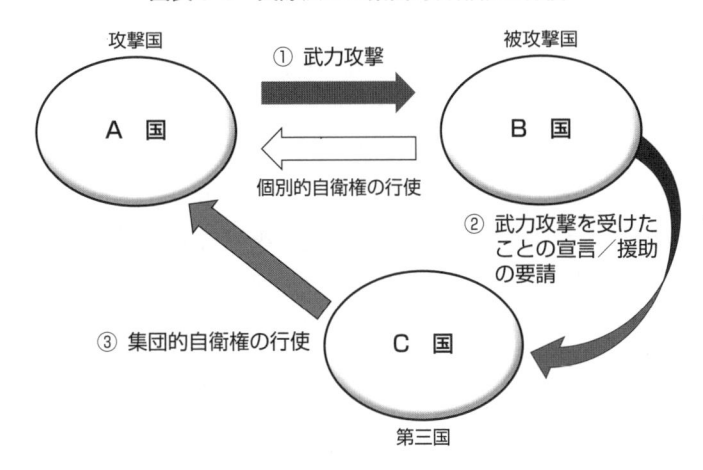

図表 9-6　国際法上の集団的自衛権の行使

図表 9-7　日本の国内法における武力攻撃事態等と存立危機事態

【個別的自衛権に関わる事態】 →「武力攻撃事態」・「武力攻撃予測事態」

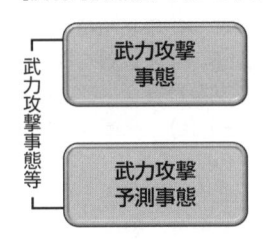

武力攻撃が発生した事態または武力攻撃が発生する明白な危険が切迫していると認められるに至った事態（武力攻撃事態・存立危機事態対処法2条2号）

⇒　防衛出動命令により自衛隊は武力行使可能（自衛隊法 76 条, 88 条）〈個別的自衛権の行使〉

武力攻撃事態には至っていないが，事態が緊迫し，武力攻撃が予測されるに至った事態（武力攻撃事態・存立危機事態対処法2条3号）

⇒　自衛隊に防衛出待機命令（防衛出動の準備）が発出されうるが（自衛隊法 77 条），この段階では武力の行使はできない

【集団的自衛権に関わる事態】 →「存立危機事態」

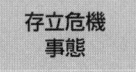

我が国と密接な関係にある他国に対する武力攻撃が発生し，これにより我が国の存立が脅かされ，国民の生命，自由及び幸福追求の権利が根底から覆される明白な危険がある事態（武力攻撃事態・存立危機事態対処法2条4号）

⇒　防衛出動命令により自衛隊は武力行使可能（自衛隊法 76 条, 88 条）〈集団的自衛権の行使〉

場を従来とっていました。2003年に制定された武力攻撃事態対処法においては，日本に対する外部からの武力攻撃が発生した事態または武力攻撃が発生する明白な危険が切迫していると認められるに至った事態を「武力攻撃事態」と定義しており，この場合には個別的自衛権の行使が可能でした。しかし，周囲の安全保障環境の変化をふまえ，2014年7月1日の閣議決定では，従来の憲法解釈を変更し，「存立危機事態」と呼ばれる事態にあたる場合に限って，集団的自衛権の行使を認める方針に転換します。そして翌年には，その行使を国内法上可能とする法整備が実施され，上述の武力攻撃事態対処法については「存立危機事態」を追加する改正が行われました（**武力攻撃事態・存立危機事態対処法**）（図表9-7（189頁））。「存立危機事態」とは，日本と密接な関係にある他国に対する武力攻撃が発生し，これにより日本の存立が脅かされ，国民の生命，自由，及び幸福追求の権利が根底から覆される明白な危険がある事態と定義されます。こうした方針は，上記の②の死活的利益防衛説と類似する考え方に基づいて，日本の国内法上集団的自衛の行使を限界づけたものとも言えますが，国際法上の集団的自衛権がそのように限定されるとの立場を日本政府がとったものでは必ずしもないと考えられます。

コラム9-13 ● 後方支援などが実施されうるその他の事態

　上記の武力攻撃事態等とは異なり，武力行使による対応は認められませんが，外国軍隊への後方支援等が実施されうる場合があります。第1に，そのまま放置すれば日本に対する直接の武力攻撃に至る恐れにある事態等，日本の平和及び安全に重要な影響を与える事態は「重要影響事態」と呼ばれ（重要影響事態法1条），米軍等に対する後方支援活動や捜索救助活動等が実施可能です（自衛隊法84条の5）。これは，元々日米安全保障条約を効果的に運用するための「周辺事態」に代わる概念として定められたもので，明確な地理的限定はなく，また支援の対象も米軍に限られません（「国連憲章の目的の達成に寄与する活動を行う外国の軍隊」などを含む）。

　第2に，国際社会の平和及び安全を脅かす事態であって，その脅威を除去するために国際社会が国連憲章の目的に従い共同して対処する活動を行い，かつ，日本が国際社会の一員としてこれに主体的かつ積極的に寄与する必要があるものは，「国際平和共同対処事態」と呼ばれ（国際平和支援法1条），外国軍隊等に関する協力支援活動等が可能です（自衛隊法84条の5）。この国際平和支援法が制定される前は，外国軍隊の支援のために自衛隊を海外派遣する場合には，特別措置法の制定で対応していました（9.11テロを契機に制定されたテロ対策特別措置法（2001年）等）。

国際人道法・軍縮

第 9 章で解説しましたように，現在の国際法においては，武力行使は原則として禁止されていますが，残念ながら，違法な武力行使を行う国家が今でも存在するのが現実であり，これに対しては，被害国が自衛権を行使したり，安全保障理事会の決議に基づく軍事的措置がとられたりします。そうした場合には，侵略行為をやめさせることと同時に，戦闘行為から一般市民を保護することなども重要になります。そこで本章では，後者の観点から，武力紛争の悲惨さをできるだけ低減することを目的とする国際人道法というルールを解説します。また，無用な苦痛を与える兵器や大量破壊兵器そのものを規制する軍縮の取り組みも重要ですので，併せて本章で扱います。

　国際人道法とは，武力紛争の当事者が遵守しなければならない国際法上のルールのことで，**武力紛争法**とも呼ばれます。**第9章**でみたように，現在の国際法では武力行使は禁止されており，このルールが守られれば武力紛争は発生しません。しかし，当該ルールが守られず違法な武力行使が行われた場合には，実際には武力紛争が発生することとなります。そこで適用されるのが国際人道法です（**コラム10-1**）。かつて，国際法上で戦争が禁止されていなかった時代には，戦争が行われていない平時においては平時国際法が適用され，いったん戦争が勃発すると戦時国際法が適用されていました（**コラム10-2**）。この戦時国際法の内容は，戦争が禁止された現在においても，武力紛争の悲惨さを最小限にするという意味での人道性を確保するために，国際人道法として継承され，発展してきています。具体的には国際人道法は，武力紛争で用いられる戦闘方法や手段（兵器）の規制，武力紛争の犠牲者の保護などに関するルールを含みます。

　そのため国際人道法を構成する各種条約は，戦争違法化の前に締結されたものと戦争違法化後に成立したものの双方があり，複雑な構造になっています（**図表10-1（195頁）**）。戦争違法化の前に成立した条約の一つとして，1907年ハーグ平和会議で採択された**陸戦法規慣例条約**がありますが，同条約附属書の**陸戦法規慣例規則**は，現在でも重要な国際人道法のルールです。また，戦争違法化後の条約として，1949年ジュネーヴ会議で採択された4つのジュネーヴ条約（**傷病者保護条約，海上傷病者保護条約，捕虜待遇条約，文民保護条約**（総称して**ジュネーヴ4条約**））があり，さらにこれらの条約を補完し，発展させた2つの追加議定書（**ジュネーヴ第1追加議定書，ジュネーヴ第2追加議定書**）が1977年に採択されました。国によって，どの条約の締約国になっているかが異なるため，武力紛争が発生した場合にどの条約が適用されるかは一概には言えません。また，これらの条約や各国の国家実行により形成された慣習国際法も国際人道法の法源の一つですので，武力紛争に適用される可能性があります。

　そこで本章では，上記の条約のうち比較的新しく，詳細な規定がある1977年のジュネーヴ第1追加議定書とジュネーヴ第2追加議定書に沿って基本的に解説をします。武力紛争は，国家間で発生する国際的武力紛争と，国家と非国家主体

コラム 10-1 ● ユス・アド・ベルムとユス・イン・ベロ

　国際法の学説では，「戦争に関する法」という意味のユス・アド・ベルム（jus ad bellum）と，「戦争中の法」を意味するユス・イン・ベロ（jus in bello）というラテン語の用語が使われることがあります。ユス・アド・ベルムとは，国家による武力行使の合法性に関する国際法のことで，武力行使を原則禁止する国連憲章 2 条 4 項や，同原則の例外である自衛権の行使要件を定めた国連憲章 51 条などが該当します（第 9 章参照）。他方で，ユス・イン・ベロとは，武力行使が行われた場合における，個々の戦闘行為のやり方などに関する国際法のことで，本章で扱う国際人道法（武力紛争法）のルールから構成されます。もともとユス・イン・ベロは，戦争が禁止されていなかった時代に形成されていったものです。現在の国際法においては，ユス・アド・ベルムである武力行使禁止原則が遵守されれば，ユス・イン・ベロは不要のようにも思われますが，残念ながら違法な武力行使はなくなりませんので，戦争の悲惨さを少しでも軽減するために，現在でもユス・イン・ベロは必要なのです。

ユス・アド・ベルム	ユス・イン・ベロ
武力行使禁止原則 自衛権等	軍事目標主義 戦争犠牲者の保護等

コラム 10-2 ● 戦時国際法

　戦争が国際法上禁止されていなかった時代に，戦争が発生した場合に適用される戦時国際法には，交戦国間に適用される交戦法規と，交戦国と中立国との間に適用される中立法とがありました。戦争が国際法上禁止された現在においても，交戦法規の基本的な部分は国際人道法に受け継がれていますが，中立法については，侵略国との関係で第三国が中立を依然として選択できるのかなどの議論があります（⇒ **コラム 10-7**（205 頁））。

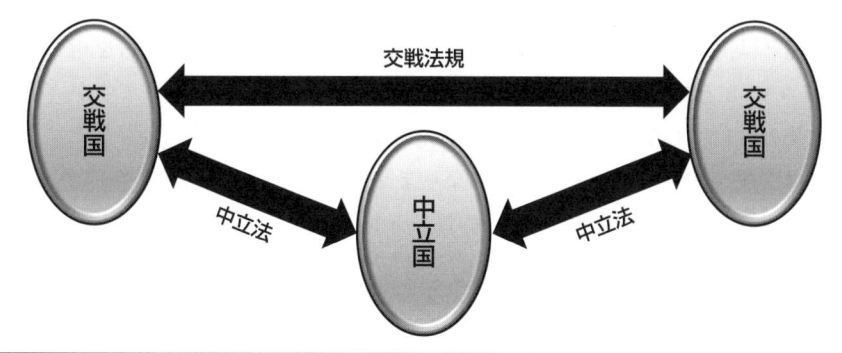

との間に発生する非国際的武力紛争に分けられ，ジュネーヴ第1追加議定書は国際的武力紛争に，ジュネーヴ第2追加議定書は非国際的武力紛争に，それぞれ適用されます（図表10-2）。

　さらに，兵器の規制に関しては，武力紛争の発生とは切り離して，軍縮に関する国際法が存在します。核兵器，化学兵器，生物兵器といった大量破壊兵器や，対人地雷，クラスター弾などの通常兵器については，それらを規制・禁止する条約が策定されてきました。こうした条約は，武力紛争の発生前から該当する兵器の製造や保有を規制しますが，武力紛争が発生した場合にはその使用を規制するため，国際人道法として機能する側面もあります（⇒10.5）。

10.2　国際的武力紛争と国際人道法

10.2.1　基 本 原 則

　国際的武力紛争とは，原則として国家間の武力紛争ですが，例外として，自決権（⇒11.1.1）を行使する人民が戦う武力紛争（**民族解放闘争**）も含まれます（第1追加議定書1条3項，4項）。国際的武力紛争の当事者は，戦闘行為を行うにあたって，2つの基本原則を遵守しなければなりません。

　第1の基本原則は，**軍事目標主義**または**区別原則**と呼ばれるもので，攻撃は軍事目標に対してだけ行わなければならず，一般住民などを標的にしたり，軍事目標と区別しない無差別攻撃をしたりすることは禁止されます（第1追加議定書48条）。ここで軍事目標とは，人的軍事目標と物的軍事目標とがあります。**人的軍事目標**とは，原則として**戦闘員**のことで，紛争当事者の軍隊の構成員を指します（**コラム10-3**（197頁））。戦闘員は，敵対行為に参加することができますが，同時に攻撃の対象にもなります（第1追加議定書43条2項）。他方で，戦闘員ではない人々は**文民**とされ，攻撃の対象にはなりません（第1追加議定書50条1項，51条2項）。次に**物的軍事目標**とは，「その性質，位置，用途又は使用が軍事活動に効果的に資するものであってその全面的又は部分的な破壊，奪取又は無効化がその時点における状況において明確な軍事的利益をもたらすものに限る」と定義され，物的軍事目標でない物は**民用物**と呼ばれます（第1追加議定書52条1項，2項）。何が物的軍事目標になり，何が民用物に該当するかは上記の要件に照らして

図表 10-1　国際人道法を構成する主な条約

　国際人道法を構成するルールは，「ハーグ法」と「ジュネーヴ法」とに分類されてしばしば説明されます。「ハーグ法」とは，1899 年と 1907 年のハーグ平和会議で作成された条約を基礎とするルールで，主として戦闘方法・手段に関する規則です。他方で「ジュネーヴ法」とは，1864 年以来，ジュネーヴに本部がある赤十字国際委員会（コラム 10-8（207頁））が中心となって作成してきた条約を基盤とするルールで，主として戦争犠牲者の保護を内容とします。ただし，本章で説明するジュネーヴ条約第 1 追加議定書が戦闘方法・手段に関するルールと戦争犠牲者の保護に関するルールの双方を規定しているように，現在では「ハーグ法」と「ジュネーヴ法」の区別は相対的なものになっています。

ハーグ法

交戦者資格や戦闘方法・手段の規制などに関する規則

ハーグ平和会議で成立した諸条約（陸戦法規慣例条約等）を基礎

ジュネーヴ法

傷病者の保護・捕虜の待遇・文民の保護などに関する規則

ジュネーヴに本部がある赤十字国際委員会が中心になって作成してきた諸条約（ジュネーヴ 4 条約等）を基礎

図表 10-2　武力紛争の分類

国際的武力紛争

● 国家間の武力紛争
● 民族解放闘争

陸戦法規慣例規則，ジュネーヴ 4 条約，第 1 追加議定書などが適用

非国際的武力紛争

● 国際的武力紛争に該当しない武力紛争（国家の軍隊と反乱軍との間の武力紛争等。詳細はコラム 10-6（203 頁）を参照）

ジュネーヴ 4 条約共通 3 条，第 2 追加議定書など限定的な規則が適用

ケースバイケースで判断しなければなりませんが，礼拝所，住居，学校などが「軍事活動に効果的に資するもの」であるか否かについて疑義がある場合には，物的軍事目標ではないと推定されます（第1追加議定書52条3項）（図表10-3）。第2の基本原則は，過度の傷害または無用な苦痛をもたらすことの禁止です。紛争当事者が戦闘方法・手段（兵器）を選ぶ権利は無制限ではなく，過度の傷害または無用の苦痛を与える兵器や戦闘方法を用いることは許されません（第1追加議定書35条1項，2項）。

10.2.2 戦闘方法・手段の規制

　上記の2つの基本原則に基づいて，国際的武力紛争における戦闘方法や手段は，次のように規制されます。まず**無差別攻撃**，すなわち，**軍事目標と文民・民用物**とを区別しない攻撃は行ってはなりません。特に，都市の中に存在する多数の軍事目標を単一の軍事目標とみなすような攻撃や，予期される具体的かつ直接的な軍事的利益との比較において，巻き添えになる文民の死傷・民用物の損傷を過度に引き起こす攻撃は，無差別とみなされます（第1追加議定書51条5項）。巻き添えによる文民・民用物への被害は**付随的損害**と呼ばれ，すべての場合に防止しなければならないとは定められていません。これは，国際人道法が人道的配慮と軍事的必要とのバランス（**比例性原則**）に基づいていることを示しています。次にダム，堤防，原子力発電所は，たとえそれらが軍事目標である場合であっても，これらを攻撃することが文民たる住民に重大な損失をもたらすときは，攻撃の対象としてはなりません（第1追加議定書56条1項）。さらに，自然環境に対し広範，長期的かつ深刻な損害を与え，それにより住民の健康や生存を害するような戦闘方法・手段（兵器）も禁止されます（第1追加議定書55条1項）。

　上述のような禁止された攻撃を行わないために，**紛争当事者は軍事行動を行う**に際して予防措置をとらなければなりません。例えば，攻撃を計画し決定する者は，攻撃の目標が文民または民用物でなく軍事目標であって，特別の保護の対象ではないことを確認することや，巻き添えによる文民・民用物の被害を過度に引き起こすことが予測される攻撃を行う決定を差し控えることを義務づけられます（第1追加議定書57条2項）。さらに，攻撃を受ける紛争当事者も，軍事目標を守るために文民を移動（いわゆる人間の盾）させてはならず，むしろ自国の支配下

　ある人物の戦闘員としての地位を「戦闘員資格」（あるいは交戦者資格）と言います。そして戦闘員資格を有することは，①敵対行為に直接参加する権利を持つこと，②人的軍事目標になること，③敵に捕らえられた場合に捕虜となる権利を有することという3つの法的な意味があります。つまり戦闘員は，敵対行為に参加する権利を持つので，敵対する紛争当事者の戦闘員に対して殺傷行為を行ったとしても，それは原則として国内法上の犯罪（殺人罪等）にはならず，敵に身柄を拘束されても犯罪者ではなく捕虜として待遇されることを保障されます（⇒10.2.3）。同時に戦闘員は，敵対する紛争当事者からみて人的軍事目標となりますので，その攻撃から保護されません。逆に戦闘員ではない文民は，①敵対行為に直接参加する権利を持たず，②人的軍事目標にはならず攻撃から保護されますが，③もし敵対行為に参加して敵に捕らえられた場合には捕虜となる資格はありません。そのため，文民が敵対行為に参加して殺傷・破壊行為を行えば，国内法上の犯罪者として処罰の対象となりえます。

①敵対行為に参加
する権利がある。
②人的軍事目標と
なる。
③捕虜となる権利
がある。

戦闘員

文　民

①敵対行為に参加
する権利がない。
②人的軍事目標と
ならない。
③捕虜となる権利
がない。

図表 10-3　軍事目標主義（区別原則）

軍事目標（攻撃目標）となる人・物	軍事目標（攻撃目標）とならない人・物
 人的軍事目標 ＝戦闘員	 文　民
  物的軍事目標 （戦車・軍用機・軍艦などの武器や軍事基地・軍港などの軍事施設が典型例）	 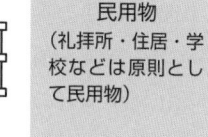 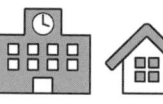 民用物 （礼拝所・住居・学校などは原則として民用物）

にある文民や民用物を軍事目標の近くから移動させたり，人口の集中している地域やその付近に軍事目標を設置することを避けたりすることが求められます（第1追加議定書51条7項，58条）。

　なお，偽装，囮（おとり），陽動作戦，虚偽の情報の使用といった**奇計**は，禁止されません。ただし，それらが，武力紛争の際に適用される国際法の諸規則に違反せず，かつ，そのような国際法に基づく保護に関して敵の信頼を誘うことがないために背信的でないものに限られます（第1追加議定書37条2項）。逆に，休戦旗を掲げて交渉の意図を装ったり，文民の地位を装ったりして，敵の信頼を裏切る行為は，**背信行為**として禁止されています（第1追加議定書37条1項）。

　また戦闘手段，すなわち兵器の使用規制に関しては，以下でみるように（⇒10.5），個別の軍縮条約が締結されていて，化学兵器や生物兵器は武力紛争時においても使用することが条約上禁止されています（図表10-4）。なお核兵器に関しては，2021年に核兵器禁止条約が発効したものの，核保有国は締約国になっていないため同条約上の核兵器使用禁止義務に拘束されていません。それでは武力紛争時に核兵器を使用することは，国際人道法に反しないのでしょうか。国際司法裁判所（ICJ）は1996年の核兵器の使用・威嚇の合法性に関する勧告的意見において，核兵器の使用・威嚇は，軍事目標主義や無用な苦痛を与えてはならないとの国際人道法の原則と規則に一般的には反すると述べましたが，ICJは同時に，国家の存亡がかかった自衛の極限状態においては，核兵器の使用・威嚇の違法性について確定的な結論を出せないとも説示しました（コラム10-4も参照）。

10.2.3　犠牲者の保護

　国際人道法の重要な内容の一つが，武力紛争の犠牲者の保護に関するルールで，傷病者の保護，捕虜の待遇，文民の保護がその主な内容です。

　第1に傷病者の保護に関しては，傷者及び病者とは，軍人であるか文民であるかを問わず，外傷・疾病などのために治療または看護を必要とし，かつ，いかなる敵対行為も差し控える者を言うとされます（第1追加議定書8条(a)）。**傷病者**はいずれの締約国に属するかを問わず保護され，人道的に取り扱われなくてはならず，実行可能な限り速やかに医療を受けさせる必要があります（第1追加議定書

図表 10-4　戦闘手段（兵器）の使用に関する規制

軍縮条約は兵器を個別具体的に規制しますが，軍縮条約の規制の対象となっていない兵器であっても，国際人道法上の一般的な規制に抵触するならば使用は禁止されます。

国際人道法上の規制の例	軍縮条約上の規制の例
過度の傷害・無用の苦痛を与える兵器の使用禁止	一部の通常兵器の使用禁止（対人地雷・クラスター弾等）
自然環境に対し広範，長期的かつ深刻な損害を与え，住民の健康や生存を害するような手段の使用禁止	化学兵器・生物兵器の使用禁止（核兵器については⇒10.5.3）

コラム 10-4 ● 原爆判決（東京地裁判決・1963 年 12 月 7 日）

　ICJ は，核兵器の使用の合法性について一般的には確定的な結論は導けないとしましたが，広島・長崎への米軍による原爆投下の違法性については，東京地方裁判所が違法性を認めた判決（原爆判決）があります。この事件は，被爆者である下田氏が原告の 1 人であることから，下田事件とも呼ばれています。同判決は，慣習国際法上，軍事目標主義が確立しており，無防守都市に対する無差別攻撃は禁止されていることから，広島・長崎への原爆投下は国際法上の違法な戦闘行為であるとしました。また，不要な苦痛を与える戦闘手段の禁止も慣習国際法化しており，広島・長崎に対する原爆投下はこの原則に反するとも，同判決は判示しました。この判決は，実際の戦闘において核兵器が使用されれば，国際人道法違反になる可能性が極めて高いことを示していると言えるでしょう。なお原告が，被告である国に対して，米国に代わって賠償責任を負うべきとした主張については，裁判所は個人が国に対してそのような請求はできないと判断しました。

10条1項，2項）。また医療を受けるにあたり，不必要な措置（身体の切断や人体実験等）は禁止されます（第1追加議定書11条1項，2項）。こうした医療を提供する赤十字などを含む医療組織，医療車両，病院船などは，常に尊重され，攻撃の対象としてはなりません（第1追加議定書12条1項，21条，23条1項）。

第2に捕虜の待遇に関しては，戦闘員の資格がある者が敵対する紛争当事者の権力内に陥った場合，捕虜の地位が与えられます（第1追加議定書44条1項）。捕虜の地位が与えられると，敵対行為の中での殺傷行為は国内法上の犯罪とはみなされないことになります。そして捕虜には，ジュネーヴ第3条約（捕虜待遇条約）の規定に基づいて人道的で差別的でない待遇を与えなければなりません（第1追加議定書45条1項）。なお傭兵は，捕虜となる権利を有しません（第1追加議定書47条1項）。

第3に文民の保護に関しては，軍事目標主義に基づき文民を攻撃対象としないことに加え，紛争当事者の権力内にある者に対する待遇に関するルールがあります。ここで言う紛争当事者の権力内にある者とは，武力紛争の一方の当事国の領域にいる他方の当事国の国民などを意味します。こうした人々（領域国からみれば外国人）は，自分が所在する領域国と自分たちの本国が敵対関係にあるため，本国の保護を受けられず，敵国民として厳しい立場に置かれますが，紛争当事者はそうした人々を人道的かつ無差別に取り扱い，殺人や拷問，個人の尊厳に対する侵害などを行ってはなりません（第1追加議定書75条1項，2項）。また文民保護のルールは，紛争当事国が占領した地域に所在する人々に関しても適用され，占領国は占領地域の文民たる住民の生存に不可欠な食料，医療用品，被服など必要な物資の供給を確保する義務があります（第1追加議定書69条）。

10.3 非国際的武力紛争と国際人道法

10.3.1 非国際的武力紛争とは何か

非国際的武力紛争とは，ジュネーヴ4条約（⇒10.1）共通3条によれば「国際的性質を有しない」すべての武力紛争です。他方で第2追加議定書1条1項は，より詳細に，1つの国家の領域内において，その国の軍隊と，一部領域を支配する反乱軍その他の組織された武装集団との間に生ずる武力紛争を非国際的武力紛

コラム 10-5 ● 総加入条項

　総加入条項とは，武力紛争法に関する条約に挿入されていた条項で，ある武力紛争において，すべての紛争当事国が当該条約の締約国でなければ，当該条約はいずれの紛争当事国間においても適用されないという条項のことです。

> 例：1907年陸戦法規慣例条約2条
> 　第1条ニ掲ゲタル規則及本条約ノ規則ハ，交戦国ガ悉ク本条約ノ当事者ナルトキニ限，締約国間ニノミ之ヲ適用ス。

　総加入条項が存在すると，例えば3か国が参戦する武力紛争において，2か国のみが条約の締約国である場合，非締約国だけでなく，締約国間でも条約の規定が適用されないことになってしまいます。このような条項が置かれたのは，条約非締約国も含めて，すべての紛争当事国間に同一の規則が適用されることにより，条約締約国が不利にならないようするためだとされます。しかし，総加入条項によって条約の適用機会が少なくなり，戦争犠牲者の保護などが不十分になる問題もあります。そのため，ジュネーヴ4条約や第1追加議定書は，総加入条項を排除し，武力紛争当事国の中に条約非締約国があったとしても，条約締約国間においては条約が適用されると規定しています。

総加入条項がある場合

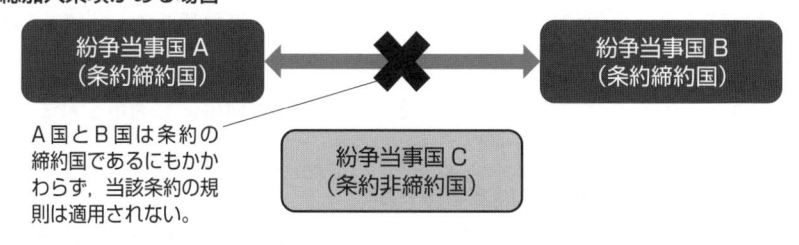

総加入条項がない場合

> 例：1949年ジュネーヴ4条約共通2条
> 　紛争当事国の一がこの条約の締約国でない場合にも，締約国たる諸国は，その相互の関係においては，この条約によって拘束されるものとする。

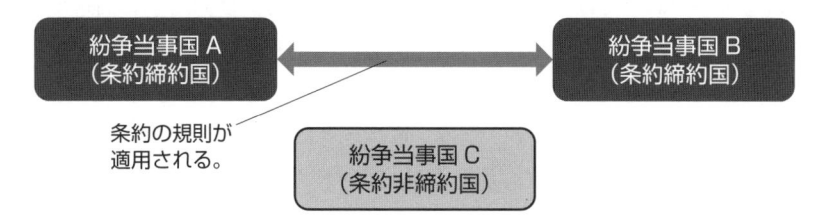

争と定義しています（コラム10-6）。なお武力紛争に該当するには問題となる事態に一定の烈度が必要とされ，暴動や散発的な暴力行為などの騒乱・緊張状態は，非国際的武力紛争にはなりません（第2追加議定書1条1項，2項）。したがって非国際的武力紛争は内戦のような状態を意味し，適用される国際人道法は，国際的武力紛争の場合と異なります。

　まず，国際的武力紛争の場合には紛争当事者の双方の戦闘員は捕虜となる資格があり，敵国に捕らえられた場合にも，敵対行為に参加したことを理由に国内法上の犯罪として処罰されることはありません。しかし，非国際的武力紛争の場合には，反乱軍その他の組織された武装集団の構成員には捕虜となる権利は保障されていないので，紛争発生地国の軍隊に捕らえられた場合は捕虜にはならず，敵対行為はその国の国内法上の犯罪として処罰されえます。

　また，非国際的武力紛争においても文民など敵対行為に参加しない人々には保護が与えられますが，第2追加議定書の規定は，国際的武力紛争に関する第1追加議定書と比べると一般的な内容にとどまります。これは，非国際的武力紛争に関する国際人道法の規定は，元々はジュネーヴ4条約の共通3条しかなかったことも反映しています。ただし，後述する化学兵器禁止条約など兵器の規制に関する条約は，非国際的武力紛争におけるそれらの兵器の使用にも適用されます。

10.3.2　非国際的武力紛争に関するルール

　敵対行為に直接参加しない者（武器を放棄した軍隊・武装集団の構成員や傷病者など戦闘外に置かれた者）は不利な差別を受けることなく人道的に取り扱われなければなりません（ジュネーヴ4条約共通3条）。具体的には，殺人や虐待の対象，人質にすることなどが禁止されます（第2追加議定書4条2項）。また，非国際的武力紛争においては捕虜の待遇規定がないものの，武力紛争に関連する理由で自由を奪われた者には，地域の文民たる住民と同程度に食料や飲料水を提供され，保健上及び衛生上の保護を与えなければなりません（第2追加議定書5条1項）。捕虜の地位が認められないため，敵対行為に参加した者は国内法上の犯罪者として訴追される可能性がありますが，独立性及び公平性を有する裁判所による裁判を経ることなく，刑罰を科されないことも定められています（第2追加議定書6条2項）。

コラム 10-6 ● 非国際的武力紛争の定義

　本文で説明しましたように，ジュネーヴ4条約共通3条と第2追加議定書とでは，非国際的武力紛争の定義が異なっています。第2追加議定書の定義は狭く，政府軍と反乱軍との間の戦闘のような従来型の内戦に限定されています（下図の①）。他方でジュネーヴ4条約共通3条は，非国際的武力紛争を「締約国の一の領域内に生ずる国際的性質を有しない武力紛争」と広く定義しているため，従来型の内戦に加え，組織的武装集団どうしの武力紛争（下図の②）や，外国の組織的武装集団が国境を越えて侵入し，締約国の政府軍や組織的武装集団との間で戦闘を行う場合（下図の③）も，同条の言う非国際的武力紛争に含まれると解釈されるようになっています。③の場合は，越境性はありますが，国家間の武力紛争ではないという意味で「国際的性質を有しない」ということになります。

① 従来型の内戦

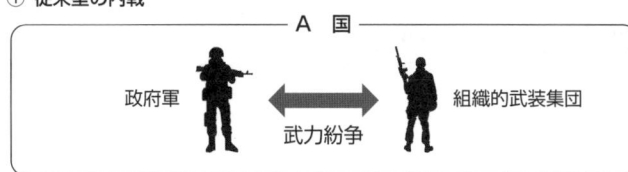

② 組織的武装集団どうしの領域内武力紛争

③ 一国の政府軍または組織的武装集団と他国の組織的武装集団との武力紛争

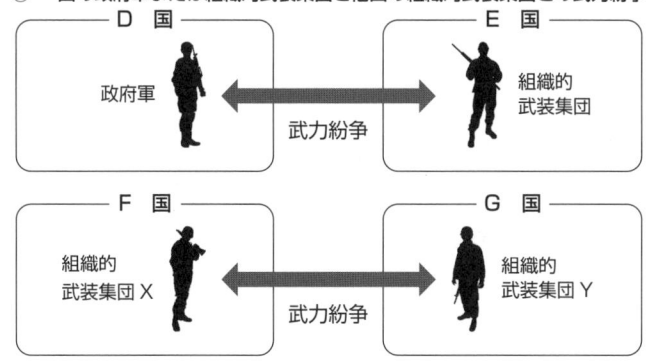

傷病者は，武力紛争に参加したか否かを問わず保護され，人道的に取り扱われなくてはならず，実行可能な限り速やかに，必要な医療上の看護及び手当を受けるとされます（第2追加議定書7条）。医療組織及び医療用輸送手段は保護され，攻撃の対象としてはなりません（第2追加議定書11条）。また，文民は敵対行為に直接参加していない限り保護を受け，攻撃の対象とすることは禁止されます（第2追加議定書13条）。その他，食糧生産のための農業地域や飲料水の供給施設などを，文民を飢餓の状態に置くことを目的として破壊することや，文民たる住民に重大な損失をもたらすようなダム，堤防，及び原子力発電所に対する攻撃も，行ってはなりません（第2追加議定書14条，15条）。

10.4　国際人道法の履行確保

10.4.1　戦時復仇

　国際人道法は，武力紛争といういわば極限状態において適用されるものであるため，どのようにしてその履行を確保するかは難しい問題です。かつては，敵が違反行為を行った場合（これを先行違法行為と言います）には，国際人道法の遵守を促す目的で，自らも敵に対して違反行為を行って対抗するという**戦時復仇**が，履行確保手段として広く認められていました。しかし，戦時復仇としての違反行為が，先行違法行為について責任ある軍隊との関係が薄い文民などに対して行われることは，人道的観点からは疑問が残ります。そのため現在では，傷病者，文民，民用物に対する復仇は禁止されています（第1追加議定書20条，51条6項，52条1項）。

10.4.2　利益保護国と赤十字国際委員会

　ジュネーヴ4条約と第1追加議定書では，**利益保護国**という制度が設けられました。利益保護国とは，国際人道法の履行について監視を行うため，紛争当事国が指定した国のことで，紛争当事国の利益を保護する義務を負います（第1追加議定書5条1項，2項）。ただし他方の紛争当事国が承諾しない場合は利益保護国として活動できないため，その場合には赤十字国際委員会が代理として活動することが認められます（第1追加議定書5条4項）。

　上述（コラム 10-2（193 頁））のように，戦争が国際法上禁止されていなかった時代には，国家は戦争に参加しない場合，交戦国との関係は中立法と呼ばれる国際法のルールによって規律されていました。中立国は，交戦国から領土を侵害されない権利を有する一方，国家として交戦国に対して軍事支援などをしてはならず（避止義務），自国領域を交戦国に利用させてはならず（防止義務），かつ，戦時国際法に従った交戦国の行為によって生じた自国・自国民への損害を容認しなければならない（黙認義務）とされました。また中立国には，いずれかの交戦国を差別することなく公平に扱わなければならない義務（公平義務）もありました。

　このような中立法は，戦争が禁止された現代国際法においても妥当するのでしょうか。現在の国連体制においては，加盟国間で武力紛争が発生し，安全保障理事会が国連憲章第 7 章の下で経済制裁や軍事的措置を決定した場合，そうした措置の対象となった加盟国（侵略国）に対して，他の加盟国には経済制裁や軍事的措置をとる義務が発生する（⇒9.3）ため，中立法の公平義務とはもはや両立しません。他方で，そのような安全保障理事会の決定がない場合に，武力紛争非当事国は中立の立場を選択することは妨げられないとも考えられます。ただし，現在の国際法では武力行使禁止原則（⇒9.2）が確立していますので，侵略国との関係で自動的に武力紛争非当事国の中立義務が生ずるわけではなく，被侵略国を軍事支援することは可能でしょう。

図表 10-5　国際人道法の履行確保方法

戦時復仇	敵国が違反行為を行った場合に，自らも違反行為を行って対抗する（現在では傷病者などに対する復仇は禁止）。
利益保護国	紛争当事国が指定した国家が，履行監視を行う（赤十字国際委員会が代理することもある）。
国際事実調査委員会	違反行為の事実について第三者委員会が調査する（ただし関係国が委員会の調査権限を受諾している場合に限る）。
国内裁判	ジュネーヴ 4 条約の重大な違反行為については，違反者の国籍を問わず，自国の裁判所において訴追するか他国に引き渡さなければならない。
国際裁判	安全保障理事会決議によって設立された旧ユーゴスラビア国際刑事裁判所のようなアドホックな裁判所と，ローマ規程によって設立された常設の国際刑事裁判所（ICC）がある（⇒8.5）。

10.4.3　国際事実調査委員会

第1追加議定書は，中立の個人15名で構成される国際事実調査委員会を設立しました（90条）。同委員会は，ジュネーヴ4条約と追加議定書の重大な違反行為について申し立てられた場合に事実を調査し，調査結果と勧告を紛争当事国に提出することができます。ただし，同委員会が調査することができるのは，同委員会の権限を受諾する宣言を行った締約国間での申立てに限られます。

10.4.4　国内裁判

ジュネーヴ4条約は，条約の重大な違反行為を行った者または行うことを命じた者に対する有効な刑罰を定めるために必要な国内法を制定し，かつ，その国内法に基づき，重大な違反行為を行いまたは行うことを命じた疑いがある者を，その国籍を問わずに，自国の裁判所において訴追するか他国に引き渡す義務を締約国に課しています（ジュネーヴ第1条約49条等）。これは，普遍主義に基づいて，自国の刑事管轄権を行使するか他国に引き渡す義務を課すものです。第1追加議定書は，同議定書の重大な違反について，ジュネーヴ4条約上の訴追または引渡しの義務が適用されることを確認しつつ，重大な違反行為の内容を詳細に規定しました（第1追加議定書85条）。

10.4.5　国際裁判

8.5で説明しましたように，旧ユーゴスラビア内戦とルワンダ内戦については，国際人道法の違反を裁くためにそれぞれ国連安全保障理事会が国際刑事裁判所を設立しました（1993年旧ユーゴスラビア国際刑事裁判所と1994年ルワンダ国際刑事裁判所）が，これらの裁判所は，事後的に設置されたもので，かつ特定の国や地域を対象としていたため，国際人道法の履行確保を一般的に実現するものではありませんでした。そこで1998年に国際刑事裁判所を設立するローマ規程が採択され，2002年に**国際刑事裁判所（ICC）**が設立されました（⇒8.5）。国際刑事裁判所が管轄権を持つ対象犯罪には，国際的武力紛争と非国際的武力紛争に関する国際人道法の重大なまたは著しい違反が含まれており，同裁判所の活動は国際人道法の履行確保に資するものですが，米国，ロシア，中国がローマ規程の締約国ではないなど，その実効性には限界もあります。

コラム 10-8 ● 赤十字国際委員会

　赤十字国際委員会（ICRC：International Committee of the Red Cross）は，1863 年に設立された非政府間国際組織（本部：スイス・ジュネーヴ）で，武力紛争時における傷病者，捕虜，文民の保護などを目的として活動しています。ICRC は捕虜や文民の収容所を訪問する権利が認められ，人道的な処遇を受けているかモニタリングすることができます（ジュネーヴ第 3 条約 126 条，第 4 条約 143 条）。また，捕虜や文民に対する援助物資の分配などについても，ICRC には特別の地位が認められています（ジュネーヴ第 3 条約 125 条，第 4 条約 142 条）。さらに ICRC は，国際人道法違反の予防のため，国際人道法の普及・教育活動も行っています。

ジュネーヴの赤十字国際委員会本部の外観
（写真）　ICRC/GASSMANN, THIERRY（2013 年 7 月 22 日）。

コラム 10-9 ● ロシアの国際人道法違反に関する訴追手続

　ロシアのウクライナ侵略に関しては，軍事目標主義に違反した文民・民用物への攻撃や捕虜の非人道的待遇など，多くの国際人道法違反の可能性が指摘されています。ウクライナの国内裁判所においては，既にロシア兵に対する裁判が行われているほか，ヨーロッパ諸国が捜査を開始したりウクライナと協力協定を結んだりするなどの動きをみせています。また国際刑事裁判所（ICC）においては，検察官が職権により捜査を開始するとともに，日本を含む多くの締約国がウクライナにおける事態を ICC に付託したため捜査を行っています。ウクライナとロシアは，ICC の設立根拠であるローマ規程の非締約国ですが，ウクライナは 2014 年 2 月 20 日以降の事態に関して2015 年に ICC の管轄権を受諾しており，ウクライナ領域内での ICC の対象犯罪については，ICC は管轄権を行使できます（**図表 8-8**（165 頁）も参照）。

10.5 軍縮と国際法

10.5.1 軍縮と兵器の規制

　軍縮とは，各国の軍備を縮小・削減することにより，国家間の軍事力の均衡を図るという意味で用いられることも多く，戦間期のロンドン海軍軍縮条約や第2次世界大戦後の米国・ソ連間での核軍縮交渉などはその一例です。他方で，無用な苦痛を与える兵器や大量破壊兵器については，主として人道的観点から，そもそも製造や保有，使用を一般的に禁止する国際的規制が実現していることもあり，これらの取り組みも軍縮として扱われます。そうした兵器の規制は，武力紛争時における戦闘手段の規制にもつながるため，国際人道法としての側面も持ちます。

10.5.2 通常兵器の規制

　通常兵器の規制は，古くは1868年のサンクトペテルブルク宣言（炸裂弾の禁止），1899年のダムダム弾禁止宣言，1907年の自動触発水雷禁止条約などがありますが，近年特に注目されたのが1997年に採択された**対人地雷禁止条約**です。同条約は，対人地雷の生産・保有・使用などを全面的に禁止し，すべての対人地雷を廃棄することを義務づけました（1条）。同様に，2008年に採択された**クラスター弾条約**も，クラスター弾（小型爆弾を大量に包含する爆弾）の生産・保有・使用などを禁止しました（1条）。また1980年に成立した**特定通常兵器使用禁止制限条約**は，過度に傷害を与えまたは無差別に効果を及ぼす恐れのある通常兵器の使用を禁止・制限することを目的とする条約で，同条約の5つの議定書が，検出不可能な破片を利用する兵器（第1議定書），地雷及びブービートラップ（改正第2議定書），焼夷兵器（第3議定書），失明をもたらすレーザー兵器（第4議定書），爆発性戦争残存物（第5議定書）について規制を行っています。このように通常兵器に対する国際法上の規制は進んでいますが，軍事大国である米国やロシア，中国は，対人地雷禁止条約とクラスター弾条約の締約国にはなっていません。

10.5.3 大量破壊兵器

　大量破壊兵器のうち，化学兵器と生物兵器に関しては，1925年の毒ガス等禁止議定書が，窒息性ガスや毒性ガスなどと，細菌学的戦争手段についてその使用

図表 10-6　米国・ロシア（ソ連）間の核軍縮交渉の概要

第1次戦略兵器制限条約 （SALT Ⅰ）	1972 年署名・発効	戦略核運搬手段を制限（アメリカ：ICBM-1054 基，SLBM-710 基，ソ連：ICBM-1618 基，SLBM-950 基）
第2次戦略兵器制限条約 （SALT Ⅱ）	1979 年署名 （ただし未発効）	各締約国は戦略核運搬手段（ICBM，SLBM，重爆撃機，ASBM）の総数を 2250 基へ削減
中距離核戦力全廃条約 （INF 条約）	1987 年署名・1988 年発効，2019 年失効	中距離核ミサイルの全廃
第1次戦略兵器削減条約 （START Ⅰ）	1991 年署名，1994 年発効，2009 年失効	戦略核弾頭数の上限を 6000 発，ICBM，SLBM や爆撃機など戦略核兵器の運搬手段の総計を 1600 機に削減
第2次戦略兵器削減条約 （START Ⅱ）	1993 年署名 （ただし未発効）	2003 年までに両国の核弾頭数を 3000-3500 発以下に削減
戦略攻撃能力削減条約 （モスクワ条約）	2002 年署名，2003 年発効，2011 年失効	2012 年までの 10 年間で，米ロの戦略核弾頭を各々 1700〜2200 発に削減
新戦略兵器削減条約 （新 START）	2010 年署名，2011 年発効（ロシアは 2023 年に履行停止表明）	実戦配備される戦略核弾頭を米ロそれぞれ 1550 発に制限

※2024 年 11 月時点

図表 10-7　核兵器関連条約の比較

	核兵器不拡散条約	核兵器禁止条約	部分的核実験 禁止条約	包括的核実験 禁止条約
主な 規定内容	非核兵器国による核兵器の保有禁止 核兵器国の核軍縮交渉義務	すべての締約国の核兵器保有禁止 自国領域に他国の核兵器の配備を認めない義務	大気圏内，宇宙空間，領水・公海を含む水中における核実験の禁止	すべての核実験の禁止
発効年	1970 年	2021 年	1963 年	未発効
当事国数	192 か国	51 か国	125 か国	（批准国は 168 か国）
主な 非当事国	イスラエル インド パキスタン	米国，中国，ロシアを含む核兵器保有国	中国 フランス	未署名国 （インド・パキスタン・北朝鮮） 署名済みだが未批准国 （イスラエル・イラン・中国・米国）

※2024 年 11 月時点。

を禁止していました。1972年には**生物毒素兵器禁止条約**が作成され，生物兵器の生産・保有などを禁止し（1条），さらに1993年には**化学兵器禁止条約**が成立し，化学兵器の生産・保有・使用などが禁止されました（1条）。化学兵器禁止条約は，条約義務の履行確保を図るために化学兵器禁止機関（OPCW）を設置し（8条），同機関が締約国に対する検証活動を行う点に特徴があります。生物毒素兵器禁止条約と化学兵器禁止条約には非常に多くの国が締約国となっており，米国，ロシア及び中国も両条約の締約国です。

　核兵器に関しては，1968年に**核兵器不拡散条約**が採択され，核兵器非保有国が核兵器を保有してはならない義務を課しましたが（2条），もともと核兵器を保有していた国には拡散防止義務を課すだけで（1条），その廃棄義務は定められず，核軍縮交渉を誠実に行うことを義務づけました（6条）。しかし，その後も核兵器の廃絶に向けた核兵器保有国間の交渉は，十分には進展していません（米国とロシア（ソ連）との間の交渉については図表10-6（209頁））。

　2017年には核兵器の生産・保有・使用などを全面的に禁止する核兵器禁止条約が採択され，2021年に発効しましたが，核兵器保有国や核兵器の保有が疑われる国は締約国となっていない状況です。なお核実験に関しては，1963年に**部分的核実験禁止条約**が発効し，大気圏内・宇宙空間・水中における核実験が禁止されましたが（1条），地下核実験は禁止されておらず，また，核兵器保有国である中国とフランスが締約国になっていません。1996年には，地下核実験をも禁止する**包括的核実験禁止条約**が採択されましたが，同条約の発効には核兵器保有国を含む44か国の批准が必要と定められており（14条），米国，中国，北朝鮮などが批准しておらず，発効の見込みは立っていません（図表10-7（209頁））。

国家・国際組織

　第1章では，国際法の主体は基本的には国家であるけれども，そもそも国際法上の国家とは何か，あるいは，国家はどのように成立するのかといった総論的な問題は本書の後半で詳しく扱うとしていました。そこで本章では，国家の成立要件や国家承認などについて解説します。また，国家に関わるその他の問題として，国家免除や国家承継に関するルールも扱います。そして，国家と並んで国際法の主体として重要な国際組織に関しても，主に国連に焦点を当てて説明します。

11.1 国 家

11.1.1 国際法の主体としての国家

　第1章で概説しましたように，国際法の主体は，基本的には国家です。国家の権利及び義務に関する条約（モンテビデオ条約）（1933年）1条は，ある集団が国際法上の国家となるためには，永続的住民・明確な領域・政府・他国と関係を取り結ぶ能力という4つの要件を満たさなければならないと規定しています。同条約は，米国，メキシコ，ブラジルなどの米州地域の国々だけが当事国となっている条約ですが，1条の規定内容は慣習国際法を反映していると考えられています。永続的住民とは，国家の領域内に居住する人々のことで，人口が少なくとも構いません。明確な領域は，国家が主権を行使する領土（及び領水・領空）のことで，面積の広さは問題とならず，また，国境に一部不確定な箇所があってもこの要件は満たされるとされます。政府は，その領域を実効的に統治できるものである必要があります。他国と関係を取り結ぶ能力とは，対外的に独立して，外交を行いうることを意味しますので，独立という要件と言い換えることもできます（コラム11-1）。

　以上の要件を満たした集団は，国家として成立し国際法の主体となります（後述の国家承認に関する宣言的効果説も参照（⇒11.1.2））。例えば，植民地地域の人民が**自決権**を行使して旧宗主国から独立を果たすような場合です（コラム11-2）。また，もともと存在していた国家が分裂して，各地域に実効的な政府が樹立されて新しい国家が複数成立することもあります。この場合，旧国家に関しては全領域を統治する政府が存在しなくなるため，国家の要件を満たさなくなり，旧国家は消滅することになります。

11.1.2 国家承認

　国家承認とは，既に存在する国家が，自らを国家であると主張する集団を国際法上の国家として認めることを言います。ただし，現在国際社会には約200の国家がありますので，ある集団に対して国家承認を与えるか否かについて，すべての国の意見が一致するとは限りません。もしXという集団に対して，A国は国家承認を与え，B国は国家承認を与えなかった場合，Xは国際法上の国家になるの

コラム 11-1 ● 国家の成立要件と自称「国家」

　ある国家の領域内に，「国家」であることを自称する集団が現れた場合，それが国際法上の国家の成立要件を満たしているか否かが問題となります，例えば，ウクライナの一部であるドネツク州やルハンスク州において，親ロシア派武装勢力が一方的に「国家」を自称し，ロシアは，2022 年 9 月 30 日にこれらの自称「国家」と「条約」を締結してロシアに「編入」すると主張しました。しかしこれらの自称「国家」は，武力を背景としたロシアの完全な影響下にあったため，少なくとも独立という国際法上の国家の成立要件を満たしていないと考えられます。したがって，ロシアがこれらの自称「国家」と締結したと主張する「編入条約」は，国家間の合意ではなく，国際法上の条約ではないので何ら法的有効性はありません。

コラム 11-2 ● 自 決 権

　自決権に関しては，もともと国連憲章 1 条 2 項が，「人民の自決の原則」の尊重を国連の目的と定めていましたが，1960 年の植民地独立付与宣言（国連総会決議 15/1514）が，自決権とは，人民がその政治的地位を自由に決定できる権利だとしました。人民（peoples）の明確な定義はありませんが，植民地支配，人種差別体制，及び外国による支配の下にある人々は該当すると考えられます（侵略の定義に関する決議（国連総会決議 29/3314）7 条）。また，ここで言う政治的地位の決定とは，人民が国家として独立するか否かの決定を含みますので，人民が自決権を行使し，国家として独立することを選択すれば，新たな国家が成立します。1960 年代以降，アジア・アフリカにおいて多くの独立国が誕生しましたが，それは自決権行使（後述の「外的自決」に相当します）の結果でした。それでは，上述のような植民地支配，人種差別体制，または，外国による支配の下に人民が置かれている場合以外に，自決権の行使が認められるケースはあるのでしょうか。この点が問題となったのが，ケベック州のカナダからの分離・独立が問題となったケベック分離事件です。同事件においてカナダ連邦最高裁判所は，自決の概念を，内的自決（人民が存在する国家の内部において，その国家の政治体制に従って自らの政治的，経済的，社会的及び文化的発展を追求すること）と外的自決（人民が既存の国家から政治的独立を達成すること）とに区別したうえで，植民地支配と外国による支配の下にある人民は外的自決の権利を行使できることは明らかだとしました。他方で同裁判所は，これら以外の場合にも，内的自決が妨げられている場合には外的自決の権利が認められるとの主張もあるが，この点に関する国際法は不明確であり，仮にそのような外的自決の権利行使が認められるとしても，カナダにおいては内的自決が確保されているので，ケベック州が一方的に分離する権利は国際法上認められないと判断しました（カナダ連邦最高裁勧告的意見（1998 年））。

ケベック州の位置

（出所）©Sémhur/Wikimedia Commons。

でしょうか。このような問題が存在するため，国家承認の効果に関しては，創設的効果説と宣言的効果説という2つの考え方があります。

創設的効果説とは，ある集団は既存国家から国家承認されて初めて国際法上の国家として成立するという立場です。同説によれば，国家承認を受けていない集団は事実上の存在に過ぎず，国際法主体性は認められませんので，既存国家と未承認の「国家」との間には，国際法上の関係は生じないことになります。他方で**宣言的効果説**とは，既存国家による国家承認は，国家の4要件を客観的に満たした新国家の成立を確認し宣言するものに過ぎないとする立場です。同説によれば，国家承認されていない集団であっても，国家の4要件を客観的に満たしていれば国際法主体となるとされますので，新国家と，この新国家に対して国家承認を与えていない既存国家との間にも，国際法は適用されることになります。それでは，この2つの説はどちらが妥当なのでしょうか。

創設的効果説は，19世紀の国家承認が，非ヨーロッパ諸国を国際法上の国家としてヨーロッパ諸国が認める手続としての意味を持っていたことが背景にあります。当時のヨーロッパ諸国は，ヨーロッパと同じ「文明国」のみが国際法上の国家になることができるとの立場をとっていました。そのため，国家承認により「文明国」と認められた国とヨーロッパ諸国との間には，国際法が適用されますが，「文明国」ではない集団には国家としての権利を認めないことになり，無主地として先占の対象にもなりえたのです（植民地化）。

しかし，この考え方は時代の変化とともに支持されなくなっていきました。20世紀には，植民地の「人民」の自決権が国際法上認められ，自決権の行使の結果として，アジアやアフリカで多くの国家が独立を果たしましたが，そこではもはやヨーロッパ諸国と同じ「文明国」であるかどうかは問題となりません。また，創設的効果説を前提とすると，前述のように，ある集団が国家の4要件を満たしているとしても，国家承認を与えた既存国家との間には国際法が適用され，国家承認を与えない既存国家との間には国際法が適用されないことになります。後者の場合に，既存国家が，国際法の不適用を理由として未承認の集団に対して武力行使を行っても違法とはならないとすれば，それは明らかに不合理な結論でしょう。そのため，現在では基本的には宣言的効果説が妥当であり，国家としての4要件を満たせば新国家は客観的に成立し，既存国家との間に国際法が適用さ

コラム 11-3 ● 国家変動のパターン

　国家の成立や消滅により，既存の国家が変動する場合，いくつかのパターンに分類することができます。①分離とは，既存の国家の一部領域が独立して新国家が成立する場合です。植民地が旧宗主国から分離することを，特に「独立」ということもあります。②分裂とは，既存の国家が複数の国家に分かれることで，既存の国家は消滅し，新たに複数の新国家が成立します。③編入または吸収合併とは，ある国が別の国の領域の一部になることで，前者の国は消滅します。なお武力により他国を編入することを併合と呼ぶこともあります。④結合とは，複数の国が 1 つの国に統合することです。この場合，結合前に存在していた複数の国は消滅し，1 つの新国家が成立します。

① 分　離——例：2011 年にスーダンから南スーダンが分離。

＊A 国の一部領域が，B 国として成立する。

② 分　裂——例：1993 年にチェコスロバキアが，チェコとスロバキアに分裂。

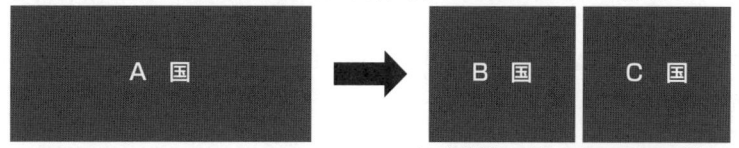

＊A 国は消滅し，新たに B 国と C 国が成立する。

③ 編入（吸収合併）——例：1990 年に西ドイツ（ドイツ連邦共和国）が東ドイツを編入。

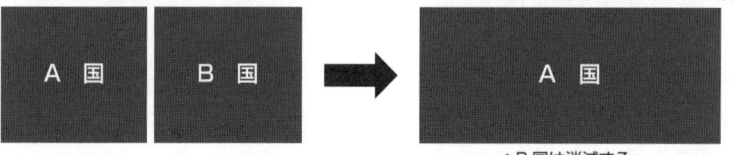

＊B 国は消滅する。

④ 結　合——例：1964 年にタンガニーカとザンジバルが結合し，タンザニアが成立。

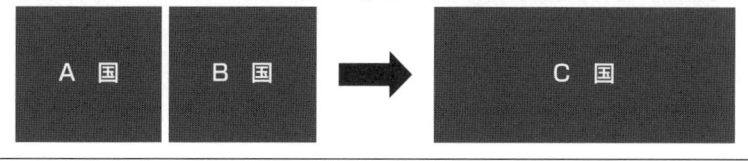

れると考えられます。

　それでは，国家承認はもはや意味はなくなったのでしょうか。この点について
は，第1に，国家承認を行う国と国家承認を受ける国との間では，外交関係
（⇒13.1，13.2）を開設することが多く，二国間での条約の締結にもつながるなど
の実質的な効果はあると言えるでしょう。例えば，日本は北朝鮮を国家承認して
おらず，両国間には外交関係もありません（コラム11-5）。第2に，国家承認を
行わないことが，一定の意味を持つことがありうると指摘されています。例えば，
国際法に違反するアパルトヘイト政策をとる白人政権が1965年に一方的独立宣
言をした「南ローデシア」に対しては，国連の安全保障理事会が国連加盟国に対
して承認を与えないよう要請しました（その後，同領域には多民族主義政権のジ
ンバブエ共和国が成立し，各国は国家承認をしました）。また，シリアやイラク
の領域内において一時期事実上の支配地域を拡大していた通称「イスラム国」に
は，各国は国家承認を与えませんでした。これらの事例は，**不承認主義**と呼ばれ
る立場が現れたものと考えられ，侵略や基本的人権の重大な侵害などを行い国際
法遵守の意思のない集団を国際法上の国家としては成立させない効果があるよう
にもみえます。このようなことから，国家承認の意義は，基本的には宣言的効果
説に基づいて理解することができますが，創設的な効果が部分的にあるとの指摘
もみられます。

11.1.3　政府承認

　国家承認と混同されやすいものとして，**政府承認**という概念があります。政府
承認とは，ある国家の内部において，その国の国内法上の手続に基づかずに実効
支配する政府が変更した場合に，新しい政府が同国を代表する政府であるとして，
他国が承認を与えることを言います。そのため，国内法に従って合法的に政権交
代が行われる場合には，政府承認は行われませんが，クーデターなどによる非合
法的な政権交代の場合に，他国が新政府に対して政府承認を与えるか否かが問題
となりえます。また，政府承認は既存国家内部における政府の代表性に関するも
のですので，当該国家の同一性（国際法上の国家としての地位）には影響はあり
ません。

　いかなる場合に政府承認が与えられるかについては，おおまかに分けて**事実主**

コラム 11-4 ● 尚早の承認

国家の成立要件を満たしていない集団に対して国家承認を与える行為を，尚早の承認と呼びます。尚早の承認は，承認の対象となった集団（武装勢力等）が領域内に存在する国家に対する干渉行為として，国際法違反になることがあります。例えば，ロシアがウクライナの一部であるルハンシク州やドネツク州における自称共和国に対して国家承認を与えたことは，尚早の承認で，ウクライナに対する干渉であり，違法だと考えられます。

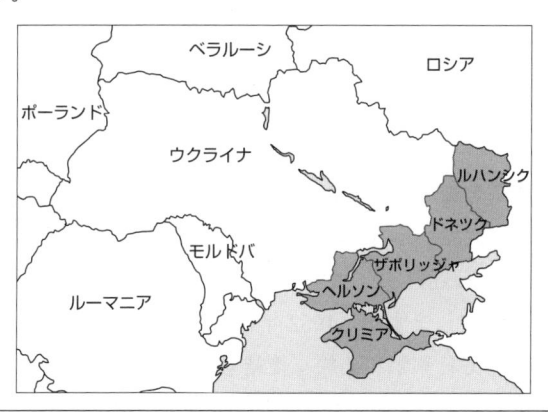

コラム 11-5 ● 未承認国家

国家を称する集団に対して，既存の国家が国家承認を与えない場合，その集団は未承認国家と呼ばれます。現在では宣言的効果説が通説ですので，国家の要件を客観的に満たせば，ある集団は国家として成立し，少なくとも慣習国際法上の基本的な権利義務（領土保全や武力行使禁止等）を有することになります。他方で，既存の国家が当事国である多数国間条約に，未承認国家も当事国となった場合には，既存の国家は，未承認国家との間での条約上の権利義務関係が発生することを拒否することができるとされます。例えば日本が当事国であった文学的及び美術的著作物の保護に関するベルヌ条約（1886 年）に，北朝鮮は後から当事国となりましたが，日本の最高裁は，同条約が普遍的価値を有する一般国際法上の義務を課するものではないため，日本は北朝鮮との間でベルヌ条約上の権利義務関係を発生させるか否か選択することができるとし，日本と北朝鮮との間では同条約上の権利義務関係は発生していないと判示しました（最高裁第 1 小法廷判決・2011 年 12 月 8 日）。

義と正統主義という考え方の違いがあります。事実主義と呼ばれる立場からは，政府はその国家領域内において実効的支配を確立するという事実によって当該国家を代表することになり，政府承認の要件が満たされるとされます。他方で，正統主義と呼ばれる立場によれば，人民による支持や基本的人権の尊重などが，新政府を承認するためには必要であるとされ，そうした要素を欠く政府に対しては，他国は政府承認を与えてはならないとされます。1991 年にクーデターで誕生したハイチの軍事政権に対しては，国連総会が同政権を承認しないよう決議しました。ただし，民意を反映しない軍事クーデターの場合に不承認とする方針が国際社会で貫かれているわけではなく，政府承認を与えるか否かは，政治的な考慮に左右されているのが実態です。

　政府承認が行われると，政府承認を行った国の政府と，承認を与えられた政府との間で，外交関係を維持することや条約を締結することにつながります。例えば中国に関しては，大陸部分（一般に「中国」と呼ばれる地域）を支配する中華人民共和国政府（北京政府）と，台湾島及びその周辺島嶼を支配する中華民国政府（台北政府）が存在しますが，1952 年に日本は，中華民国政府が中国を代表する政府であるとして日華平和条約を締結しました。しかしその後 1972 年には，日本は日中共同声明により中華人民共和国政府が中国の唯一の合法政府であることを承認するとともに，中華人民共和国政府と日中平和友好条約を締結しています。その結果，中華民国政府との間で結んだ日華平和条約は失効しました。これは，「中国」という 1 つの国家の中に 2 つの政府が存在するとみなしたうえでの政府承認の切り替えと考えられます。ただし，中華民国政府はその後も台湾を実効支配しており，その国際法上の地位が問題となりえます（コラム 11-7）。

11.1.4　国家免除

　第 1 章で説明しましたように，国際法上，国家には主権があるとされますが，主権平等や他国の主権を尊重することの一つの現れとして，**国家免除**という国際法の制度があります。これは，国家やその国有財産は他国の裁判権などの国家管轄権に服さないというもので，**主権免除**や**裁判権免除**とも呼ばれます。具体的には，A 国の国民である X と B 国との間に A 国内で締結した契約上の紛争が生じた場合に，X が B 国を A 国の裁判所に提訴したとき，B 国は A 国裁判所による

コラム 11-6 ● 集合的不承認

　11.1.2 で述べた南ローデシアの例のように，国連安全保障理事会のような国際組織が，ある集団に対して承認を与えないよう既存の国家に求めることを集合的不承認と言います。安全保障理事会の決定は法的拘束力がありますので，もし同理事会が集合的不承認を決定すれば，国連加盟国は問題となっている集団に対して国家承認を与えてはならない義務を負います。さらに，集合的不承認には問題となっている集団を国際法上の国家として成立させない効果があるとの学説もあります。国家の成立要件（永続的住民，明確な領域，政府，他国と関係を取り結ぶ能力）を客観的に満たしているとしても，違法な武力行使や重大な人権侵害の結果成立した「国家」に対して集合的不承認が行われると，そもそも国家としての成立が否認されるとの立場です。このような考え方によれば，集合的不承認には国家を「創造させない」という逆の意味で，創設的効果があると言えます。

コラム 11-7 ● 台湾の法的地位

　日本は，1972 年に中国に関して政府承認を切り替えたわけですが，これは中華人民共和国政府も中華民国政府も，中国は 1 つの国家であるとの立場をとっていることを背景としています。台湾のいわゆる「独立派」は，台湾を独立国家としようとする立場ですが，少なくとも中華民国政府はこれまでのところそのような主張はしていません。そうすると，国家の要件を満たしているかのようにみえる台湾は，どのような法的地位を有するのでしょうか。国家承認や政府承認を広く得ていないものの，一定の領域を安定的・持続的に統治している政治的実体は「事実上の統治体（de facto regime）」と呼ばれ，国際法上の一定の地位を認められる可能性があります。そうしますと，台湾においては中華民国政府が 1949 年以降安定的・持続的に統治を続けており，事実上の統治体に該当すると言えるでしょう。また台湾は，外交関係に準ずる交流関係を多くの国と維持しており，日本と台湾の関係においても，「日本台湾交流協会」という組織が，日本政府との緊密な連携の下，外交関係のない台湾との間の実務関係を処理するための各種業務を行っています。

裁判から免除される（A 国裁判所は B 国を裁くことができない）ことが，国家免除の一例です（図表 11-1）。国家主権の絶対性が重視されていた時代には，**絶対免除主義**という立場が支配的で，ごく限られた例外的な場合を除いて外国国家は国内裁判所で免除を享有するとされていました（スクーナー船エクスチェンジ号事件米国最高裁判決（1812 年））。

しかし，国家が自ら経済的活動を行うことが増えていく中で，原則として国家免除を与えることの合理性が失われていき，現在では**制限免除主義（相対免除主義）** が妥当するようになりました。未発効ではあるものの，国連国家免除条約（2004 年）も制限免除主義を採用しています（10 条）。制限免除主義によれば，国家免除が与えられるのは**主権的行為**のみであり，**商業的行為（業務管理行為）** には国家免除は与えられません。何が主権的行為に該当し，何が商業的行為に該当するかを判断する基準として，行為の性質に着目して判断すべきとする行為性質説と，行為の目的に基づいて判断すべきとの行為目的説がありますが，国連国家免除条約は，商業的行為か否かの判断は主として契約や取引の性質を考慮すべきとしつつ，その目的も考慮しうるとの折衷的規定を置きました（2 条 2 項）。日本もかつては絶対免除主義の立場をとっていましたが（松山事件大審院決定（1928 年 12 月 28 日）），現在では制限免除主義に変わり，外国軍隊の行為は主権的行為だとして裁判権からの免除を認める一方で（横田基地夜間飛行差止等請求事件最高裁判決（2002 年 4 月 12 日）），外国国家の民生品の調達行為は商業的行為だとして国家免除を認めていません（パキスタン貸金請求事件最高裁判決（2006 年 7 月 21 日））。なお，主権的行為であっても国際法の強行規範に反する行為は，国家免除の対象とならないとの国内裁判所の判決が近年みられます（フェッリーニ事件イタリア破毀院判決（2004 年 3 月 11 日）等）が，国際司法裁判所は，武力紛争時の外国国家の軍事行動に対しては国家免除が与えられるとの判断を示しています（国家の裁判権免除事件 ICJ 判決（2012 年））。

11.1.5 国家承継

国家承継とは，問題となる領域の国際関係上の責任が，ある国家から別の国家にかわることを言います。このとき，当該領域を元々統治していた国家を**先行国**，新たに統治することとなった国家を**承継国**と呼びます。例えば，既存の国家（先

図表 11-1　国家免除が問題になる例

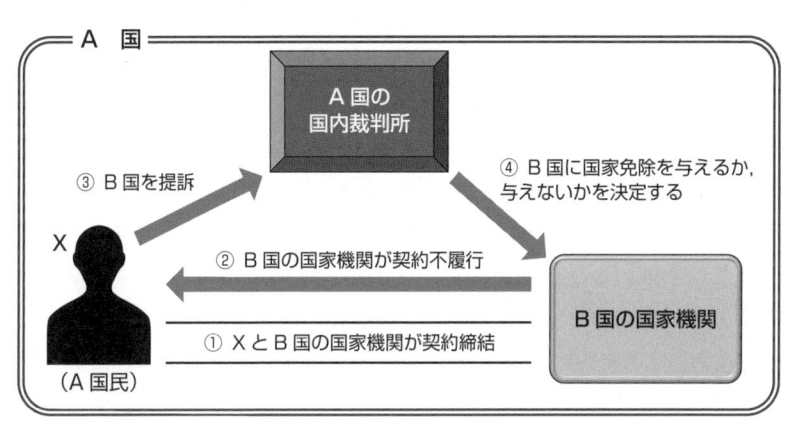

※④において，A国の国内裁判所がB国に国家免除を与える場合，裁判権は行使されません。ただし，制限免除主義に基づき，B国に国家免除を与えないと決定する場合には，A国の裁判所は裁判権を行使します。

図表 11-2　絶対免除主義と制限免除主義

かつての通説

> **絶対免除主義**
> 国家やその国有財産は，ごく限られた例外的な場合を除いて，他国の裁判権に服さない。

現在の通説

> **制限免除主義**
> 国家やその国有財産は，主権的行為に関する場合には，他国の裁判権に服さないが，商業的行為に関する場合は，他国の裁判権に服する。
> 　　　→ 主権的行為と商業的行為は，行為の性質及び目的に着目して区別する。

行国）が分裂して，新しい国家（承継国）が成立した場合には，先行国が有していた国際法上の権利義務や財産を承継国が引き継ぎます。また，領土の割譲などにより先行国の一部の領域が承継国の領域となる場合にも，当該領域に関する国際法上の権利義務や財産が先行国から承継国へどのように承継されるが問題となりえます。国際法委員会（ILC）（⇒12.3.3）は，国家承継に関する法典化作業を行い，1978年には条約国家承継条約，1983年には国家財産等国家承継条約が採択されました。両条約は，旧植民地（従属地域）が先行国から独立し，承継国となった場合を「**新独立国**」と定義し，承継国が新独立国である場合と，そうでない場合とを分けて様々なルールを定めています。例えば条約に関しては，先行国の一部が分離して承継国となる場合には，先行国が締結していた条約は承継国の領域に関して引き続き効力を有するとされ，条約関係の安定性（継続性）が重視されますが（条約国家承継条約34条1項），承継国が新独立国である場合には，国家承継の日にその領域に関して効力を有していた条約であっても，当該条約の効力を維持する義務を負わないとされています（同条約16条）（**図表11-3**）。このように先行国と新独立国との継続性を否定する規範を，**クリーンスレート原則**と呼びます。

　しかし，条約国家承継条約は発効したものの当事国数が非常に少なく，国家財産等国家承継条約は未発効にとどまっています。両条約を批准した国家が少ないのは，両条約の諸規定に関しては慣習国際法のルールを明文化したものよりも，漸進的発達（⇒12.3.3）に該当するものが多いことが，理由の一つとされています。そのため，実際の国家承継は国家間の合意などに基づいてケースバイケースで行われることが多く，慣習国際法として確立しているのは，先行国が締結していた領域関連条約により確立された国境の尊重義務などに限られると考えられます（同条約11条）。

11.2　国 際 組 織

11.2.1　国際法の主体としての国際組織

　国際法上，**国際組織**（international organization）とは，国家によって設立された国家間組織（政府間国際組織）のことで，企業や私人によって設立された非政府間国際組織は含みません。19世紀以降，国境を越える問題に対して複数の

図表 11-3　条約の国家承継の例

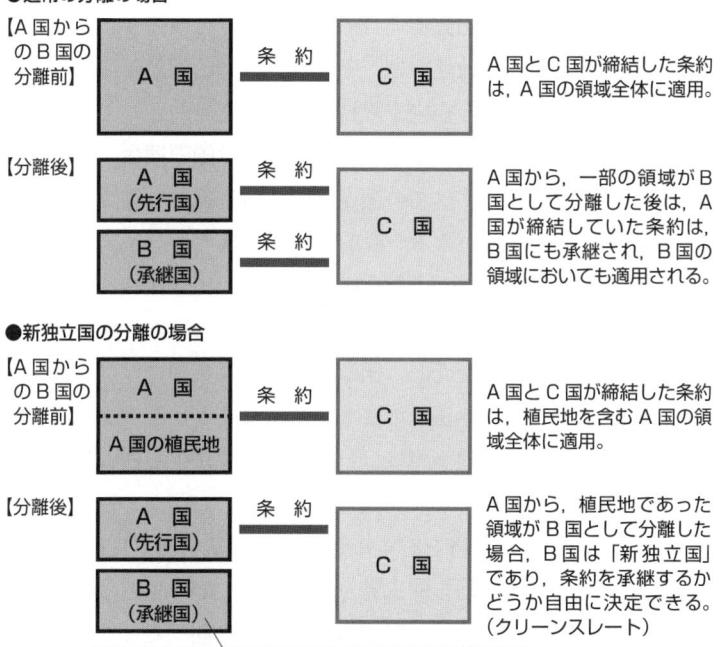

●通常の分離の場合

【A国からのB国の分離前】 A国 ──条約── C国　A国とC国が締結した条約は，A国の領域全体に適用。

【分離後】 A国（先行国）──条約── C国／B国（承継国）──条約── C国　A国から，一部の領域がB国として分離した後は，A国が締結していた条約は，B国にも承継され，B国の領域においても適用される。

●新独立国の分離の場合

【A国からのB国の分離前】 A国／A国の植民地 ──条約── C国　A国とC国が締結した条約は，植民地を含むA国の領域全体に適用。

【分離後】 A国（先行国）──条約── C国／B国（承継国）　A国から，植民地であった領域がB国として分離した場合，B国は「新独立国」であり，条約を承継するかどうか自由に決定できる。（クリーンスレート）

B国は新独立国であるため，条約を承継する義務はない

コラム 11-8 ● 国連加盟国の地位の承継

　先行国が国連に加盟していた場合，その地位は承継国にどのように引き継がれるのでしょうか。国連憲章には，この点に関する明文規定はありませんが，慣行としては，承継国が先行国から分離した場合には，当該承継国は先行国の国連加盟国の地位を引き継がず，新たに国連に加盟申請することになります。例えば，旧植民地地域であった新独立国は，すべて国連に新規加盟しました。また，旧ソ連が解体した際には，旧ソ連構成国の多くが国連に新規加盟しましたが，ロシアは，旧ソ連の国連加盟国としての地位を承継すると主張し，認められました。そのためロシアは，旧ソ連の安全保障理事会常任理事国としての地位も引き継いだのです。

　他方で，先行国が分裂する場合の慣行は，すべての承継国が国連に新規加盟するというものです。例えば，旧ユーゴスラビアの解体時には，旧ユーゴスラビアを構成していたすべての承継国が国連の新規加盟国となりました。

国々が協力するために，国際組織は設立されてきました。初期の国際組織としては，ヨーロッパの国際河川を管理するための国際河川委員会があり，19世紀後半には，国際通信に関する万国電信連合（現在の国際電気通信連合）や郵便に関する一般郵便連合（現在の万国郵便連合）などの国際行政連合と呼ばれる国際組織が設立されました。国際行政連合は，その後，専門的国際組織として発展していきます。また，国際の平和と安定を維持することを目的として，第1次世界大戦後には国際連盟が設立され，第2次世界大戦後には**国際連合（国連）**が発足しました。国連は，世界のほぼすべての国が加盟する普遍的な国際組織であるとともに，あらゆる国際問題を扱いうる一般的な国際組織でもあります（**コラム11-9**）。

　このように現在では国際組織が多数存在しますが，国際組織は，国家の意思によって設立され，国際法の主体となります。そのような国家の意思が示された条約を，**設立条約**と呼びます。ただし，国際組織の設立条約には，当該国際組織が国際法の主体であること（国際法上の法人格を持つこと）を明文で規定していないこともあります。例えば国連憲章には，国連が国際法上の法人格を持つか否かについて明文の規定はありませんが，国連憲章が定めた国連の性質・機能を考慮すれば国連は国際法上の法人格を有すると国際司法裁判所（ICJ）は判断しています（国連損害賠償事件 ICJ 勧告的意見（1949年）（**資料11-1**（227頁）)。なお，ある国際組織の法主体性が，当該国際組織を設立した国々だけでなく，第三国との関係においても認められるのか否かは問題となりえます。ICJ は，国際社会の大多数の国が加盟する国連は，客観的な国際法人格を有し，非加盟国との関係においても法主体性を持つとの考え方を示しました（同勧告的意見）。この立場からは，第三国が当該国際組織の法人格を承認するか否かは，その法主体性の有無には影響を与えないことになります。

11.2.2　国際組織の権利義務

　国際組織が国際法上の法主体であることには現在では異論はありませんが，国際組織に主権はなく，領域も有しませんので，国家と同じような権利義務が国際組織に属するわけではありません。上述のように，国際組織の法主体性は設立する国家の意思に依存しており，その任務の遂行に必要な範囲での権利が与えられ，義務を負うにとどまります。なお設立条約に明示されていなくとも，国際組織の

　現在，様々な国際組織が存在しますが，加入資格が世界のいずれの国家にも認められるか否かを基準として学問上分類することがあります。世界のどの国家も加入できる国際組織を普遍的国際組織，いずれかの地域の国家しか加入できない国際組織を地域的国際組織と言います。また，国際組織の活動目的・任務が一般的か否かを基準として分類する方法もあります。活動目的・任務が一般的な場合は一般的国際組織，活動目的・任務が特定的な場合は専門的国際組織と言われます。この２つの分類方法を組み合わせると，例えば国連は，世界のどの国家も加入でき，かつ，活動目的・任務が一般的であるため，普遍的国際組織でもあり一般的国際組織でもあります。また，世界保健機関（WHO）は，普遍的国際組織ではありますが，活動目的・任務が人々の健康の増進等に限られ特定的であるため，専門的国際組織だということになります。このような観点から，国際組織を分類すると下記の表のように整理できます。

	普遍的国際組織	地域的国際組織
一般的国際組織	国連	米州機構（OAS） アフリカ連合（AU）等
専門的国際組織	国際労働機関（ILO） 国際通貨基金（IMF） 世界保健機関（WHO）等	北大西洋条約機構（NATO） アジア開発銀行（ADB）等

　なお本書では，international organization を意味する日本語として「国際組織」という用語を使っています。本書を含め最近の国際法学では「国際組織」ということが多くなっていますが，その他に「国際機関」や「国際機構」という訳語を用いる場合もあります。これは organization にあてる訳語が異なるからで，日本が締結した条約の条文において international organization という用語が出てきた場合には政府公定訳では「国際機関」ですし，国際法の教科書の中には「国際機構」という用語を使うものもあります。具体的な国際組織の名称に含まれる organization の訳については，日本が加盟している国際組織（世界保健機関（WHO）や国際労働機関（ILO）など）は政府公定訳に基づき organization は「機関」となっていますが，日本が加盟していない地域的国際組織（米州機構（OAS）や北大西洋条約機構（NATO）など）に関しては，「機構」が慣用的に使われることもあります。

目的や任務に照らして必要な権限については，**黙示的権限**として国際組織は有するとされています（国連損害賠償事件 ICJ 勧告的意見（1949 年）（資料 11–1））。

　国際組織の国際法上の権利として一般的に認められるものの一つは，条約締結権です。国際組織は，国家との間，または，他の国際組織との間で，条約を結ぶことができるとされます（国際組織条約法条約 1 条）（図表 11–4）。国際組織と国家との間の条約の例としては，国連と米国との間で締結された国連本部協定（1947 年）があり，同協定はニューヨークにある国連本部に関する国連の特権や米国の管轄権について定めています。国際組織間の条約の例としては，国連の経済社会理事会が WHO などの専門機関と締結する連携協定が存在します。国際組織のその他の権利としては，他国に対する国際的な請求を行う権利があります。ICJ は，国連の職員が被った被害について，加害国に対して請求を行う権利が国連にあることを認めました（国連損害賠償事件 ICJ 勧告的意見（1949 年）（**資料 11–1**））。他方で，国際組織は国際法上の義務も負います。例えば，国連の PKO はその活動において，武力行使や人権保障などに関する国際法上の義務を遵守しなければならず，もしそうした義務に違反した場合には，国際責任を負うことになります（国際組織責任条文 3 条）。

11.2.3　国連の主要機関

　一般的国際組織である国連は，様々な目的をもって設立されました。国連憲章1 条は，国際の平和及び安全の維持に加え，経済的，社会的，文化的または人道的性質を有する国際問題を解決することや人権保障の促進についての国際協力を達成することも，国連の目的として掲げています。このような多くの目的を達成するために必要な総会，安全保障理事会，経済社会理事会，信託統治理事会，国際司法裁判所，事務局という 6 つの主要機関が設置されています（国連憲章 7 条）。このうち信託統治理事会は，信託統治地域がなくなったため活動を停止しており，また国際司法裁判所については**第 15 章**で扱いますので，ここでは総会，安全保障理事会，経済社会理事会，及び事務局について，その構成や任務などについて解説します。

　国連総会は，すべての加盟国で構成され（9 条），国連憲章の範囲内にあるすべての事項を扱うことができます（10 条）。加盟国は，総会において各国が 1 票の

　国際法上，国家だけでなく国際組織も条約の当事者になりえますので，条約の「当事者」関係を概念図で示せば，下記のようになります。（※ただし国際組織条約法条約は未発効）（⇒12.2）

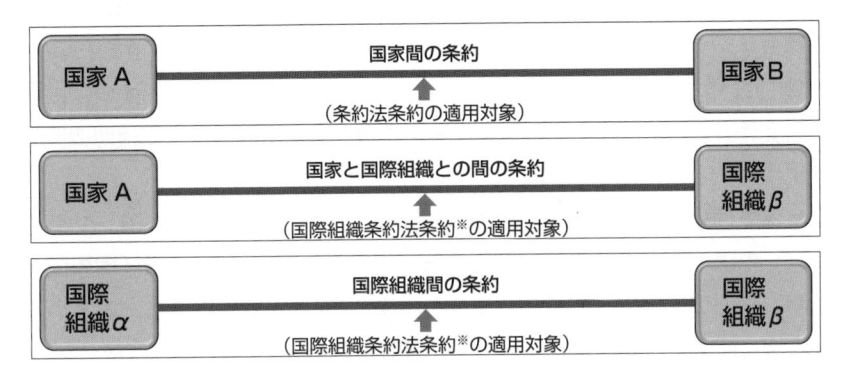

資料 11-1◆国連損害賠償事件 ICJ 勧告的意見（1949 年）

【事件の概要】　第 1 次中東戦争の際に国連から派遣された調停官が，任務遂行中にエルサレムで殺害されたことに関し，当該職員の本国（スウェーデン）ではなく，国連自身が国際法上の損害賠償請求を行うことができるか否かが問題となりました。そこで国連総会は，この問題を含む法的問題について，ICJ に対して勧告的意見（⇒15.3.3 [5]）を要請しました。

　（国連が国際法人格を有するのかという）国連憲章の明文規定では決着がつかない問題に答えるためには，我々は，国連憲章が国連にどのような性質を与えることを意図していたのかを考えなければならない。(ICJ Reports 1949, p. 178)

　当裁判所の見解では，広範な国際法人格と国際平面において機能する能力を有していることを根拠にすることによってのみ説明可能な機能と権利を，国連は行使かつ享有することを意図されていたのであり，また実際にそうした機能と権利を行使かつ共有している。…したがって当裁判所は，国連が国際法人であるとの結論に達した。(同 p.179)

　国連憲章は，被害者または被害者を通じて権利を有する者に生じた損害を賠償請求に含める権限を，国連に対して明示的には付与していない。したがって，当裁判所は，国連の機能およびその機能の遂行において国連職員が果たす役割に関する国連憲章の規定が，そのような状況下で被った損害に対する賠償請求を国連職員に代わって提起することから構成される限定的な保護を国連に与える権限を黙示的に示しているかどうかを検討することから始めなければならない。国際法の下では，国連は，国連憲章には明示的に規定されていないものの，その任務の遂行に不可欠であるとして，必然的な推論によって付与された権限を有するとみなされなければならない。(同 p. 182)

投票権を有しており，重要問題については3分の2の多数決，その他の問題については過半数によって決定されます。ただし，総会の決定（総会決議）は，加盟国や安全保障理事会に対する勧告であり，原則として法的拘束力を有しません（10条）（コラム11-10）。例外的に，国連の経費に関する加盟国の負担額については，総会による割り当てが加盟国にも拘束力を有するとされます（17条2項）。なお総会は，その任務の遂行に必要な補助機関を設けることができます（22条）。2006年に設立された人権理事会（⇒7.3.2）などが総会の補助機関ですが，国連平和構築委員会（PBC）のように安全保障理事会と共同で設立された補助機関もあります。

　安全保障理事会は，15の加盟国で構成され，そのうち米国，英国，フランス，ロシア，中国の5か国は**常任理事国**であり，残りの10か国は**非常任理事国**として2年の任期で選挙により選ばれます（23条）。安全保障理事会は，国際の平和及び安全に関する主要な責任を負い，加盟国に代わって行動するとされます（24条）。総会は一般的な任務を行うことができますので，安全保障問題を扱うこともできますが，安全保障理事会がその任務を遂行している紛争または事態については，総会は勧告することができません（12条）。安全保障理事会の表決手続は特殊なものとなっています。常任理事国も非常任理事国も，それぞれ1票の投票権を有していますが，手続事項以外の事項については，「常任理事国の同意投票を含む9理事国の賛成投票」によって決定が行われるとされます（27条）。ここで言う手続事項以外の事項とは，実質的な事項であり，平和に対する脅威や侵略行為の認定などが含まれます。そのため，安全保障理事会の重要な議題については，すべての常任理事国が同意しなければ決定ができない手続になっています。このことは，常任理事国は**拒否権**（コラム9-5（175頁））を有すると説明されます。そのため，常任理事国の意見が一致しなければ安全保障理事会の重要な決定は行えないのですが，一度決定が行われるとすべての加盟国に対して法的拘束力を持ちます（25条）。それゆえに，**第9章**でみましたように，安全保障問題に関する安全保障理事会の権限は非常に強いものになっています。

　経済社会理事会は，総会における選挙で選ばれる54の加盟国で構成され（61条），経済，社会，文化，教育，保健に関する国際的事項について扱うことができます（62条）。各理事国は1票の投票権を有し，経済社会理事会の決定は出席

コラム 11-10 ● 国連経費事件 ICJ 勧告的意見（1962 年）

　この事件は，国連の PKO である第 1 次国連緊急軍（UNEF Ⅰ）と国連コンゴ活動（ONUC）に要した経費が，国連憲章 17 条 2 項に言う「この機構の経費」に該当するか否かが問題となったものです。**第 9 章**（⇒**9.3.2**）でみましたように，PKO は国連憲章が本来予定していたものではなく，明文規定はありませんが，総会決議か安保理決議を根拠として設立されてきています。比較的初期の大規模な PKO であった UNEF Ⅰ と ONUC については，国連憲章に明示の法的根拠がない PKO の経費が「この機構の経費」であって，加盟国への分担割当てが法的拘束力を有することに，一部の加盟国が異議を唱えました。そこで国連総会は，この法的問題について ICJ に勧告的意見を要請したのです。

　ICJ は，国連の機関によって決定された支出が国連憲章 17 条 2 項に言う「この機構の経費」に該当するか否かは，そのような支出が国連の目的の達成のためになされたものであるかどうかによって判断されるとしました。そして UNEF Ⅰ と ONUC は，事態の平和的解決を促進し維持するという国連の主たる目的を達成するために行われた活動であり，その経費は「この機構の経費」に該当すると結論しました。

図表 11-5　総会決議・安全保障理事会決議・経済社会理事会決議の比較

	総会決議	安全保障理事会決議	経済社会理事会決議
投票権を有する国	全加盟国	15 の理事国 （5 の常任理事国と 10 の非常任理事国）	54 の理事国
表決手続	1 国 1 票 重要問題は，出席しかつ投票する国の 3 分の 2 の多数で決定。その他の問題は過半数で決定。	1 国 1 票 手続事項は，9 理事国の賛成で決定。その他の事項（実質事項）は，常任理事国を含む 9 理事国の賛成で決定。	1 国 1 票 出席しかつ投票する理事国の過半数の賛成で決定。
加盟国に対する法的拘束力	原則として法的拘束力なし（予算の分担案は拘束力あり）。	安保理の決定は全加盟国に対して法的拘束力あり。	勧告に法的拘束力なし。

しかつ投票する理事国の過半数によって行われます（67条）。経済社会理事会の決定は，加盟国や総会に対する勧告であり，法的拘束力は有しません（62条）。また経済社会理事会は，自己の任務の遂行に必要な委員会を設けることができ，麻薬委員会のような機能委員会や，アジア太平洋経済社会委員会のような地域委員会などが設立されています。さらに経済社会理事会は，**専門機関**と**連携協定**を結んで連携関係にあり，専門機関の活動を調整することができるとされます（57条，63条）。現在，経済社会理事会と連携関係にあるのは，国際通貨基金（IMF）や世界保健機関（WHO）などの17の専門機関です。

　国連事務局は，事務総長とその他の職員から構成され，事務総長は，国連の行政組織の長であり安全保障理事会の勧告に基づいて総会が任命します（97条）。また職員は，総会が設ける規則に従って事務総長が任命しますが，職員の採用にあたっては最高水準の能率，能力及び誠実さを確保しなければならず，かつ，特定の国・地域に偏らないよう広い地理的基礎に基づくよう考慮しなければならないとされます（101条）。事務総長も職員も，その任務の遂行にあたってはいかなる政府からも独立して行動しなければなりません（100条）。なお事務総長は，行政的任務に加え，総会や安全保障理事会などから委託される政治的任務（紛争解決のための周旋や調停など）も行うことがあります（98条）。

第12章

国際法の法源・条約法

　そもそも国際法のルールは，どのように形成され存在するのでしょうか。今日では，戦争の規律，人権保障，環境保護，自由貿易の推進など，多くの国際的な課題について，国家間の合意である条約が数多く締結され，国際法のルールが発展しています。それでは，関連する条約が存在しない問題に直面した場合，国家は国際法のルールに基づく主張はできないのでしょうか。つまり，条約以外の形で，国際法が形成され存在することはないのでしょうか。また，もし他にもあるのだとすれば，それはどのようなものでしょうか。これらの問題は，一般に「法源」の問題として議論されます。この第12章では，こうした「法源」に加えて，条約の締結や，その効力，解釈などを扱う「条約法」と呼ばれる国際法のルールも併せてみていくこととします。

　ある規範が国際法であると言えるためには，その規範が特定の形式を備えていなければなりません。そうした法の存在形式のことを**形式的法源**と言い，単に「法源」と言うときには，多くの場合この形式的法源を意味しています。これに対して，国際法を発生させる実質的要因，あるいは国際法の内容を特定する際に参照すべきものなどを，**実質的法源**と呼ぶことがあります。以下では，特に断りのない限り，形式的法源の意味で「法源」の言葉を用いることにします。また，学説では国際社会一般に効力を発生させるものに「法源」を限定する理解もみられますが，ここでは一部の国の間に新たな権利義務関係を発生させるものも広く含めることとします。

　法源が問われる典型的な局面の一つが裁判です。国際裁判では，ある時点での国際法の規則・原則に従って判断を下すことが通常求められ，どの規範が国際法であったと言えるか特定しなければなりません。そのようなこともあって，国際法の法源が何かを論じる際には，**国際司法裁判所（ICJ）の裁判基準を定めた，ICJ 規程 38 条 1 項**が一般に参照されます（**資料 12-1**）。特に同項の (a) と (b) が定める**条約**と**慣習国際法**は，国際法の伝統的かつ中心的な法源だと言ってよいでしょう。また同項 (c) が挙げる**法の一般原則**も，法源の一つとして理解されることが今日一般的になっています（なお，1 項 (d) と 2 項については**コラム 12-1**）。さらに，法源は ICJ 規程 38 条 1 項で言及されるものに尽きるのかどうかについても，議論があります。具体的には，例えば国家による一方的行為や，国際組織の決議が，しばしば検討の対象となります。

　以下では，国際法の法源として認められている，あるいは議論のある，個々のこうした国際法の存在形式について，順にみていくことにします。その後この章では，法源の 1 つである条約の効力や留保，解釈に関する規則など，一般に**条約法**と呼ばれる国際法分野の内容も扱います。条約法に関する国際法規則は，主にウイーン条約法条約（1969 年）（以下，「条約法条約」）の締結を通じて発展しており，この章でも同条約の規定を多く参照します。

コラム 12-1 ● 判決・学説／衡平と善

　慣習国際法，条約，法の一般原則に加えて，ICJ 規程 38 条 1 項 (d) は，「法則決定
の補助手段」として，裁判所の判決（国際裁判・国内裁判双方を含む）や学説を挙げ
ています（資料 12-1）。判決・学説は一般に形式的法源ではありませんが，国際法の
内容を解明する手がかりとなります。

　また同規程 38 条 2 項は，紛争当事国の合意がある場合には，「衡平と善」による
裁判を認めています。これは，国際法による場合とは異なる結論の採用を求めるもの
で，「法に反する衡平」と呼ばれることがあります。「衡平」の概念は，国際法の実質
的な欠缺を補充したり，国際法の規定を解釈する場合にも，裁判所によって用いられ
ることがありますが（それぞれ「法の外にある衡平」，「法の内にある衡平」と呼ばれ
ます），それらとは区別されます。

12.2 法源①：条約

　現在の国際関係の多くは二国間あるいは多数国間で締結される数多くの**条約**によって規律されており，条約は今日最も重要な法源だと言うことができます。条約とは，最も広く定義すれば，国際法により規律される国際的合意のことです。やや限定的な定義として，条約法条約では，同条約の規律の対象となる「条約」を，「国の間において文書の形式により締結され，国際法により規律される国際的合意」と定義しています（2条1項(a)）。この定義では，まず「文書の形式」に限定していますが，国家間の口頭による合意も法的拘束力が認められる場合があります（東部グリーンランド事件 PCIJ 判決（1933 年））。ただし，特に重要な合意であれば，文書の形式にするのが通常です。また，「国の間」の合意と定義していますが，国家と国際組織の間や，国際組織間での合意も「条約」と呼ばれることがあるので注意が必要です（国際組織条約法条約（未発効）（⇒11.2.2））。

　他方で，国の間の合意であっても条約とは言えないものもあります。例えば大使館建設のための土地購入に関する合意のように，いずれかの国家の国内法で規律される契約にあたる場合があります。また，首脳会談後の共同声明のように，単に政策を表明したに過ぎない合意文書は，政治的合意，あるいは非法律的合意などと呼ばれ，条約とは区別されます。

　条約に該当する合意文書には，「条約（treaty, convention）」のほか，「憲章（charter）」，「規約（covenant）」，「議定書（protocol）」，「協定（agreement）」，「宣言（declaration）」など，様々な名称が用いられます。ある合意が条約なのか，あるいは政治的合意なのかは，文書の名称だけでは必ずしも判断できず，合意に至る経緯や，合意の内容，後述する批准などに関する規定の有無なども，判断の手がかりとなる可能性があります。

　条約で定められた義務には，法的拘束力があります。つまり，当該義務の違反があれば，それを正当化できる事情（違法性阻却事由）がない限り，国際法上の責任が生じます（⇒ 第 14 章）。条約のこうした拘束力は，「**合意は拘束する**（pacta sunt servanda）」という基本原則を根拠にしています。条約は，原則として当該条約の当事国（つまりはその条約に合意した国家）しか拘束しません（第三者に対する条約の効力については**図表 12-2**）。そのため条約は，**特別国際法**

図表 12-1　条約と慣習国際法の対比

条　約	慣習国際法
▶ 成文法である	▶ 不文法である
	→法典化の対象
▶ 効力の発生時期等が明確	▶ 効力の発生時期等が不明確
→批准等の手続	
▶ 拘束されることに同意した	▶ 原則としてすべての国を拘束
当事国のみを拘束	→一般国際法の主な法源
→特別国際法の主な法源	

図表 12-2　条約の第三者効力

　ある条約に参加していない国家（第三国）に，当該条約の規定の効力が及ぶことはあるのでしょうか。条約法条約の規則は以下の通りです。第三国に対する効力の発生には，当該第三国の同意が必要ですが，第三国の権利を定める規定については，そうした同意が推定されるため，第三国が拒否しない限り権利が発生することになります。例えば，第三国に国際運河の通航権を与える条約が該当します。

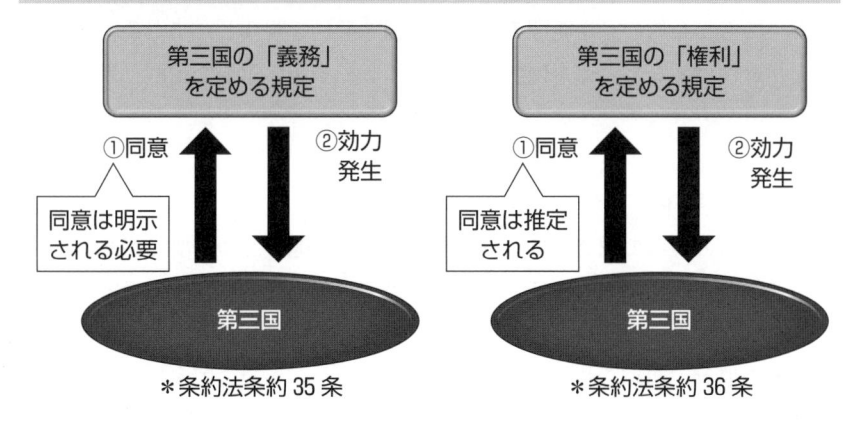

　なお，条約上の規則と同一の規則が慣習国際法上も確立している場合があります。その場合，その規則は慣習国際法として当該条約の非当事国も拘束します（38条）。

（特定の国家間でのみ妥当する国際法）の重要な法源だと考えられています。多くの国家が参加する多数国間条約であっても，当事国以外の国家が拘束されることはないというのが原則です。

12.3 法源②：慣習国際法

12.3.1 定義／特徴

慣習国際法とは，慣習を通じて形成される不文法たる国際法です。今日では特に断りのない限り，**一般国際法**（国際社会一般に妥当する国際法）として理解され，すべての国家を拘束します。ただし，ある慣習法規則の形成過程において，当初からその規則に反対を表明してきた国家は，当該規則に拘束されないとする立場もあります（**一貫した反対国の法理**）。また，特定の国々の間でのみ慣習法規則が成立する場合があることも認められており，その場合，二国間慣習国際法あるいは地域慣習国際法，特別慣習国際法などと呼ばれ，一般国際法である慣習国際法と区別されます。

外交使節の地位や海洋の自由など，国際法の重要な規則は，元々主に欧州諸国による慣行を通じて形成されてきました。条約による規律が進んだ今日の国際社会においても，条約の適用範囲の外にある国際関係を規律し，また条約の定立・解釈を指針づけるなど，慣習国際法は依然として一定の重要な役割を果たしています。

12.3.2 成立要件

慣習国際法の規則の成立には，**一般慣行**と**法的確信**の2つの要件があるとの理解が一般的です。まず一般慣行とは，同様の実行が反復されて広く受容されていることを意味しますが，いくつか留意すべき点があります。第1に，厳密にすべての国家の慣行が認められなくても，広範囲にわたる多数の国家による慣行が認められれば十分だと解されています。ただし，特別な利害を有する関係国の参加の有無が重視されるべきでしょう（資料12-2）。第2に，国々の行動が概ね同様の慣行を示していればよく，仮に矛盾する行動が認められるとしても，他の国々がそれを違法と評価するなどしていれば，慣習国際法の成立は妨げられませ

資料 12-2 ◆ 北海大陸棚事件 ICJ 判決（1969 年）

【事件の概要】　西ドイツと，オランダ及びデンマークの間で争われた大陸棚の境界画定に関する紛争で，1967 年に ICJ に付託されました。1969 年の判決は，大陸棚条約が定める等距離原則が慣習法化したかを検討する中で，以下のように述べています。

Para. 73.　条約規定が国際法の一般規則になったとみなされるのに必要とされる他の要素として，仮に相当程度の時間の経過がない場合であっても，条約に対して非常に広範かつ代表的な国家の参加があり，それらの国々にその利害が特に影響を受ける国家が含まれるのであれば，それで十分たりうる。…

資料 12-3 ◆ 核兵器の威嚇・使用の合法性事件 ICJ 勧告的意見（1996 年）

【事件の概要】　1994 年，国連総会は，核兵器の威嚇または使用が国際法上許容されるかについて，ICJ に勧告的意見を要請しました。同意見は，核兵器使用の違法性を確認する一連の総会決議が，核兵器使用自体を禁ずる慣習国際法の規則の存在を表しているかについて，以下のように述べて否定的に判断しています。

Para. 70.　…国連総会決議は拘束的ではないが，場合によっては規範的意味をもつ。ある種の状況では，規則の存在または法的確信の出現を立証するうえで，重要な証拠を提供する。特定の総会決議に関してこのことがいえるか否かを確定するには，その内容と採択の状況を検討することが必要である。

Para. 71.　…本件で検討している総会決議のいくつかは，相当数の反対票と棄権を伴って採択されている。つまり，これらの決議は核兵器の問題に関する深い憂慮を明らかに示すものではあるが，そうした兵器の使用の違法性に関する法的確信の存在を立証するには依然として十分ではない。

コラム 12-2 ● 即時慣習法論

　一般慣行がなくても，国連総会決議などで示される法的確信さえ認められれば，慣習国際法は即時に成立しうるとする学説もあり，即時慣習法論と呼ばれています。これは，1960 年代に宇宙法分野の発展を手がかりに提唱されたもので，当時の宇宙活動国である米ソの合意を通じて，条約や総会決議で扱われた規則が比較的短期間で慣習国際法として認められるようになったことをふまえたものです。しかし，「慣習国際法」である以上，一般慣行が不要とまで主張することは困難でしょう。宇宙分野での短期間での慣習国際法形成についても，上記資料 12-2 でみた ICJ の考え方に即して説明は可能だと考えられます。

ん。第3に，慣習法規則の成立に要する時間についても，短期間での形成もありうることが一般に認められています（資料12-2，コラム12-2（237頁））。

　もう一つの要件である法的確信とは，国々が慣行と言いうる行動をとる際に，その行動が国際法上の権利に基づくもしくは義務に従っていると認識していることを意味します。例えば単なる儀礼上の慣例（軍艦に対する礼砲など）と，慣習法の規則を区別するにあたって，この要件が重要となります。法的確信の立証は難しい問題ですが，公式声明など国家の関連する見解があれば，それに依拠することができるでしょう。また，慣行の存在自体から，法的確信が推論されることもあります。20世紀後半以降の特色の一つとして，国連総会決議が法的確信の証拠となりうると考えられるようになっています（資料12-3（237頁））。

12.3.3　法 典 化

　慣習国際法は不文法であり，条約と比較して，その成立時期や内容が必ずしも判然としません。この問題に対処するため，**既存の慣習国際法の規則を条文化する作業のこと**を，**狭義の法典化**と呼びます。この作業を国連の下で進めてきたのが，国連総会の補助機関である**国際法委員会（ILC）**です。同委員会は，総会が選任する34名の個人資格の委員から構成されます（国際法研究者，外交官等）。

　ILCの作業の成果は条約化されることもありますが（例：ウイーン条約法条約），条約化されない場合でも，慣習国際法の規則を特定するための重要な手がかりとしてしばしば参照されます（例：国家責任条文）。例えばICJも，ILCの成果文書に依拠して，慣習国際法の規則の成立を認定する傾向があります。ある規則が慣習国際法であるか否かの論証は，前述のように必ずしも容易ではありませんが，実際上はILCやICJによる認定が大きな影響力を持ちます。

　なおILCは，新たな一般国際法の形成を図るべく，**慣習法としてはまだ確立していない新しい規則を条文化**することもあります。そうした作業は**漸進的発達**と呼ばれ，前述の狭義の法典化とは一般に区別されます（両者を総称して**広義の法典化**と言います。図表12-4）。ILCの成果文書の中には，そもそもまだ慣習法とは言えない規則が条文化されたものが含まれていることも，認識しておく必要があります。

図表 12-3　ILC の作業の成果

■ILC が起草して採択された主な条約	海洋法 4 条約（1958 年） 外交関係条約（1961 年） 領事関係条約（1963 年） 条約法条約（1969 年） 国家承継条約（1983 年） 国際水路非航行利用条約（1997 年） 国際刑事裁判所規程（1998 年） 国連国家免除条約（2004 年）等
■条約化されなかった主な成果文書	国家責任条文（2001 年） 越境損害防止条文（2001 年） 外交的保護条文（2006 年） 条約の留保に関する実行指針（2011 年） 条約の解釈に関する後の合意・慣行に関する結論（2018 年） 慣習国際法の同定に関する結論（2018 年）等

図表 12-4　国際法委員会による国際法の「法典化」

法典化（広義）＝以下の 2 つの総称

法典化（狭義）＝ 既存の慣習国際法の規則の条文化
例：国家責任条文 42 条（被害国による責任の追及）

漸進的発達 ＝ 慣習法としては未確立の規則の条文化
例：国家責任条文 48 条（被害国以外の国による責任の追及）

※なお，国家責任条文 42 条と 48 条については，第 14 章の 14.4 を参照。

12.4 法源③：法の一般原則

　ICJ 規程 38 条 1 項 (c) は，**法の一般原則**も裁判基準の一つとして列挙しています。諸国の国内法に共通する原則が法の一般原則に該当することに異論はみられず，具体的には信義則，禁反言，既判力などの原則が挙げられます（国内法に共通する原則であることを明示するものとして，**資料 12-4** も参照）。損害を与えた場合の賠償義務の発生のように，法であれば自明と言えるような原則も，その中に含まれると言えます。さらには，主権平等，不干渉など，**国際法の基本原則**（図表 12-5）も法の一般原則に含まれるとする学説もみられます。

　法の一般原則は，ICJ の前身の常設国際司法裁判所（PCIJ）（コラム 15-5（311頁））の創設時に裁判基準に加えられましたが，その趣旨は，条約や慣習国際法の規則の不備により，裁判不能の事態が生じることを避けるためであったと考えられています。条約や慣習国際法の規則が発展している現在では，国際裁判における法の一般原則の意義は当時よりは小さくなってきていると言えるでしょう。

12.5 その他の法源の可能性

12.5.1 国家の一方的行為

　国家は一方的な約束を行うことで，自らに義務を課すことも可能です。その意味で，そうした行為を法源とみる立場もあります。核実験事件 ICJ 判決（1974年）は，大気圏内核実験禁止についてのフランス大統領の声明などに関連して，「公に発せられ，かつ拘束される意図を有する」国家の宣言は，信義則を根拠に，法的拘束力を持つとの理解を明らかにしました。またコンゴ軍事活動事件 ICJ 判決（2006 年）によれば，声明の法的効果の決定には，その内容（明確で具体的かなど）や，それが発せられた状況の検討が必要となります。

　他方，国家が一方的な権利主張を行う場合があります。その根拠となる国際法規則がない場合には，その行為を承認・黙認する国家に対してのみ，その効力を主張できます（このことを，対抗力を持つ，あるいは対抗可能である，と言います）。例えばノルウェー漁業事件 ICJ 判決（1951 年）は，ノルウェーによる一方的な直線基線（⇒3.2.1）の設定は，それを黙認した英国に対して，その効力の主

資料 12-4 ◆ 国際刑事裁判所規程（1998 年）21 条（適用される法）

1 裁判所は，次のものを適用する。

(a) 第 1 に，この規程，犯罪の構成要件に関する文書及び手続及び証拠に関する規則

(b) 第 2 に，適当な場合には，適用される条約並びに国際法の原則及び規則…

(c) (a) 及び (b) に規定するもののほか，裁判所が世界の法体系の中の国内法から見いだした法の一般原則…。ただし，これらの原則がこの規程，国際法並びに国際的に認められる規範及び基準に反しないことを条件とする。

図表 12-5 「国際法の基本原則」

　今日の国際法を一般に特徴づける一定の重要な規範は，「国際法の基本原則」などと呼ばれることがあります。こうした基本原則を示す国際文書として，例えば国連憲章のほか，友好関係原則宣言（1970 年）が重要です。同宣言では，以下の 7 つの原則が示されています。もっとも，これらの個々の原則は，慣習国際法あるいは条約上の規範として扱われることのほうが従来一般的です。

国際法の基本原則	◆ 武力の行使・威嚇の禁止
	◆ 紛争の平和的解決
	◆ 不干渉
	◆ 協　力
	◆ 人民の平等と自決
	◆ 国家の主権平等
	◆ 義務の誠実な履行

張が可能と判断しました。

12.5.2　国際組織の決議

　国際組織（⇒11.2）の決議の効力は，基本的には，その組織の設立条約（⇒11.2.1）（例えば国連であれば国連憲章）の規定に基づいて判断されます。そうした設立条約の中には，加盟国に対して法的拘束力のある決定や規範形成を行う権限を，特定の機関に付与している場合があります（例：国連憲章 25 条）。そのため法的拘束力のある国際組織の決議を法源とみる立場もありますが，拘束力の根拠が設立条約にある以上，そうした決議を独自の法源とみる必要はないとの立場もあります。

　他方，国連総会決議のように法的拘束力を欠く決議で示された規範も，国際法の生成・発展に関わりを持ちうる点には注意が必要です。例えば，条約の交渉・解釈に指針を与えたり，前述のように慣習国際法の成立に関わる証拠として扱われることもあります。このように法的拘束力はないが，法と非法の境界領域に存在する規範を総称して，**ソフトロー**と呼ぶことがあります（コラム 12-3）。例えば環境分野のように，迅速かつ柔軟な規範形成が求められる問題分野などでは，ソフトローも重要な役割を果たしています（例：人間環境宣言（1972 年）⇒ 第5章）。

12.6　条約法：条約に関する国際法規則

12.6.1　条約法とは

　条約の生成・消滅，効力範囲，解釈などに関する国際法規則を，**条約法**と呼びます。条約法に関する **ILC** の法典化の成果を基に締結されたのが，**条約法条約**です。以下では，条約法条約の規定を参照しながら，主な規則を説明します。

12.6.2　条約の締結

　条約の締結手続は実際には一様ではありませんが，関係国の交渉の結果，まず条約文が採択され，署名などの方法により条約文が確定されます。その後各国は，批准，加入，受諾，承認と呼ばれる方式のいずれかにより（署名による場合もあ

　法的拘束力のある規範は，ソフトローと対比される場合に「ハードロー」と呼ばれることがあります。ハードローの基本的特徴は，その違反が国際法上の責任を生じさせ，違反国に対する強制が法的に正当化される点にあります。ソフトローの場合は，その違反に対する道義的・政治的非難はありえても，その違反自体が直接に法的な責任や強制を生じさせることはありません。しかしソフトローは，ハードローの生成や解釈において一定の役割を果たす可能性があります。

図表 12-6　多数国間条約の典型的な締結プロセス

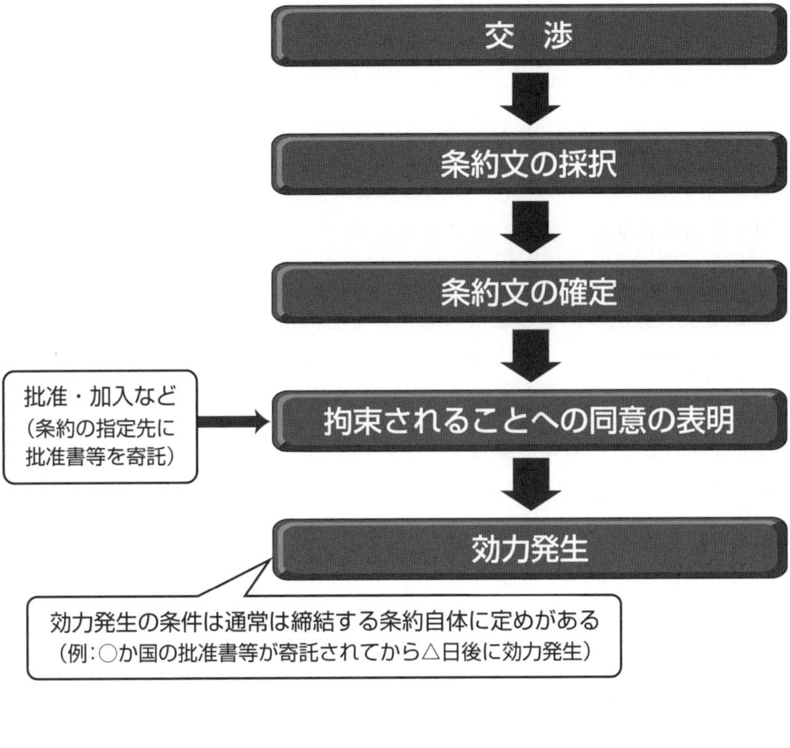

交　渉

↓

条約文の採択

↓

条約文の確定

↓

批准・加入など
（条約の指定先に
批准書等を寄託）
→ **拘束されることへの同意の表明**

↓

効力発生

効力発生の条件は通常は締結する条約自体に定めがある
（例：○か国の批准書等が寄託されてから△日後に効力発生）

ります），その条約に拘束されることへの同意を正式に表明します。そして，一定数の批准など，その条約があらかじめ定めた条件を満たすと発効し，批准などを行った国に効力が生じます（多数国間条約の典型的な締結プロセスは前頁の図のような流れです（図表 12-6（243 頁）））。古くは署名後の批准は義務と解された時代もありましたが，今日一般に批准は条約締結への国内議会の関与（民主的な統制）を確保することに関連し，結果批准しないことも許されます。もっとも，すべての条約を議会で慎重に審議するとなると，多数の条約を迅速に締結することはできません。日本ではいわゆる大平三原則を基準に，国会の承認を要する条約（国会承認条約）と，要さない条約（行政取極）とを区別しています（図表 12-7）。

なお効力が発生すると，条約は登録・公表のため国連事務局に送付されます（条約法条約 80 条）。これは秘密外交の防止を目的としています。国連事務局への登録は条約発効の条件ではありませんが，未登録の条約は国連のいかなる機関（ICJ も含む）においても援用することができません（国連憲章 102 条）。

12.6.3　条約の留保

多数国間条約の特定の規定について，国家がその適用を排除し，あるいは内容を変更する旨の声明を，署名や批准などの際に一方的に明らかにすることがあります。そうした声明は，**留保**と呼ばれています（条約法条約 2 条 1 項 (d)）。留保が意図する効果（特定の規定の適用排除等）を認めることで，当該条約への多くの国家の参加が期待できる一方，無制限に許容すれば条約による規律の一体性が大きく損なわれるおそれがあります。この点につき条約法条約では，当該条約自体が留保を禁止・制限している場合や，その内容が当該条約の趣旨・目的と両立しない場合を除いて（両立性の基準），留保を付すことを基本的に認めています（19 条）。

他の当事国は，ある国家の留保に対して受諾を表明したり，あるいは異議を申し立てることができます（コラム 12-4）。いずれを選択するかで，留保を付した国家（留保国）との法的関係に違いが生じる可能性があります。まず受諾国と留保国の間では，互いの間に当該条約の当事国としての関係（条約関係）が生じますが，留保が付された規定については，留保の趣旨に即して，不適用になるか，

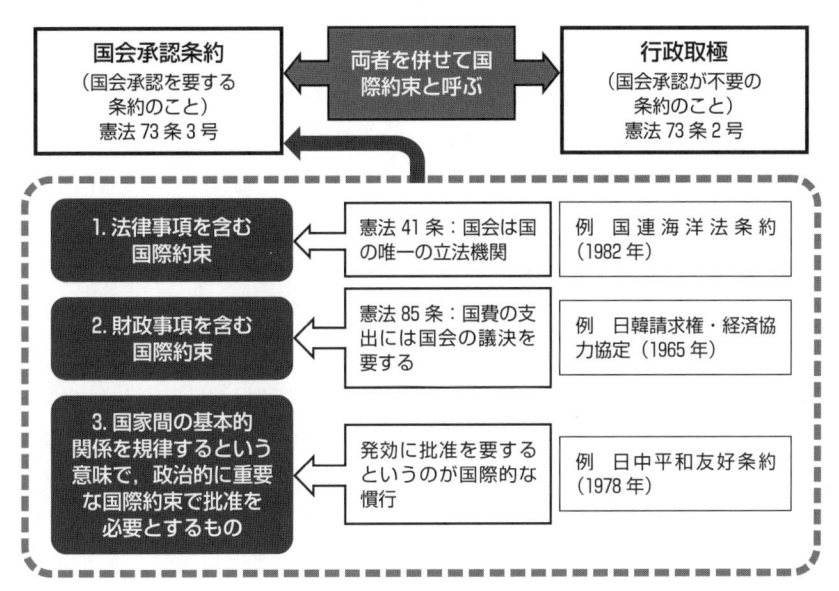

図表 12-7　大平三原則：日本で国会承認を要する条約について

コラム 12-4 ● 条約の特殊性と留保制度

　実際に留保が付されることが多いのが，人権分野の条約です。しかし人権条約については，各国が付す留保の扱いについて，条約法条約の規則に即して処理することは不適当だとの意見が有力に主張されています（例：自由権規約委員会・一般的意見 24（1994 年））。条約法条約の留保制度は，留保の扱いについて，基本的には他国の個別の判断（受諾／異議）に委ねています。たしかに，国家どうしが相互の利益を実現するための条約では，問題のある留保に対して，他国の異議が期待できそうです。しかし，個人の権利を定める人権条約については，そうした対応が期待しにくいのではないか（例えば A 国が A 国民をどう処遇するかについて，B 国はそれほど関心を持たないのではないか），と指摘されます。一般に人権条約は，各国の実施状況を監督するための機関を設立しています。そこで，留保が許容されるかどうかについても，そうした機関で一元的に判断されるべきだと主張されるわけです。ILC が採択した「条約の留保に関する実行指針」（2011 年）も，人権条約の監督機関がそうした判断を行う権限自体は否定していません（Para.3.2.1）。ただし，そうした機関の判断には一般に法的拘束力はなく，留保に関する判断もこの点に変わりはありません（国際的な人権保障の制度については ⇒ 第 7 章）。

あるいは内容が変更されて適用されることになります（20条4項，21条1項）。他方，異議国と留保国との間では，条約関係を発生させない意思が特に表明されれば，条約関係は生じませんし（20条4項(b)），また，条約関係が発生する場合も，留保が付された規定については両国間で適用がありません（21条3項）（図表12-8）。なお条約法条約によれば，一定期間内に異議の申立てがなければ，受諾したものとみなされます（20条5項）。また，一部の類型の条約については，条約関係の発生に特にどの国家の受諾も必要としない場合や，逆にすべての当事国の受諾を必要とする場合などもあります（20条1〜3項）。

　同様に条約への署名・批准などの際になされるものの，留保と一般に区別されるものに**解釈宣言**があります。解釈宣言とは，ある条文について，ありうる複数の解釈の中から，自国の解釈を明らかにする声明のことです。条約規定の自国への適用を排除・変更することを目的としない限りで，留保とは区別されます。しかし，声明を出した国家がそれを「解釈宣言」と称していても，実質的に留保にあたる場合もありえます。その場合は，上述の留保に関する規則に従って処理されます。

12.6.4　条約の解釈

　具体的事案に条約を適用するには，条約の文言の意味や範囲を確定する作業，つまりは「解釈」が必要となります。条約法条約は，条約を解釈する際の一般規則も定めています（31条〜33条）。これらの解釈規則に依拠しても，必ずしも一義的に解釈が定まるわけではありませんが，条約解釈規則は条文の解釈にあたっての重要な指針を提供します。

　条約解釈の基本原則は，用語の通常の意味に従い，誠実に解釈しなければならない，というものです。ここで言う「通常の意味」は，条約の文脈や趣旨・目的に照らして，具体的に解明される必要があります（31条1項）。ただし当事国が，通常とは異なる特別な意味を用語に与えることを意図していた場合には，それに従うものとされます（31条4項）。さらに，条約締結後の当事国間の合意や，他の国際法の関連規則の考慮も明文化されており（31条3項），締結後に生じた事情への対応や，他の国際法規則との整合性の確保といった課題にも，ある程度対処しうる規則となっています（コラム12-5）。

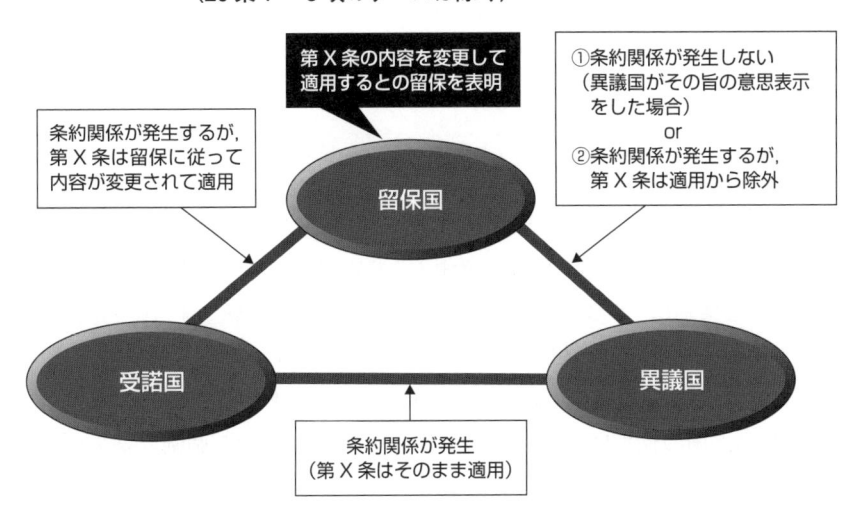

図表 12-8 条約法条約の規則に基づく留保国と受諾国・異議国との関係
（20条1〜3項のケースは除く）

第 X 条の内容を変更して
適用するとの留保を表明

①条約関係が発生しない
（異議国がその旨の意思表示
をした場合）
or
②条約関係が発生するが，
第 X 条は適用から除外

条約関係が発生するが，
第 X 条は留保に従って
内容が変更されて適用

留保国

受諾国

異議国

条約関係が発生
（第 X 条はそのまま適用）

コラム 12-5 ● 条約の発展的解釈

　ある条約を締結した後に，問題状況や規範意識などが変化することが当然ありえま
す。こうした変化をどこまで条約解釈で考慮しうるか，あるいはすべきかという問題
は，条約の「発展的解釈」をめぐる問題としてしばしば議論されます。変化する状況
に応じた解釈を探求することは当然のことに思われるかもしれませんが，そのような
議論が行われているのは，そうした解釈が条約法条約の解釈規則を逸脱していないか，
また当該条約の当事国の意思に反しないかどうかが問われるからです。この点につき，
よくみられる正当化は，ある文言をその後の状況に応じて解釈すべきことについては，
そもそも締結時に合意されていた，というものです（例：「神聖な使命」の文言（ナ
ミビア事件 ICJ 勧告的意見（1971 年））。さらに人権分野などでは，関連条約が「生
きた文書」であるという理由付けがなされることもありますが，実質的に文言を度外
視するような場合は，批判も少なくありません。

以上のような規則に従っても，内容が十分明らかにならない場合などには，条約の準備作業（起草過程）を補足的に検討することが認められています（32条）。また条約では，複数の言語が正文となる場合がありますが，特段の定めがない限り各正文には等しい権威があり（33条1項），正文間で意味の相違がある場合には，条約の趣旨・目的を考慮したうえで，最大の調和が図られる意味を採用しなければなりません（同4項）。

12.6.5　条約の無効

　「合意は拘束する」（⇒12.2）といっても，その合意が真正とは言えない場合や，合意内容が国際社会の基本的価値に反するような場合は，その条約は**無効**となります。条約法条約は，8つの無効原因を限定的に列挙しています（条約関係の安定性を考慮し，それ以外の根拠は認めていません）。すなわち，国内法違反（46条），国家代表者の権限踰越（47条），錯誤（48条），詐欺（49条），国の代表者の買収（50条），国の代表者に対する強制（51条），国に対する強制（52条），強行規範に内容が反する場合（53条）が挙げられています。

　このうち46条の国内法違反とは，国内法に違反して条約の締結がなされた場合（権限がない者が締結した等）を意味します。条約法条約によれば，そうした違反は明白なものでなければならず，また極めて重要な国内法規に係ることが条件です（**資料12-5**）。なお，ここで無効の主張が認められるのは，合意に至る「手続」が国内法に反する場合であって，合意の「内容」自体が国内法に反する場合ではないことには注意する必要があります。その内容が国内法に反するからといって，条約を実施しないことを国際的に正当化することはできず（27条），条約上の義務に照らして，適切に国内法を改廃することが求められます。

　他方，53条が定めるように，合意の内容が国際法上の**強行規範**（jus cogens, ユス・コーゲンス）に反する場合には，条約は無効となります。伝統的に，一般国際法では任意規範のみが存在する（別段の合意があればそちらを優先できる）とされてきましたが，条約法条約は，国家間の合意の自由を制限するものとして，強行規範という規範類型を認めました。何が強行規範に該当するのか，同条約は具体的に例示していませんが，例えば武力行使やジェノサイド，拷問，奴隷貿易に関する禁止規範が該当することについては，今日ほぼ争いはありません。

図表 12-9 条約の無効／終了とそれぞれの原因
（運用停止・脱退については省略）

	意　味	それが認められる原因
条約の無効	そもそも条約が有効に成立する条件が満たされていないため，効力がないものとされること。	◇相対的無効原因 　国内法違反にあたる締結（46条） 　国家代表者の権限踰越（47条） 　錯誤（48条） 　詐欺（49条） 　国の代表者の買収（50条） ◇絶対的無効原因 　国の代表者に対する強制（51条） 　国に対する強制（52条） 　強行規範に反する内容（53条）
条約の終了	有効に成立した条約が，ある時点から効力を失うこと。	終了規定（54条(a)） 全当事国の合意（54条(b)） 黙示的な容認（56条1項） 重大な違反（60条） 履行不能（61条） 事情変更（62条） 外交領事関係の断絶（63条） 新強行規範に反する内容（64条）

※条約の終了については，後述 **12.6.6** を参照。

資料 12-5 ◆ カメルーンとナイジェリアとの間の領土と海洋境界事件 ICJ 判決（本案）（2002 年）

【事件の概要】　カメルーンとナイジェリアの間の紛争で，バカシ半島に対する主権の所在と，領土・海域の境界画定が問題となりました。本判決は，大統領の条約締結権限に関する国内法違反の明白性につき，以下のように否定しました。

Para. 265.　次に本裁判所は，条約締結に関する自国の憲法上の規則が守られていなかったとのナイジェリアの主張について扱う。…条約への署名の権限に関わる規則は，基本的重要性をもつ憲法上の規則である。しかし，この点に関する国家元首の権限の制約は，少なくとも適切に公表されない限り，46条2項の意味で明白であるとはいえない。国家元首が，7条2項により，「職務の性質により，全権委任状の提示を要求されることなく」自国を代表すると認められる者に属することから，特にそのように言える。

こうした無効原因のうち，46条から50条の原因は**相対的無効原因**，51条から53条の原因は**絶対的無効原因**と呼ばれ，しばしば区別されます。前者については，①同意を無効にする根拠として「援用することができる」ものであって，無効の主張がない限り条約は有効と扱われる，②条約の一部についてのみ無効を主張することもできる（44条5項），③追認できる（45条），といった特徴があります。

条約法条約は無効を主張するにあたっての手続も定めています。無効を主張する国家は，他の条約当事国に通告を行い（65条1項），異議申立てがあれば国連憲章33条が定めるいずれかの手段により解決を図ります（同3項）。そして異議申し立てから12か月以内に解決できない場合は，強行規範をめぐる紛争はICJに，それ以外の紛争は調停に一方的に付託できます（66条）。

12.6.6　条約の終了，運用停止，廃棄・脱退

いったん条約が有効に成立したとしても，その後効力を失って消滅したり，消滅しないまでも一時的に当事国が履行義務を免除されることがあります。前者を条約の**終了**，後者を条約の**運用停止**と言います。また，ある条約当事国が，ある時点から自身は拘束されないとの意思を一方的に表明することを，**廃棄**あるいは**脱退**と言います（「脱退」の語は通常多数国間条約の場合に使われます）。条約法条約は，こうした条約の終了，運用停止，廃棄・脱退が認められる原因も限定的に列挙しています（54条〜64条）（図表12-9（249頁））。大まかにそれらは，当事国の合意によるものと，合意によらないものに区別できます。

合意による場合として，①当該条約に終了などに関する規定がある場合（54条(a)，57条(a)。例として日米安保条約10条），②終了などの規定はないが，その後の全当事国の合意による場合（54条(b)，57条(b)，59条1項・2項），③起草過程などから確認される当事国の意図や，条約の性質上，条約の終了と廃棄・脱退が黙示的に認められている場合（56条1項(a),(b)）が挙げられています。最後の③に関連して，条約の性質上，廃棄・脱退が認められる条約の典型として通商条約や軍事同盟条約などが，逆に認められない条約として人権条約がしばしば指摘されます（資料12-6）。

他方，合意によらない場合として，①条約の重大な違反があった場合（60条），

資料 12-6◆自由権規約委員会一般的意見 26（1997）

【概要】 人権条約の一つである自由権規約の実施監督機関である自由権規約委員会は，下記のように，同規約の脱退可能性を否定しました。

1. 自由権規約はその終了に関する規定を含まず，また脱退あるいは廃棄に関する規定もない。その結果，終了などの可能性は，条約法条約に反映している慣習国際法の適用可能な規則に照らして検討されなければならない。それに基づくと，当事国が脱退・廃棄の可能性を認めることを意図していたか，そのような権利が条約の性質から示唆される場合にのみ，同規約は脱退・廃棄の対象となりうる。
2. 同規約の当事国が脱退の可能性を認めていなかったこと，そして脱退に言及することを単に不注意で省略したわけではないことは，規約自体からの脱退・廃棄の定めがない一方で，規約 41 条 2 項が…国家通報を検討する委員会の権限に対する受諾の廃棄をまさしく認めているという事実から明らかである。…ゆえに，条約の起草者は意図的に廃棄の可能性を排除したと結論できる。…
3. さらに，同規約が，その性質上，脱退の権利を含意するような類型の条約ではないことは明らかである。自由権規約は，同時に採択された社会権規約とともに，世界人権宣言で謳われた普遍的な人権を条約の形式で条文化している。…同規約は，…脱退の権利を許容しているとされる条約に典型的な一時的性格を持たない。
4. 規約が謳う権利は，当事国の領域内で生活する人々に属している。その長きにわたる実行から明らかであるように，人々がいったん規約上の権利を付与されると，…それは人々に帰属し続ける。
5. ゆえに規約委員会は，規約への批准等を済ませた国家が脱退・破棄を行うことを国際法は許容していないとの見解を有する。

コラム 12-6 ●武力紛争が条約に与える影響

　条約法条約は，武力紛争の勃発を条約の終了原因に挙げていませんが，それを完全に排除したとまで言えるかは議論の余地を残していました（73 条を参照）。かつて戦争が違法化されていなかった時代には，関係国間で締結されていた平時の問題を扱う条約は，戦争の開始により自動的に終了するとの理解が支持されていました。これは当時の国際法が，平時国際法と戦時国際法の二元的な構造から成るとされ，武力紛争の発生により平時法に代わって戦時法が規律すると理解されていたことを背景にしていました。しかし，戦争の違法化が確立した今日では，このような二元的理解は支持を失うようになっており，武力紛争が発生したからといって，当然には条約は終了しないとする理解が学説上支配的です。

②履行不能となった場合（61条），③事情が根本的に変化した場合（62条），④外交・領事関係が断絶した場合（63条），⑤新しく成立した強行規範に内容が反する場合（64条）があります（なお武力紛争の勃発について**コラム12-6**（251頁））。

このうち①の60条で言う「重大な違反」とは，条約自体の否定に相当する程度の違反，あるいは，条約の趣旨・目的の実現に不可欠な規定の違反がある場合を意味します（60条3項）。二国間条約の場合，一方当事国による重大な違反があれば，他方の当事国はその違反を条約の終了や運用停止の根拠として援用できます（60条1項）。多数国間条約の場合は，一当事国が重大な違反をした場合，他の当事国が一致して合意することで，違反国と他の当事国の間，またはすべての当事国の間で，当該条約の一部もしくは全部の終了や運用停止が可能です（60条2項(a)）。また，そうした一致した合意がなくても，特に影響をうけた当事国は，違反国との関係で，条約の一部もしくは全部の運用停止を主張できます（同項(b)）。さらに，例えば軍縮条約のように，一当事国の重大な違反がすべての当事国の立場を変更するものである場合には，違反国以外の当事国は，条約の一部または全部を自国につき運用停止することを主張できます（同項(c)）。なお，重大な違反があったからといって，終了などを認めることが不適切な場合も考えられます。条約法条約は，少なくとも人道的性格を持つ条約の違反については，終了などの根拠にできない場合があるとしています（60条5項）。

また，③の事情変更は，条約締結時に予見できていれば，その条約を締結しなかったほどの重大な事情の変化を意味し，それで不利益を被る当事国は当該条約を終了・脱退できます。条約法条約では，濫用の可能性を考慮し，消極的な文言で（「次の条件が満たさなれない限り，…援用することができない」），かつ厳格な条件の下で（当該事情が同意の不可欠の基礎であること等），これを認めています。ただし，自らの違法行為で当該事情変更をもたらした国家は，それを根拠として終了などを主張できません（62条2項(b)）。また国境画定条約については，国境の安定性を重視して，事情変更を理由とした終了などは認められません（62条2項(a)）。

外交・領事関係

　日本にも様々な国家の大使館が設置され，大使など外国の外交官が常駐しています。彼ら／彼女らはどのような任務を負っているのでしょうか。また，そうした外国の外交官が日本で犯罪を行っても日本は処罰できないとか，大使館には日本の警察が勝手に立ち入ることができない，といったことを耳にしたことがあるかもしれません。なぜ，そのような特別な待遇が与えられているのでしょうか。さらに，外交官とは別に，領事官と呼ばれる外国の公務員も日本に常駐しています。彼ら／彼女らの任務や待遇は，外交官の場合とどのように異なるのでしょうか。第 13 章では，こうした問題に関わる国際法のルールを扱います。それらのルールは外交関係法・領事関係法と呼ばれ，国家間における日々の外交や，在外自国民の保護などに関連して重要な役割を果たしています。

13.1 外交・領事関係に関する国際法

　国家間では，相互の同意に基づき，外交関係が樹立されます（国家承認との関係についてはコラム 13-1）。そして多くの場合，相手国に常駐の**外交使節団**が派遣されます。使節団を派遣する国家は**派遣国**，受け入れる国家は**接受国**と一般に呼ばれます（後述の領事機関についても同様）。外交使節団は，派遣国を代表し，接受国と外交上の問題の処理にあたります。外交使節を常駐させることは，歴史的には 13 世紀のイタリアの都市国家間の慣行まで遡ると言われますが，その後も基本的な国際関係の維持に重要な役割を果たし，国際社会一般に採用されるようになっていきました。派遣された外交使節団やその職員は，接受国で特別な保護を享受したり，接受国の管轄権行使から一定の免除を与えられます。このような特別な処遇を**外交特権免除**（あるいは**外交特権**）と言います。外交関係に関する国際法（外交関係法）では，外交使節団の派遣や，外交特権免除の問題などを主に扱います。関連のルールを法典化したものとして，**ウィーン外交関係条約**（1961 年）（以下「**外交関係条約**」）が重要です。

　また，こうした外交関係の設定は，別段の意思が示されない限り，領事関係の開設も含むと理解されており，相手国の同意により，**領事機関**と呼ばれる自国の国家機関を相手国に設置できます。領事機関は，上述の外交使節団とは異なり，派遣国を代表して接受国との外交交渉にあたるわけではなく，接受国内での在留自国民の利益の保護や，行政的な手続の処理（例：旅券の発行，婚姻届の受理），裁判に関わる支援などを基本的な任務としています。かつては領事に現地の自国民を自国法で裁く権限（領事裁判権）が認められた時代もありましたが，現在ではそのような権限は認められていません。領事機関やその職員についても，外交使節団の場合よりは限定的であるものの，接受国による特別な保護や，管轄権行使からの一定の免除が認められており，それらを**領事特権免除**（あるいは**領事特権**）と言います。領事関係に関する国際法（領事関係法）では，領事機関の設置や領事特権免除などを扱います。**ウィーン領事関係条約**（1963 年）（以下「**領事関係条約**」）によって法典化されていますが，二国間条約によって領事関係条約とは異なる規則が合意されていることも多い点には注意が必要です（その場合，二国間条約の規定が適用されます（領事関係条約 73 条））。

図表 13-1 外交・領事関係

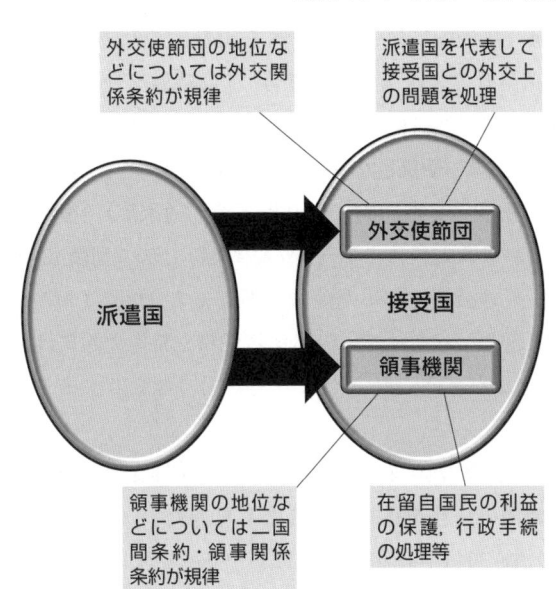

外交使節団の地位などについては外交関係条約が規律

派遣国を代表して接受国との外交上の問題を処理

派遣国

接受国

外交使節団

領事機関

領事機関の地位などについては二国間条約・領事関係条約が規律

在留自国民の利益の保護、行政手続の処理等

◆大使館

例：在アメリカ合衆国日本国大使館（ワシントンD.C.）

◆総領事館

例：在ホノルル日本国総領事館

（写真） Wikimedia Commons。

コラム 13-1 ● 国家承認と外交関係開設との関係

　分離独立などで新たに誕生する国家に対して，既存の国家が国際法上の国家として承認を与えることを，国家承認と言います（⇒11.1.2）。通常国家承認は，承認先の国との外交関係の開設の用意があることを示すもので，実際に国家承認の付与とあわせて外交関係の開設が公表されることが少なくありません。しかし，国家承認は承認を与える国が一方的に行うことができるのに対して，外交関係の開設は両国の同意を必要とします。両者は別の行為として区別しなければなりません。

　もっとも，声明などで明示的に国家承認が与えられることなく，外交関係の開設が両国から表明された場合には，黙示的に国家承認が与えられたと言えます。今日の外交関係はあくまで国家どうしの間で成立すると理解されているため，外交関係の開設に同意することは，その相手を国家として認めたものと考えられるからです。

13.2 外交関係法

13.2.1 外交使節団の構成と任務

[1] **構　成**　外交使節団は，接受国において派遣国を代表して活動します。特定の目的のため一時的に派遣される場合もありますが（「臨時外交使節団」），ここでは接受国に常住する使節団（「常駐外交使節団」）に関する規則を扱います。

外交使節団は，外交官の身分を持つ**使節団の長**と**外交職員**（参事官，書記官等）のほか，**事務・技術職員**（秘書，文書作成・会計担当者，通訳等），**役務職員**（運転手，料理人，受付等）から構成されます（外交関係条約1条）（**図表13-2**）。使節団の長には，大使，公使，代理公使といった階級があります（14条1項）が，こうした階級は席次や儀礼で問題になるだけで，後述する任務や特権免除には影響しません（14条2項）。どの階級が与えられるかは，関係国の合意で決まります（15条）。

[2] **任　務**　派遣国を代表し，接受国政府と交渉することが外交使節団の主な任務ですが，後述する領事機関の任務を遂行することも可能です（外交関係条約3条）（**資料13-1**）。使節団の構成員は，任務の遂行にあたり，接受国の国内法令を尊重すること，接受国の国内問題に介入しないこと，使節団の公館を任務と両立しない方法で使用しないことを義務づけられています（41条1項，3項）。また，使節団の長と外交職員については，個人的な利得を目的とする商業活動などを行うことも禁じられています（42条）。

使節団の職員は派遣国が一方的に任命し（7条），それを接受国に通告すれば足りますが（10条），使節団の長については，その受け入れには接受国の事前の承諾が必要で（**アグレマン**（agrément）の制度と言います）（4条），その後信任状を接受国に提出することで任務を開始します（13条）。もっとも，その他の職員についても，例えばその数や職種などに関連して，接受国には拒否する一定の権利が認められています（11条等）。

さらに接受国は，使節団の長・外交職員については**ペルソナ・ノン・グラータ**（Persona non grata：「好ましからざる者」の意）であることを，その他の職員については「受け入れがたい者」であることを，特に理由を示すことなく，派遣国にいつでも通告することができます（最近の例として**資料13-2**（259頁））。この通

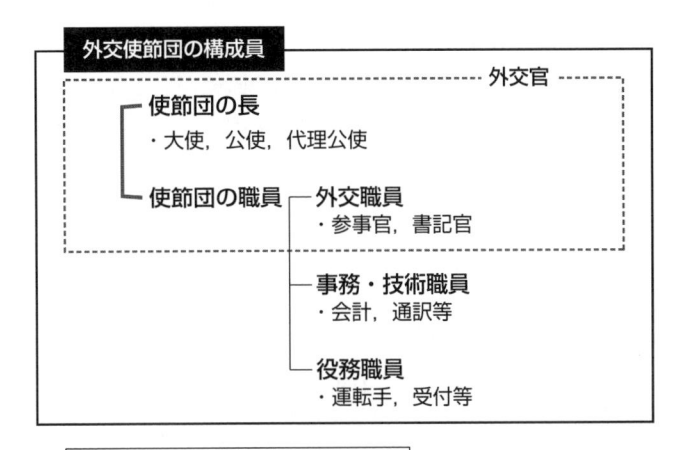

図表 13-2　外交使節団の構成

上記構成員の家族・個人的使用人

後述するように，上記の構成員の家族や個人的使用人にも一定の特権免除が認められている。

資料 13-1 ◆ 外交関係条約 3 条（外交使節団の任務）

第三条　1　使節団の任務は，特に，次のことから成る。
(a) 接受国において派遣国を代表すること。
(b) 接受国において，国際法が認める範囲内で派遣国及びその国民の利益を保護すること。
(c) 接受国の政府と交渉すること。
(d) 接受国における諸事情をすべての適法な手段によつて確認し，かつ，これらについて派遣国の政府に報告すること。
(e) 派遣国と接受国との間の友好関係を促進し，かつ，両国の経済上，文化上及び科学上の関係を発展させること。
2　この条約のいかなる規定も，使節団による領事任務の遂行を妨げるものと解してはならない。

告により，派遣国はその者を召還し，または任務を終了させる義務を負います（9条1項）。派遣国がこの義務を履行しない場合，接受国はその者を使節団の構成員として扱うことを拒否できます（9条2項）。つまりその者については，後述する特権免除を否定できるようになります。

派遣国や接受国により，相手国との外交関係の断絶がなされた場合には，使節団の任務は終了することになります。また，派遣国自らの判断による使節団の長や職員の召還や，それらの者の死亡，派遣国や接受国の消滅といった事由によっても，使節団あるいはその構成員の任務は終了します。

13.2.2　外交特権免除

[1]　外交特権免除の意味と根拠

接受国は，外国から派遣された外交使節団やその構成員に対して，外国人一般とは異なる特別な処遇を与えることになっています。接受国が与える特別な保護を「特権」，接受国による管轄権行使からの除外を「免除」と区別でき，ここではそれらを総称して**外交特権免除**と呼ぶこととします。

外交特権免除を認めるべき根拠については，使節団は専ら派遣国の管轄下にあるとする治外法権説，その任務の効率的な遂行に必要だとする機能説，国家を代表する者への然るべき処遇であるとする代表説，といった考え方があります。今日では治外法権説は支持を失っており，例えば前述のように，外交官は接受国の国内法令の遵守が求められます（外交関係条約41条）。外交関係条約は，特権や免除の目的について，「国を代表する外交使節団の任務の能率的な遂行」を挙げており（前文），代表説も考慮しつつ，基本的には機能説を採用していると理解できます。

[2]　外交特権免除の主な内容

(1)　外交使節団に与えられる特権免除

(a)　公館の不可侵・保護　　大使館など外交使節団が使用する公館（建物・敷地を含む）については，接受国に不可侵の義務が課せられています。すなわち，接受国による捜索，差押，強制執行などの対象とすることはできず，接受国の警察・官憲は，外交使節団の長の同意がなければ立ち入ることができません（外交関係条約22条1項，3項）。ただし不可侵といっても，公館は派遣国の領土とみな

資料 13-2 ◆ ロシア外交官等の国外退去の要求（外務報道官臨時会見記録 2022 年 4 月 8 日）

　本 4 月 8 日，森健良外務事務次官は，ミハイル・ユーリエヴィチ・ガルージン駐日ロシア連邦大使を召致の上，同大使に対して，以下のとおり伝達をいたしました。

ロシア軍の行為によりウクライナにおいて多くの市民が犠牲になっていることに強い衝撃を受けている。多数の無辜の民間人の殺害は重大な国際人道法違反であり，戦争犯罪である。断じて許されず，厳しく非難する。即刻，全てのロシア軍部隊を撤収するよう強く要求する。ロシア軍による民間人殺害を否定し，ウクライナと西側によるフェイクと主張するロシア側のプロパガンダは全く受け入れられない。こうした状況を踏まえ，今般，我が国として，総合的に判断した結果，8 名の駐日ロシア大使館の外交官及びロシア通商代表部職員の国外退去を求める。…

　ペルソナ・ノン・グラータにつきましては，外交関係に関するウィーン条約には，接受国はいつでも理由を示さないで，派遣国に対し，使節団の長もしくは使節団の外交職員である者がペルソナ・ノン・グラータであるということを通告することができる旨規定をしており，これに基づき国外退去させることができるというものであります。こうした制度を踏まえて，今般 8 名の駐日ロシア大使館の外交官及びロシア通商代表部職員について総合的に判断を行った結果，正式に国外退去を求めることを要求したというものでありますので，我が国としてはこれに従った対応がロシア側からなされるものと考えております。

コラム 13-2 ● 在ペルー日本大使公邸占拠事件

　1996 年 12 月，在ペルー日本大使公邸をテロリストの集団が襲撃し，占拠する事件が発生しました。翌年 4 月にペルーの特殊部隊が救出作戦を実施し成功しましたが，その際に事前に日本政府への連絡はありませんでした。当時の橋本首相は，ペルー側との電話会談の中で，日本の同意なく公邸に立ち入って作戦を実施したことについて，国際法上問題のある行為だとして遺憾を表明したものの，事前通報の余裕がなかった事情には理解を示しました。これにより，作戦の遂行に事後的に承諾を与えたと日本政府は説明しています（衆議院安全保障委員会（1997 年 5 月 20 日）外相答弁）。

　なお理論上，このように国際違法行為の遂行後に与えられた同意は，その行為の違法性を阻却するわけではなく，請求の放棄にあたると考えられます（国家責任条文 45 条 (a)）。

されているわけではなく，接受国による執行管轄権の行使が制限されるに過ぎません。なお大使公邸など，外交官の住居も同じく不可侵が要求されます（30条1項）（コラム13-2（259頁））。

火災や伝染病発生などの緊急時であれば，外交使節団の長の同意がなくても，例外的に立ち入ることができるのでしょうか。後述の領事関係条約とは対照的に（領事関係条約31条2項），外交関係条約にはそうした例外を認める明文規定がないことから，この点について否定的な見解が多数となっています。

公館の不可侵を背景に，亡命者が庇護を求めて大使館などに逃れ，派遣国がその者を保護する事例もあります。たしかに接受国の警察は立ち入ることなどができないため，事実上そうした者の保護が継続することはありえます（例：約7年間，在英エクアドル大使館で保護されていたウィキリークスのジュリアン・アサンジのケース）。しかし，公館でそうした者を匿うこと（**外交的庇護**）は，慣習国際法（一般国際法）上は権利として認められていません。庇護事件判決（1950年）で国際司法裁判所（ICJ）は，犯罪者の外交的庇護は接受国の領域主権に反すると指摘しました（**図表13-3**，**コラム13-3**）。ただし実際上は，外交的庇護のケースは派遣国と接受国との協議により解決が図られることが少なくありません。

また接受国は，立ち入りを控えるだけではなく，公館の積極的な保護も求められます。例えばデモ隊による侵入や破壊行為など，私人による侵害を防止し，万一侵害が発生した場合には迅速に回復を図る義務があります（外交関係条約22条2項）（在テヘラン米国大使館人質事件ICJ判決（1980年））。近年，在韓国日本国大使館前に設置された慰安婦像について，公館の威厳の侵害などに関わるとして，日本が韓国に撤去を申し入れた事例もあります。

(b)　**通信の自由・文書の不可侵**　　外交使節団は，公の目的のための通信の自由を保護されます（外交関係条約27条1項）。また使節団の公文書や書類（私的なものも含む）は，時間や場所を問わず不可侵とされています（24条）。通信には，機密文書など外交任務に必要な物品の輸送のため，**外交封印袋**（**外交公嚢**とも言います。そうした袋であることがわかる記号が外部に付されます）と呼ばれる袋を利用することが可能で，その開封や留置は禁じられます（27条3項，4項）。また，この外交封印袋の運搬を行う者を外交伝書使と言いますが，身体の不可侵が認められており，その者を抑留・拘禁することは禁じられています（27条5項）。

図表 13-3　外交的庇護／領域的庇護

右図のように，自国の在外公館等に逃げ込んだ者を保護することを「外交的庇護」と言います。当該公館等を使用する派遣国（B 国）には，一般にこうした庇護を与える権利はないと考えられています。

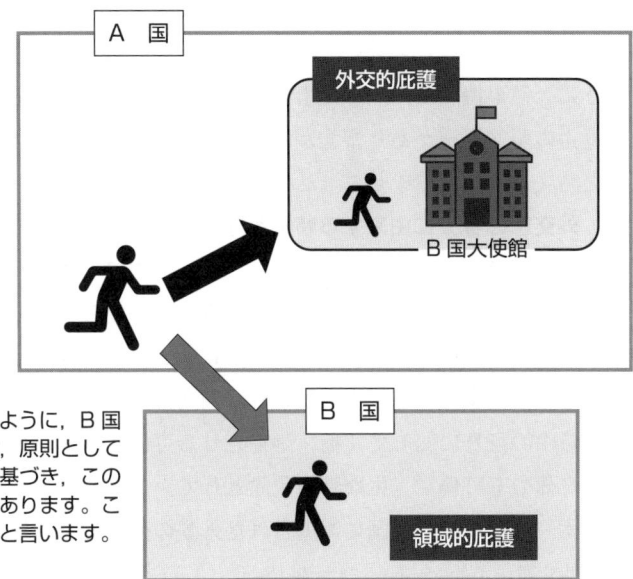

なお，灰色の矢印のように，B 国領域に逃亡した場合，原則として B 国は，領域主権に基づき，この者を庇護する権利があります。これを「領域的庇護」と言います。

コラム 13-3 ● 庇 護 事 件

　1948 年にペルーで発生した軍事反乱の指導者アヤ・デ・ラ・トーレが，反乱の鎮圧後しばらくして，同国の首都リマにあるコロンビア大使館に逃亡し，コロンビアが庇護を与えたためペルーとの間で争いとなりました。コロンビア側が，同人が安全に出国できるよう通行証の発給を求めたのに対して，ペルーはこれを拒否して同人の引渡しを要求しました。その後両国は，紛争を ICJ に付託することに合意し，1950 年に判決が下されました。同判決は，他国領域に亡命者が逃亡した場合は，逃亡先の国がその者に庇護を与えても犯罪地国の主権を害さないが，外交的庇護の場合は，亡命者は犯罪地国の領域内におり，庇護を与えることはその国の主権を侵害すると述べました。

外交封印袋を航空機で運搬するにあたり，航空会社が行う荷物検査については，飛行の安全確保を目的とし，また開封や文書の読み取りを伴うものでなければ，接受国がそのような検査の実施を阻止しなくても，外交関係条約の違反にはあたらないと言えるでしょう。しかし検査などの結果，外交封印袋の不正使用（密輸等）の疑いが強まった場合に，開封・留置が認められるか争いがあります。後述のように，領事機関が用いる領事封印袋の場合は，領事関係条約において開封要求や返送の明文規定がありますが（領事関係条約 35 条 3 項），外交関係条約にはそうした明文規定がありません（ただしコラム 13-4 も参照）。

(2) 外交官の身分に由来する特権免除

　派遣国の外交官は，その身分に基づき，接受国において一定の免除が認められています。この免除は，外交官の任務遂行上の行為のみならず，その私的な行為（休暇中の行為など）もカバーしています。ただし私的な行為の場合，免除が認められるのは基本的に在任中に限られ，例えば離任後にその国を訪れた際などには，在任中の行為に関して逮捕・訴追される可能性があります（後述 (c) ②）。

　(a)　**身体の不可侵**　　主な特権免除として，まず身体の不可侵を挙げることができます。接受国は，自国に派遣された外国の外交官を逮捕，拘留，拘禁できません（外交関係条約 29 条）（コラム 13-5）。もっとも現行犯の場合は，人への危害の防止などに必要な限りで，一時的な身柄の拘束は可能だと考えられています（例えば泥酔して暴力をふるっている場合などです）。

　また接受国には，私人が外国の外交官の身体に危害を加えることを防止するため，すべての適当な措置をとる義務があります（29 条）。歴史的にみても外交官は誘拐・殺害などのターゲットとされやすく，1973 年に締結された国家代表等犯罪防止処罰条約において外交官も保護の対象とされています。

　(b)　**裁判権などからの免除**　　また派遣国の外交官は，接受国による裁判権の行使からも免除を与えられます。接受国は，外交官が自国刑法に反する行為を行っても，これを訴追・処罰できません（外交関係条約 31 条 1 項）。前述のように外交官の私的な行為もカバーされますので，例えば休暇中の殺人の場合も免除されます。外交官は民事裁判権・行政裁判権からも原則免除されますが，上記の刑事裁判権の場合とは異なり，例外的に裁判から免除されない場合が 31 条 1 項に列挙されています（接受国領域内の個人の不動産に関する訴訟など）。これらの

コラム 13-4 ● 外交封印袋の「濫用」

開封・留置が禁じられている外交封印袋については，時に悪用されることもあります。薬物や美術品などの密輸に利用されたり，驚くべきことに人間が中に入れられていたケースもあります。例えば 1984 年には，ナイジェリアの元運輸大臣がロンドンで誘拐され，英国の空港にて，外交手荷物として申告された箱から発見されたことがあります。本件では，不審に思った税関職員が，ナイジェリアの外交官の立ち合いの下で箱を開封したため発覚しましたが，この箱には外交関係条約 27 条 4 項で外交封印袋に求められている「外部から識別しうる記号」は付されていませんでした。当時の英国外相は，問題の箱が外交封印袋であったとしても，人間の生命の保護というより重みのある義務により開封が正当化されたであろうとの見解を明らかにしています。事件後英国は，ナイジェリアの外交官 2 名を国外追放しました。

コラム 13-5 ● 駐日外交官と犯罪行為

日本においても，外国の外交官が関わる犯罪行為が問題となったことがあります。例えば 2014 年には，東京都のビルの一室でバカラ賭博店を開いたとして，賭博場開帳図利などの疑いで従業員らが逮捕されましたが，問題の部屋は当時の駐日ガーナ大使名義で借りられていたとされました。大使は任意の事情聴取を受けていたようですが，結局その後帰国しています（日本経済新聞 2014 年 8 月 28 日）。

2024 年には，在日シンガポール大使館の参事官が銭湯で盗撮するという事件も発生しています。当該外交官はその後任期を終えたとして帰国していましたが，こちらのケースでは出頭要請に応じて当人が再来日し，東京都迷惑防止条例違反などの罪で略式起訴され，結局罰金を支払うこととなりました（日本経済新聞 2024 年 6 月 13 日）。

場合には，外交官の任務遂行に影響がないとの判断があったと考えられます。議論になることが多い問題として，外交官による交通事故の被害者救済がありますが，それをカバーするような訴訟類型は同項には列挙されておらず，民事裁判権からの免除の例外にはあたらないと一般に解されています。そうなると，事故の被害者は民事裁判による救済が得られないことになりますが，実際には示談や保険で救済が図られることが少なくありません（**コラム13-6**）（その他駐車違反への対応について**資料13-3**）。

その他，外交官が享受する接受国の行政関係の免除として，社会保障規程からの免除（33条），課税の免除（34条），役務・軍事上の義務の免除（35条），関税の免除（36条）があります。

(c) 特権免除が付与される対象者・期間

① **対 象 者**　外交官の身分を有する者，すなわち外交使節団の長と外交職員については，上記の (a)，(b) で説明した特権免除が認められます。ただし当該外交官が，例外的に接受国の国民である場合や，接受国に通常居住している場合は，公務遂行上行った行為についてのみ裁判権からの免除と身体の不可侵を与えられるのが原則です（外交関係条約38条1項）。

その他の職員や関係者についても，一定の特権免除が認められます。事務・技術職員は，身体の不可侵や裁判権からの免除など，ほぼ外交官と同じ処遇が与えられます（37条2項）。彼らは文書作成や通信を担当し，国家機密に関わることも多いと考えられ，外交官に匹敵する保護が必要だと考えられてきました。役務職員については，任務遂行上行った行為についてのみ裁判権からの免除が認められるなど，免除の範囲はより限定的です（37条3項）。使節団の職員が私的に雇う使用人（「個人的使用人」）についても，その雇用による報酬に対する課税などが免除されますが，その他の点の処遇は接受国が判断します（37条4項）。なお，これらの職員・使用人が，接受国の国民であるなどの場合は，特権免除の範囲は接受国の任意に委ねられます（38条2項）。

さらに，外交官や事務・技術職員の家族も，接受国の国民ではないことなどの条件の下で，当該職員と同一の特権免除が認められます（37条1項，2項）。例えば外交官から機密情報を得るために，家族に圧力をかけるといった状況も想定されるからです。

コラム 13-6 ● アヤトリ事件（1964 年）

　実際に日本において外国の外交官が起こした交通死亡事故の例として，1964 年に発生したマレーシア大使館のアヤトリ二等書記官による事故があります。この事故では学生 1 名が亡くなり，当時の国会でも問題として取り上げられました。マレーシア側は同外交官に関する免除を放棄せず，最終的には加入していた損害保険会社から遺族に保険金が支払われることとなりました。

資料 13-3 ◆ 外務省報道発表：駐日外交団車両による駐車違反に係る措置について（2021 年（令和 3 年）4 月 27 日）

　※補足：外国の外交官の車による駐車違反や違反金の未納も，残念ながら少なからず発生しています。この問題について，近年日本では以下のような対応をとっています。

　今般，外務省は，駐日外交団車両による駐車違反問題に対する更なる措置として，警察庁と連携して，繰り返し違反を行う車両について，個別に注意喚起し，違反金納付を更に強く求めることとしました。また，国際法及び国内法令に従って実施している駐日外交団車両に対するガソリン税免税措置に関し，外務省が該当車両に対し免税購入のための証明書を発給する際，違反金の納付を確認することとしました。

　外務省は，従来から，駐日外交団に対し，放置違反金の支払を含め，我が国の交通ルールに関する国内法令を尊重することを文書で申し入れるとともに，違反件数や未払い件数の多い外交団の大使等幹部職員に対し，個別に直接申入れを行ってきました。この結果，2018 年から 2020 年の過去 3 年間で，違反件数は大幅に減少しました。

　外務省は，今後とも，警察庁とも連携しながら，駐日外交団に対し，我が国の交通ルールをしっかりと尊重し，駐車違反や未払いをなくすよう強く求めていく考えです。

（参考）　駐日外交団車両による放置車両確認標章取付（違反）件数（警察庁データ）

　　　2018 年：3948 件，2019 年：2615 件，2020 年：1137 件

なお，外交使節団の構成員ではありませんが，特に身体の不可侵や裁判権からの免除に関して，外交官と同様の処遇が論じられているのが，外国を訪問する国家元首・政府の長・外務大臣です（この3つの地位は「トロイカ」と総称されます）。ICJ は，逮捕状事件判決（2002 年）において，これらの地位にある者が他国で民事・刑事裁判権を免除されることは，慣習国際法上確立していると述べました。そして，外務大臣の地位にある者については，外交官と同様，自国を代表して任務を効果的に遂行することに免除を付与すべき根拠があり，公私のいずれの資格で行われた行為についても，在任中は身体の不可侵や刑事裁判権からの免除を享受することなどを判示しました（資料 13-4）。なおそうした処遇を享受するのが上記の3つの地位にある者に限定されるのか（例えば財務大臣はどうか）など，これらの地位にある者の特権免除の国際法は，外交官（並びに領事官）に関するものほど明確ではありません。

　② **期　間**　　外交官などの身分に由来する特権免除の始期は，その者が赴任のために接受国の領域に入った時です（元々接受国領域内にいた場合には，自己の任務が接受国外務省に通告された時になります。外交関係条約 39 条 1 項）。また終期は，任務が終了してその者が接受国を去る時，または接受国を去るために必要な期間が経過した時です（39 条 2 項）。なお，終期を迎えた後も，任務の遂行上行った行為については，裁判権からの免除が存続します（同項）。他方で，外交官の私的な行為については免除が消失するため，在任中任務と関わりなく実施した犯罪行為については，その後接受国で逮捕・訴追されることもありえます。

(3) 外交特権免除の濫用に対する接受国の対応

　外交特権免除があるからといって，派遣された外交官が接受国の定める犯罪行為（公館内でのカジノの開催など）を行ったり，外交関係条約の規定に反する行為（外交封印袋を用いて密輸を行うなど）を実施することは，非難されるべき外交特権免除の濫用だと言えます。こうした問題行為に対して，接受国はどのような措置をとりうるのでしょうか。まず，特権免除の放棄を派遣国に働きかけることが考えられます。外交関係条約は，裁判権からの免除についてのみ，派遣国による放棄を認める明文規定を置いています（32 条）。派遣国が免除を放棄すれば，接受国による裁判が可能となります。なお，該当の職員自身が放棄をすることは認められません。

資料 13-4◆逮捕状事件 ICJ 判決（2002 年）

【事件の概要】　2000 年，ベルギーは，当時のコンゴ民主共和国の現職の外務大臣イエロディア・ナドムバシ氏に対して，同氏が大臣就任前に人種的憎悪を扇動したとし，ジュネーヴ条約などの重大な違反及び人道に対する罪の容疑で逮捕状を発出しました。これに対してコンゴ民主共和国は，逮捕状の発出は外交特権免除に反すると主張し，ベルギーを相手どり ICJ に訴えました。裁判所は以下のように述べ，現職の外務大臣も外国の刑事裁判権から免除を享受するとし，本件でベルギーが逮捕状を出したことは国際法に反すると判断しています。

Para. 51.　…国際法上，国家元首，政府の長，外務大臣といったように，ある国家において高位の公職の地位にある一定の者が，外交官や領事官と同様に，民事・刑事双方に関して，他国における管轄権からの免除を享受することは，確立している。本件では，裁判所が検討すべき問題は，現職の外務大臣の刑事裁判権からの免除とその不可侵に限られる。

Para. 53.　慣習国際法上，外務大臣に付与される免除は当人の個人的な利益のために与えられるものではなく，彼らがそれぞれ代表する国家のためにその任務を効果的に遂行することを確保するために与えられる。ゆえに，これらの免除の程度を決定するために，本裁判所は外務大臣により遂行される任務の性質を検討しなければならない。外務大臣は自身の政府の外交活動の任にあり，国際交渉や政府間会合においてその代表として通常行動する。大使や他の外交官は，彼の権限の下において，その任務を遂行する。外務大臣の行為は代表された国家を拘束しうるのであり，外務大臣は，その職務・地位ゆえに，当該国家のために行動する完全な権限を有するとの推定が存在する…。これらの職務の遂行において，外務大臣は国際的に旅行することがしばしば必要であり，このような必要が生じた場合にいつでも自由にそうできる立場になければならない。また外務大臣は，政府や世界中の外交使節団と常に連絡をとりあっていなければならず，いつでも他国の代表とコミュニケーションをとることができなければならない。…

Para. 54.　したがって本裁判所は，外務大臣の職務は，彼が在職中の間を通して，海外で刑事裁判権からの完全な免除と不可侵を享有するような性質のものであると結論する。…

派遣国から協力的な対応を得られなかったなどの場合には，該当の外交官をペルソナ・ノン・グラータであると通告し，その者の退去を要請することも考えられます（9条1項）。なお前述のように，こうした通告にあたり理由を示す必要はありません。さらに深刻な状況となれば，外交関係を断絶するという対応もありえます。

他方，ある外交使節団が外交関係条約に違反する行為をしているからといって，それに対する対抗措置（⇒ コラム14.5（300頁））として，公館や文書，身体の不可侵に反する行動を接受国がとることは認められません（国家責任条文50条2項(b)）。これらの不可侵の原則は，外交関係制度の根幹を構成しており，対抗措置を理由としても，その違反を正当化することはできないのです（在テヘラン米国大使館人質事件ICJ判決（1980年）。**資料13-5**）。

13.3 領事関係法

13.3.1 領事機関の構成と任務

[1] **構 成**　領事機関は，接受国内で派遣国やその国民の利益の保護などにあたり，接受国内の一定の地域を管轄区域として複数設置されることがあります。領事機関は，外交使節団と同様に，**領事機関の長を含む領事官**と，その他の職員（**事務・技術職員，役務職員**）から構成されます（**図表13-6**（273頁））。領事機関の長には，総領事，領事，副領事，代表理事といった階級があります（領事関係条約9条1項）。また領事官については，**本務領事官**と**名誉領事官**という区別もあります。本務領事官は，領事任務の実施を本務として派遣国から派遣される者です。これに対して名誉領事官は，領事任務の実施を派遣国から委嘱される者で，一般に接受国在住者が任命されます。両者では，関係する特権免除の範囲に違いが生じます。

[2] **任 務**　領事機関の任務について，領事関係条約は，自国（派遣国）や在留自国民の利益保護，接受国との経済・文化面などでの関係発展の助長や友好関係の促進，旅券・査証の発給，自国民の出生・死亡・婚姻届の受理といった行政上の処理，相続や裁判などでの自国民支援などを挙げています（5条）。派遣国の国民が逮捕・拘禁などされた場合には，その者の要請があれば，接受国は該当

資料 13-5 ◆ 在テヘラン米国大使館人質事件 ICJ 判決（1980 年）

【事件の概要】 本件の事実関係については，コラム 14-2（285 頁）を参照。本判決で裁判所は，イランによる外交関係条約や領事関係条約などの関連規定の違反を認めましたが，その中で以下のように述べ，イランが主張するように米国の外交官などが特権免除を濫用する行為を行っていたとしても，条約上イランがそれらに対抗してとることができる措置は特定されており，本件でのイランの行動を正当化することはできないと述べています。

Para. 86. 要するに外交関係法の諸ルールは，自己完結的な制度（self-contained regime）を構成している。それは一方では，外交使節団に付与されるべき便宜・特権・免除に関する接受国の義務を規定している。他方では，使節団の構成員によるそれらの濫用の可能性を予見しており，これらの濫用に対処するために接受国が利用できる手段を特定している（筆者注：ペルソナ・ノン・グラータの通告等）。これらの手段は，その性質上，全面的に効果的なものである。なぜなら，派遣国がその職員を直ちに召還しない場合，接受国が使節団の職員としての承認を取り下げることで彼の特権免除はほとんど即座に失われることとなり，そうした見込みがあるならば本人は自らの利益のために速やかに出国するだろうからである。しかし，使節団職員と公館の不可侵の原則は，…長期にわたって確立している制度の，まさしく根幹の一つである。…武力紛争時，あるいは外交関係における違反の場合であっても，これらの規定は，使節団職員・公館の不可侵を接受国が尊重しなければならないことを要求する。…

米大使館占拠事件で在テヘラン米大使館になだれ込む学生ら（イラン・テヘラン）
（写真） AFP＝時事。

の領事機関に遅滞なく通報しなければならず，領事官には面談や弁護人の斡旋などを行う権利が認められています。接受国は，被疑者である当該外国人に対して，領事官と通信する権利があることを遅滞なく告知しなければなりません（36条1項）（コラム13-7）。他方，派遣国を代表して外交活動を行うことは一般に領事機関の任務ではありませんが，接受国の同意を条件として，領事官に例外的に外交活動が認められる場合はあります（17条）。

　領事機関の職員については，その数や国籍について一定の制限はありうるものの，基本的には派遣国が自由に任命できます（19条）。領事機関の長については，外交使節団の長の場合とは異なり，事前に接受国の承諾を求めるアグレマンの制度はありませんが，その任務の遂行には接受国の認可状が必要で，接受国は，特にその理由を示すことなく，認可状の付与を拒否することもできます（12条1項，2項）。また接受国は，領事官については「ペルソナ・ノン・グラータ」であることを，またその他の職員について「受け入れがたい者」であることを，いつでも派遣国に通告できます。その効果は外交使節団の場合と同じです（23条1項，2項）。

　なお領事関係条約によれば，ある二国間で外交関係が断絶したとしても，それ自体は両国間の領事関係の断絶を意味しません（2条3項）。基本的には両者は目的を異にする制度であって，領事関係のみが存続することもありえます。

13.3.2　領事特権免除

[1] その意味と根拠

　領事機関やその構成員も接受国において特別な処遇を与えられ，それらを**領事特権免除**と言います。外交使節団の場合と比べると，その内容・範囲はより限定的です。こうした違いは，外交使節団との職務の差異に基づくと基本的には理解できます。領事機関には派遣国を代表する資格がないため，領事特権免除の根拠については専ら**機能説**（特権免除は能率的な任務遂行に必要だとする考え方）で説明されることになります。以下では，本務領事官の場合に適用される領事関係条約のルールを中心に，主な領事特権免除の内容について，外交特権免除との違いに焦点をあてて説明します（領事関係条約の下では，名誉領事官の場合，特権免除の範囲はさらに限定されます。同条約第3章参照。）。

　この事件では，米国において死刑判決を受けたドイツ国籍のラグラン兄弟が，領事の援助を受ける被拘禁者の権利を米国当局より告知されていなかったことなどが問題となりました。1999 年 3 月ドイツは ICJ に提訴し，2001 年 6 月に出された判決では，米国が領事関係条約の 36 条 1 項や 2 項に違反したと認定されました。ただし，ドイツによる提訴時には，既に同兄弟の弟の死刑は執行されており，兄の処刑についても，その停止を求める ICJ の暫定措置命令を無視する形で執行されました。

　なお ICJ の暫定措置（仮保全措置とも呼ばれます）とは，判決が下されるまでの間に当事者の権利が保全されるよう，裁判所が指示する措置のことです。命令に法的拘束力があるかどうかという点については従来争いがありましたが，上記の判決はそれを肯定したリーディングケースでもあります（⇒15.3.3）。

図表 13-4　外交特権免除と領事特権免除の主な相違点

	外交関係条約	領事関係条約
特権免除の根拠	機能説／代表説	機能説
公館の不可侵・保護	公館のみならず，外交官の住居も不可侵。	公館のみ不可侵（住居含まず）。
	公館全体が立入不可。	公館のうち専ら領事機関の活動のために使用される部分が立入不可。
	緊急時の立入に関する規定なし。	緊急時では，立入について長の同意が推定される。
通信の自由・文書の不可侵	外交封印袋開封・留置は禁止される。例外に関する明文規定なし。	領事封印袋は原則として開封・留置は禁止されるが，一定の場合に開封・返送を認める規定あり。
身体の不可侵（以下，外交官／本務領事官の場合）	どのような犯罪でも逮捕・拘禁されない。	重大な犯罪の場合は，逮捕・拘禁されうる。
裁判権からの免除	任務遂行上の行為のみならず，私的な行為も免除。	任務遂行上の行為のみ免除。私的な行為は免除されない。
	刑事訴訟から免除。民事訴訟から原則免除。例外は限定的。	刑事訴訟から免除。民事訴訟から原則免除。交通事故の損害賠償訴訟などが例外。いずれも私的な行為は免除されない。

なお，領事官に認められる特権免除の一部は，その他の職員，家族，使用人にも認められます（それぞれで認められる範囲は異なります）。領事特権免除が認められる期間や場所は，外交特権免除の場合とほぼ同様です。また，外交特権免除と同様に，接受国による放棄に関する定めがあります（領事関係条約45条）。公館，文書，身体の不可侵に反する行動が，対抗措置として正当化されない点も，外交特権免除の場合と同じです（国家責任条文50条1項(b)）。

[2] 主な領事特権免除の内容

(1) 領事機関に与えられる特権免除

(a) **公館の不可侵・保護**　　領事関係条約は，領事館などの**公館の不可侵**を定めています（31条）（実際に問題となった事例として**コラム13-8**（275頁））。外交使節団の公館の場合と同様に，領事機関の長の同意のない立ち入りなどが制限されるのみならず，私人による侵害から積極的に保護することも接受国の義務です。ただし外交使節団の場合との主な違いとして，まず領事官の住居は不可侵の対象に含まれていません。また同条約は，領事機関の公館のうち，「専ら領事機関の活動のために使用される部分」を立ち入り不可の対象としていますが（31条2項），その正確な範囲は必ずしも定かではありません。さらに，火災など緊急を要する災害にあっては，領事機関の長の「同意があったものとみなす」ことが明文化されており，接受国による迅速な対応（敷地に立ち入った消火活動等）が法的に可能であることが明確になっています（31条2項）。

(b) **通信の自由・文書の不可侵**　　外交使節団の場合と同様，領事機関についても通信の自由や文書の不可侵が認められています（領事関係条約35条）。書類などの輸送にあたっては，**領事封印袋**と呼ばれる袋を利用でき，この袋も開封・留置が禁止されています（同3項）。ただし領事関係条約は，領事封印袋に本来封入してはならないもの（同4項が封入可能なものを定めています（公の書類等））を含んでいると信じる十分な理由がある場合，接受国当局の立ち合いの下で派遣国の委任を受けた代表による開封を要求することができ，開封を拒否された場合は発送地に返送されることが明文化されています（同3項）。

(2) 領事官の身分に由来する特権免除

(a) **身体の不可侵**　　領事官も身体の不可侵が認められていますが，重大な犯罪を行った場合には，接受国の司法当局の決定により，抑留・拘禁が認められて

図表 13-5　米国内の日本の在外公館

　設置先の国家の規模により，領事館は 1 つの国内に複数設置されることがあります。下図は，米国内にある日本の大使館や（総）領事館などの所在地と，各々の管轄地域を示したものです。

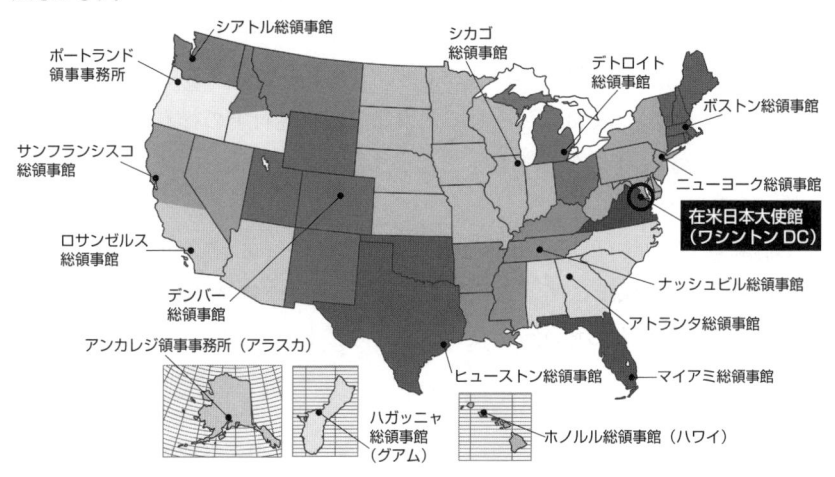

（出所）　在シカゴ日本総領事館 Web サイト。

図表 13-6　領事機関の構成

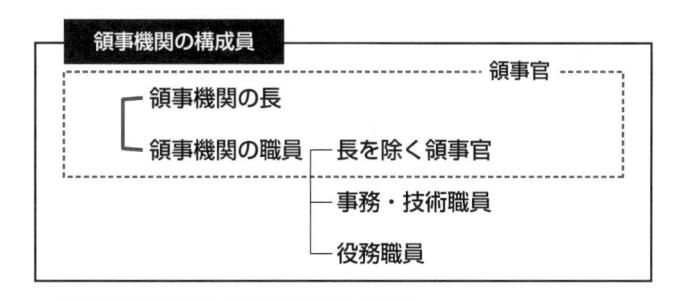

います（領事関係条約 41 条）。「重大な犯罪」の具体的内容は，二国間条約などで決定されます。例えば日米領事条約では，「1 年以上の禁固刑に処せられることがある罪」と定めています（日米領事条約 11 条 1 項 (b)）。

(b) **裁判権などからの免除**　　外交官の場合とは異なり，領事官に与えられる裁判権からの免除は，任務遂行上の行為に限定されています（つまり私的な行為は対象外です）。また任務遂行上の行為であっても，一定の民事訴訟（交通事故の被害者による損害賠償訴訟等）については免除を主張することができません（領事関係条約 43 条）。なお，こうして領事官の任務遂行上の行為について認められた裁判権免除は，その任務を終えて退去するなどした後も，無期限に存続します（53 条 4 項）。

その他領事官には，外国人登録などに関する免除（46 条），就労許可に関わる免除（47 条），社会保障に関する免除（48 条），課税の免除（49 条），関税の免除（50 条），人的役務などの免除（52 条）が認められています。

コラム 13-8 ● 在瀋陽日本国総領事館事件（2002 年）

　2002 年 5 月 8 日，北朝鮮出身の男女 5 名が，中国瀋陽にある日本国総領事館に逃げ込む事件が発生しました。うち女性 2 名と幼児 1 名は，正門付近で中国武装警察に捕らえられましたが，男性 2 名は総領事館内の査証待合室まで入ったところ，中国武装警察が日本の同意なくそこに立ち入り，結果 5 名全員が中国公安部に連行されました。日本は，中国側の対応が領事機関の公館の不可侵に反するとし，5 名の引渡しを求めましたが，中国政府は日本側の同意があったなどとして領事関係条約の違反を認めませんでした。その後両国は，類似事件の再発防止などを目的に，日中領事協定を締結しました。同協定では，大使館と同等の不可侵の確保が図られています。

在瀋陽日本国総領事館（2003 年 10 月 12 日撮影。）
（写真）　時事。

コラム 13-9 ● 駐留外国軍隊の扱い

　外交官などと同様に，受け入れ国の管轄権からの免除などが問題となるものとして，外国領域に駐留する軍隊が挙げられます。通常，駐留軍隊の扱いは，派遣国と領域国の間の条約で決められます。例えば在日米軍については，在日米軍の地位に関する日米協定（1960 年）で扱いが決められています。同協定によれば，米国軍人・軍属などによる犯罪につき，両国の裁判権が競合する場合，専ら米国の財産や安全のみに対する罪，または専ら軍隊の他の構成員などの身体・財産のみに対する罪，公務執行中の行為から生ずる罪については，米国に第 1 次裁判権が認められます（17 条 3 項(a)）。その他の罪については，日本に第 1 次裁判権があります（同項(b)）。また，日本が裁判権を行使すべき場合でも，犯罪行為を行った米国軍人などの身柄が米国側にあるときは，公訴がなされるまでは米国側が引き続き拘禁します（17 条 5 項(c)）。

国家責任法

国家が国際法上の義務に違反するとどうなるのでしょうか。慣習国際法によれば，当該違反国には国家責任と呼ばれる法的責任が生じます。違反国は，違反にあたる行為の中止や，発生させた被害につき原状回復や金銭賠償などを求められる可能性があります。こうした基本的内容の理解がまずは重要ですが，関連して様々な問題を考える必要が出てきます。例えば，そもそも具体的に誰のどのような行為が国家の行為とみなされるのでしょうか。また，事情によっては違反行為が例外的に正当化される場合はないのでしょうか。さらに，違反国に対して責任を追及できるのはどの国家なのでしょうか。第14章では，これらの問題に関する国家責任法と呼ばれる国際法分野を扱います。

14.1 国家責任法の発展

　これまでみてきたように，今日では主に条約や慣習国際法を通じて様々な国際法の規則が発展していますが，時にそうした規則に違反する行動を国家がとる場合もあります。このように，国家が国際法上の義務に反する違法な行為（国際違法行為）を行った場合に生じる法的責任を**国家責任**と言い，その成立，内容，追及に関する規則を総称して**国家責任法**と言います（図表 14-1）。国家責任法では，いかなる場合に国際違法行為が認められるのか，また国際違法行為の結果，いかなる権利義務が関係国に生じるのかが問題となります。

　この国家責任法は，慣習国際法として形成されてきました。19 世紀後半頃には，自国民が外国において国際法に反する処遇を受け，身体や財産について損害を被った場合に，その者の国籍国が当該外国の責任を追及する実践（**外交的保護**⇒14.4.2）がみられるようになっていました。このように元々は，国家責任法は，外国人の処遇をめぐる加害国と被害国との間の二国間関係を前提とした制度だったと言えます。しかし，1956 年に国家責任法の法典化に着手した国際法委員会（ILC）（⇒12.3.3）は，1960 年代に入って方針を転換し，外国人の処遇に関わる義務に限らず，あらゆる国際法上の義務の違反を対象としうる責任規則の法典化を進めるようになります（コラム 14-1）。その頃から，例えば人権や環境といった問題については，多数国間あるいは国際社会全体の共通利益を保護するための義務が発展しつつありましたが，そうした義務の違反の場合も扱うこととなり，国家責任法における課題は一層複雑となりました。

　そして長年の法典化作業の結果，ようやく 2001 年に**国家責任条文**が採択されました。この文書は条約にはなっていませんが，そこで定められた規則の多くが慣習国際法化していると考えられており，国家責任法の内容を知る重要な手がかりとなります。以下では，国家責任条文を適宜参照しながら，国家責任の成立，内容，追及に関する規則を順にみていくこととします。なお，個別の条約で当該条約上の義務違反の結果について特別な規則が定められている場合には，この章で扱う国家責任法の規則に優先して適用されます（国家責任条文 55 条。以下で挙げる条番号も，別の記載がない限り，国家責任条文の条番号です）。

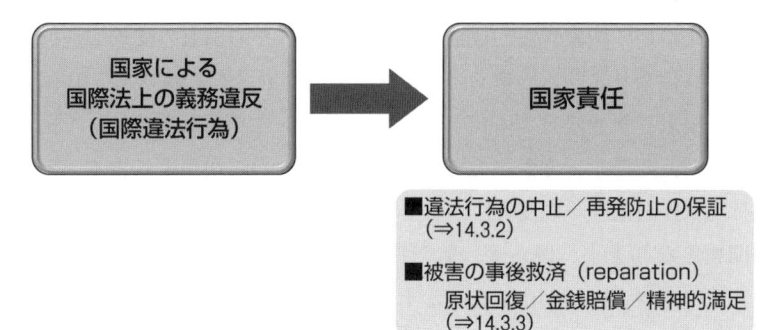

図表 14-1　違法行為責任としての国家責任

コラム 14-1 ●「二次規則」としての国家責任法

　ILC は，国家の権利義務に関する国際法の規則を「一次規則」と呼び，国際違法行為の成立やその結果に関わる国際法の規則のことを「二次規則」と呼んで区別しました。国家責任条文に法典化された国家責任法は，ここで言う「二次規則」にあたります。

　当初 ILC は，外国人の身体・財産への被害についての責任に限定して法典化を試みましたが，その際には，外国人の処遇に関する義務，つまり「一次規則」も法典化の対象としていました。しかし，外国人の処遇については，国際的な基準（実質的には欧州諸国の基準）に従って処遇すべきとする「国際標準主義」と，自国民に与える処遇と同等であればよいとする「国内標準主義」との基本的な対立があり，法典化は困難でした。その後 ILC は方針転換し，国家責任の対象をあらゆる国際法上の義務違反のケースに拡大する一方で，法典化の対象を「二次規則」に限定することとしました。

一次規則＝国家の権利義務に関する国際法の規則

二次規則＝国際違法行為の成立やその結果に関わる国際法の規則

14.2 国家責任の成立

14.2.1 国家責任成立の2要件

　ある国家について国家責任が成立するためには，その国家の**国際違法行為**が認められなければなりません。例えば，A国に登録された航空機Xが，B国の領空に許可なく侵入（領空侵犯⇒4.1.2）したとします。この侵入行為は，A国の国際違法行為と言えるでしょうか。ここでは大きく2つの問題が生じます。第1に，問題の行為（B国領空への侵入）がそもそも国家（ここではA国）の行為と言えるかが問題となります。例えば，航空機XがA国空軍の任務中の軍用機である場合と，個人が私的に利用しているセスナ機である場合とでは違いはあるでしょうか。これは一般に，行為の国家への帰属の問題と呼ばれています。第2に，それが国家の行為だと言えても，国際法上の義務に反する違法な行為と評価されるべきかが問われます。つまり，その行為が国際法上の義務の内容に反しているか，また反しているとしても正当化できる事情がないかが問題となります。例えば航空機Xが，機器の故障により制御の余地なく侵入していた場合はどう考えればよいでしょうか。

　問題の行為が国家に帰属することを国家責任成立の主体的要件，その行為が国際法上の義務に違反し違法であることを国家責任成立の客観的要件と呼ぶこともあります。両要件が満たされる場合に国家責任が生じます（図表14-2）。

14.2.2 国家責任成立の要件1 主体的要件：行為の国家への帰属

　国家の行為といっても，具体的には誰か（人や組織）の行為が国家の行為とみなされることになります。それはどのような場合なのでしょうか。

　まず，国内法上国家機関の地位にある者がその資格で行った行為は，国際法上もその国家の行為とされます。立法機関，行政機関，司法機関のいずれについても，その行為は国家の行為となります（図表14-3）。また，行為者の組織上の地位（上級公務員であるかどうか）も問われません。州や地方自治体といった地方機関の行為も，国際法上は国家の機関とみなされます（4条）。なお国際司法裁判所（ICJ）によれば，正式に国家機関としての地位を有さない人や組織であっても，事実上ある国家に完全に従属しているような場合は，国家責任条文4条で言

図表 14-2　国家責任成立の要件

　ある国家の国家責任が成立するためには，その国家による国際違法行為が存在することが必要ですが，これは以下の2つの要件として整理できます。すなわち，問題となっているある人や組織が行った行為が，①その国家の行為だと言えて（主体的要件），かつ，②国際法上の義務と合致しないこと（客観的要件）が必要です。

【主体的要件】 ある人・組織の行為が，国際法上その国家に帰属すること。	→	・ある国家の国家機関・公務員の職務上の行為は，原則として当該国の行為とみなされる。 ・私人の行為は，その者が自国民であっても，原則としてその国家の行為とはみなされない。
【客観的要件】 問題の行為が，その国家が負う国際法上の義務に違反すること。	→	・たとえ，その国家の国内法で合法な行為であっても，国際法違反を正当化できない。 ・ただし，一定の特別な事情を根拠に，国際法上の違法性が阻却される場合がある（14.2.3 も参照）。

図表 14-3　各国の立法機関／行政機関／司法機関が行いうる
　　　　　　国際法違反の行為の例

立　法　　　　　　　　行　政　　　　　　　　司　法

・国際法に反する国内法の
　制定あるいは維持
・国際法上の義務の実施に
　必要な国内法の不制定
　　　　　　　　　　など

・適法手続によらない逮捕
・外国人企業に対する恣意
　的な行政処分　　　など

・外国人を理由とした訴え
　の不受理
・著しい裁判の遅延　など

う国家の機関にあたるとされます（対ニカラグア軍事行動事件本案判決（1986年）等）。

国家機関の地位にある者の行為でも，例えば休暇中に私的に行った行為については，国家に帰属しません。与えられた権限を逸脱する行為や，上位機関の指示に背く行為の扱いについては，従来から議論があります。今日では，外観上公的な資格で行動していた場合，あるいは公的な資格に固有な手段を行使した場合には，国家の行為とみなされるとの立場（外観説）が一般的となりつつあります（7条）。ただし軍隊構成員については，陸戦法規慣例条約（1907年）3条（資料14-1）などを理由に，外観を問わず一切の行為が国家に帰属するとの見解もみられます。

その一方，国家責任条文4条で言う国家機関に該当しない私人が行った行為は，国家の行為とはみなされないのが原則です。ただし例外もあります。第1に，国家機関ではないが，国内法令によりその国家の統治権限の一部の行使を認められている人・団体が，その資格で行動している場合には，その行為は当該国に帰属します（5条）。出入国管理を委託された民間航空会社などが，その例です。

第2に，私人がある国家の指示や指揮の下で実際に行動している場合が挙げられます（8条）。この点につき対ニカラグア軍事行動事件ICJ本案判決（1986年）は，ニカラグアの反政府勢力が行った行為が，同勢力に支援を行った米国に帰属するかという論点について，米国への帰属が認められるためには支援のみでは不十分であり，個々の具体的な作戦に対する命令といったように，特定の行為に対する「実効的支配（effective control）」が求められると判断しました。（**実効的支配の基準**）。この基準については，タジッチ事件旧ユーゴスラビア刑事裁判所上訴裁判部判決（1999年）が，組織化された集団の行為が問題とされている場合には，より敷居の低い「全般的支配（general control）」で足るとしましたが，このタジッチ事件では個人の刑事責任が問われており，国家の国家責任が問題となっていたわけではありませんでした（資料14-2）。その後ICJは，ジェノサイド条約適用事件本案判決（2007年）において，タジッチ事件は文脈が異なるとの理解を示し，実効的支配の基準を支持しています（資料14-3）。

第3に，内乱や自然災害などにより，正規の国家機関が機能不全におちいっている状況において，私人が自ら統治活動の一部を実施した場合も国家の行為とな

資料 14-1 ◆ 陸戦法規慣例条約（1907 年）

第３条　前記規則ノ条項ニ違反シタル交戦当事者ハ，損害アルトキハ，之カ賠償ノ責ヲ負フヘキモトス。交戦当事者ハ，其ノ軍隊ヲ組成スル人員ノ一切ノ行為ニ付責任ヲ負フ。

資料 14-2 ◆ タジッチ事件旧ユーゴスラビア刑事裁判所上訴裁判部判決（1999 年）

【事件の概要】　旧ユーゴスラビア国際刑事裁判所は，安保理決議 827（1993 年）に基づき設立された裁判所で（⇒9.3.2），1991 年以降旧ユーゴスラビア領内で行われた，1949 年ジュネーヴ諸条約に対する重大な違反行為などについて，個人を裁く権限を与えられました。本件では，被告人タジッチが参加していた戦闘が国家間の武力紛争であったと言えるかが問題となり（上記のジュネーヴ諸条約の「重大な違反行為」に関する規定が国際的武力紛争を対象としていたためです），その文脈で裁判所は以下のような全般的支配の基準を示しました。

Para. 137.　…従属的な軍隊または軍事的若しくは準軍事的部隊に対する国家の支配は，全般的性格のものでよい（単なる財政支援，軍事的装備や訓練の供与以上のもので構成されねばならない）。だがこの要件は，国家の特定の命令を発出することや，個別の作戦を指揮することをまで求めるものではない。

資料 14-3 ◆ ジェノサイド条約適用事件 ICJ 本案判決（2007 年）

【事件の概要】　本件は，ボスニア・ヘルツェゴヴィナが，セルビア・モンテネグロによるジェノサイドについて ICJ に訴えた事件です。本件では，ジェノサイドを実行した非国家主体の行為が，セルビア・モンテネグロに帰属するかが問題となりました。裁判所は，全般的基準を国家責任に採用すると，国家の責任の範囲が拡大しすぎると述べています。

Para. 406.　「全般的支配」のテストには，国際責任に関する法を規律する基本原則を超えて責任の範囲を拡大するという重大な欠陥がある。その原則とは，国家は自身の行動についてのみ，つまりは，いかなる根拠であろうと，国家に代わって行動する人々の行為についてのみ責任を問われうる，というものである。

ります（9条）。イエーガー事件イラン米国請求権裁判所判決（1987年）は，イランのイスラム革命中のイラン革命防衛隊の行為（米国人の国外追放）につき，同隊が正式な国家機関ではなかったにもかかわらず，イランに帰属することを認めました。

第4に，国家が私人の行為を自らの政策として是認した場合も，その国家の行為とみなされます（11条）。在テヘラン米国大使館人質事件ICJ判決（1980年）は，武装集団による米国大使館の占拠などについて，イラン高官がそれを是認する声明を繰り返したことを理由に，国家（イラン）の行為へと変化したと判断しています（コラム14-2）。

また，ある私人の行為自体を国家の行為とみなすことができなくても，当該行為に「関連して」国家の責任が問われることはありえます。例えば，各国は領域使用の管理責任を負っており，他国の権利が領域内の私人の活動によって侵害されないよう，相当の注意を尽くさなければなりません（⇒2.1.2）。この義務を履行しなかったことを根拠に，国家が私人の行為に関連して責任を負う可能性はあります。この場合，有害な私人の行為（例：工場からの汚染物質の排出）自体は国家の行為と言えなくても，そうした私人の活動を注意して管理しなかったことが，国家の国際違法行為となるわけです（コラム14-2も参照）。

14.2.3　国家責任成立の要件2 客観的要件：国際法上の義務の違反

国家責任が発生するためには，こうした国家の行為がさらに国際違法行為を構成しなければなりません。つまり，当該行為が国際法上の義務（国際義務）に違反していることが必要です。ここで義務の違反とは，義務の要求に国家の行為が合致しないことを指します。問題となっている義務が，条約上の義務でも慣習国際法上の義務でも，その法源の形式は問われません（12条）。また国際義務は，「結果の義務」，「手段・方法の義務」，「特定事態発生防止の義務」に分類されることがありますが（図表14-4），いずれの義務の違反も国際違法行為となり責任を発生させうる点に変わりはありません。こうした国際義務の違反の存否は，専ら国際法に照らして判断され，例えばその行為が国内法上合法だからといって，国際法上の違法性を否定することはできません（3条）。

ただし，国際義務に合致しない行為であっても，特別な事情を根拠に違法性が

コラム 14-2 ● 在テヘラン米国大使館人質事件

1979 年 11 月，イランのテヘランにある米国大使館前でデモを行っていたイスラム学生から成る暴徒数百人が，同大使館に侵入して占拠し，大使館員らを人質として拘禁するという事件が発生しました。さらには，イランにある 2 つの米国領事館も同様に占拠されます。その後も問題の解決に進展がなかったため，米国は ICJ に提訴し，イランによる人質の解放や賠償などを求めました。

1980 年に下された判決では，暴徒がイランの国家機関としての公式の地位を持たなかったにもかかわらず，イランの国家責任を認めました。第 1 に，イラン政府が，暴徒による襲撃の防止のために適切な措置をとらなかったことなどが，外交使節団の公館の保護や外交官の身体の保護などに関わる外交関係条約上の義務（⇒13.2.2）や，領事関係条約が定める同様の義務（⇒13.2.2）の違反であると認定しました。つまり，そうした不作為が国際違法行為にあたるとされたわけです。そして第 2 に，本文でも述べたように，当該占拠をイラン政府が公式に承認し占拠の継続を宣言したことにより，暴徒による占拠と拘禁という行為が，イランという国家の行為に変質したと判断されました（同判決については**資料 13-5**（269 頁）を参照）。

図表 14-4　国際法上の義務の分類

結果の義務	■結果の達成を求めるが，そのための措置の内容は国家に委ねる。
手段・方法の義務	■特定の措置をとることを求める。
特定事態発生防止義務	■私人の行為や自然現象を原因とする特定の事態の防止を求める。

※この 3 分類は，基本的にはどの時点で違反が発生したかの確定に関わる類型で，いずれに違反しても，その法的帰結に変わりはありません。国家責任条文は，この 3 分類を最終的に採用しませんでした。

否定される場合があります（その結果，責任も発生しません）。そのような特別な事情のことを**違法性阻却事由**と言い，国家責任条文は以下のような事由を定めています。まず，相手国側の行為を理由とするものとして，相手国の**同意**がある場合（20 条）や，相手国による違法な武力攻撃に対する**自衛**に該当する場合（21 条）（⇒9.4），相手国の国際違法行為に対する**対抗措置**にあたる場合（22 条）（コラム 14-3（293 頁））は，違法性を阻却できます。また，関連国の行為と関わりのない外的状況を理由とするものとして，義務の履行が物理的に不可能である場合（**不可抗力**）（23 条），行為の実行者が**遭難**状態にあり，当該実行者や管理下にある他人の生命を守るために他に合理的な方法がない場合（24 条），重大で急迫した危険から重要な利益（根本的利益）を守るための唯一の方法である場合（**緊急避難**）（25 条）も，違法性の阻却が認められます（図表 14-5）。

　こうした特別な事情が存在する限りで義務の不履行が正当化されますが，義務の効力自体が失われるわけではありません。不履行を正当化すべき事情が消滅した場合には，再び義務を遵守することが求められます（27 条）。また，強行規範（⇒12.6.5）から生ずる義務に違反する行為については，上記のような事情があっても逸脱は許されず，違法性を阻却することはできません（26 条）。例えば，拷問禁止義務に反する行為を正当化することはできません。

14.2.4　その他の要件に関する議論：過失・損害

　国家責任の成立については，他にも要件が議論されてきました。一つは過失の存在であり，国家責任の発生には，行為が非難に値するものであるかを判断する要素として，国家の故意・過失という主観的要素も必要だとの立場がみられました。もう一つは損害の存在であり，外国またはその国民に対する何らかの物理的・非物理的損害（精神的損害）の発生も必要だとする見解もありました。国家責任条文は，いずれの点についても，その違反が問題となっている義務の内容如何（つまりは一次規則（⇒ コラム 14-1（279 頁）の問題）だとし，国家責任の成立において一律には要求されないとの立場をとっています。

図表 14-5 国家責任条文上の違法性阻却事由

① 相手国側の行為を理由とするもの

■同　　意（20 条）
・相手国側が，違法行為について同意を与えていた場合（例：外国軍用機の領空飛行の許可）。
・問題の行為が，有効な同意の範囲内になければならない。

■自　　衛（21 条）
・相手国が先行して武力攻撃を行っており，それに対する自衛権の行使にあたる場合。

■対抗措置（22 条）
・相手国が先行して国際違法行為を行っており，その中止や損害の事後救済の履行を求めて対抗措置として行われた場合。
・均衡性などの要件や一定の手続がある（49 条 ～ 53 条）。

② 外的状況を理由とするもの

■不可抗力（23 条）
・義務の履行が物理的に不可能な場合。
・自然により生じる場合（例：気象の圧力で航空機のコントロールがきかない場合）や，人間の介入により生じる場合（例：反乱による一部領土に対する支配の喪失）が考えられる。

■遭　　難（24 条）
・実行者や管理下の他人の生命を守るために，他に合理的な方法がない場合。
・不可抗力と同様の原因で生じる場合がありうるが（例：気象），義務の履行が物理的に不可能とまでは言えない点で不可抗力と区別される。

■緊急状態（緊急避難）（25 条）
・重大で急迫した危険から，国家や国際社会の重要な利益を守るための唯一の方法である場合。
・遭難とは異なり，個人の生命への危険に対処するものではない。
・国家責任条文では，緊急状態を理由とする違法性阻却は，例外的にのみ認められるものとしている。
・緊急状態と言える状況の発生に自らが寄与した場合は，この違法性阻却事由を援用できない。

※ただし，上記のような事情があっても，強行規範にあたる義務（例：拷問禁止義務）の違反を正当化することはできません。なお，同意と自衛については，違法性阻却事由と考えることが適切か争いもあります。

14.3　国家責任の内容

14.3.1　国際違法行為により生じる義務

　国家責任法の下で，国際違法行為は法的にどのような結果をもたらすのでしょうか。まず，国際違法行為を行った国家（責任国）は，当該違法行為を中止し（30条）（⇒14.3.2），またその行為により生じた損害について十分な事後救済（reparation）を提供することを義務づけられます（31条）（⇒14.3.3）（図表14-6）。また国家責任条文は，当該国際違法行為が強行規範の重大な違反にあたる場合に限り，責任国以外のすべての国にも一定の義務が生じるとしています（40条，41条）（⇒14.3.4）（図表14-8（293頁））。

　一般に国家責任法の機能として，第1に過去に生じた被害の事後救済と，第2に将来に向けた法関係の回復を指摘できます。伝統的には第1の機能が強調されてきました。しかし，国家責任条文では違法行為の中止義務も強調され，また後述するように個別に被害を被っていない国家による責任追及も可能な場合があると考えられるようになっていること（⇒14.4.3）などから窺えるように，今日では国家責任法の第2の機能も重要です。

14.3.2　違法行為の中止／再発防止の保証

　国際違法行為の中止は，当該違法行為が依然として継続している場合に求めることができます（30条(a)）。例えば，A国内にあるB国大使館をA国兵士が違法に占拠し続けている場合，B国はA国に対して兵士の大使館からの退去を要求できます。国際裁判で違法行為の中止を求めても，義務違反が過去に終了していることを理由に認められないこともあります。例えばパルプ工場事件ICJ判決（2010年）は，ウルグアイがアルゼンチンとの二国間条約（ウルグアイ川規程）が定める通報などの手続に違反したことは認定したものの，それらの違法行為は終了しているとして，違法行為の中止を命じる理由はないと判断しました（コラム14-3（293頁））。

　また，責任国は，違反が頻発している場合など特別な事情がある場合には，同様の違法行為を繰り返さない旨の約束や措置をとる義務があるとされます（30条(b)。資料14-4）。こうした**再発防止の保証**は，伝統的には後述する被害の事後救

図表 14-6　国際違法行為を行った国家に生じる義務

① 違法行為が継続していれば，違法行為の中止

② 特別な事情があれば，再発防止の保証

③ 与えた被害の事後救済（reparation）

　・**原状回復**（違法行為以前の状況に回復）

　・**金銭賠償**（金額に評価可能な損害の補填）

　・**精神的満足**（陳謝等，満足を与える行為）

資料 14-4 ◆ 航行等の権利に関する紛争事件 ICJ 判決（2009 年）

【事件の概要】　この事件は，2005 年にコスタリカが，サンファン川における自国の航行などの権利をニカラグアが侵害してきたとして，ICJ に訴えた事件です。裁判所は，ニカラグアによる二国間条約の違反を認めましたが，コスタリカが要求した再発防止の保証のための措置については，以下のように述べたうえで，認めませんでした。

Para. 150.　…本裁判所は，過去にそうしてきたように，国際違法行為に責任のある国家に対して，再発防止の保証を被害国に提供するよう命令できるが，そのような命令は事情がそれを正当化する場合に限られ，その点を評価するのは本裁判所である。原則としては，裁判所によりその行為・行動が違法だと宣言された国家が，将来もそうした行為・行動を繰り返すと考える理由は存在しない。なぜなら，国家の誠実性は推定されねばならないからである。…

済（精神的満足）として理解されることが多かったのですが，むしろ将来に向けた継続的な法関係の修復・強化を目指している点で，違法行為の中止と共通性があると言えます。

14.3.3 被害の事後救済

責任国には，外国などに与えた損害について**事後救済**（reparation）を提供する義務があります（31条）。物理的な損害（例：大使館の破壊）はもちろんのこと，非物理的な損害（例：領空侵犯）も救済の対象とされてきました。ホルジョウ工場事件常設国際司法裁判所（PCIJ）本案判決（1928年）が述べたように，事後救済は可能な限り違法行為の一切の結果を拭い去るものでなければなりません。より具体的には，**原状回復**（restitution），**金銭賠償**（compensation），**精神的満足**（satisfaction）という3つの方式があり，これらを複数組み合わせることも許容されています（34条）（図表14-7）。

原状回復とは，違法行為が行われる前に存在した状態を回復することを意味します（35条）（**資料14-5**）。このような理解とは異なり，違法行為がなかったら現在存在したであろう状態の創出が求められるとする学説もありますが，そうした仮説的な状況の評価は容易ではないため，国家責任条文はより限定的な解釈を採用しています。さらに原状回復は，物的な原状回復（例：破壊された大使館の修復）と，法的な原状回復（例：国際法に反する内容の国内法の改廃）に区別されます。物理的に実施が不可能な場合や，責任国に不合理な負担となる場合（均衡性を欠く場合）には，原状回復を要求できません（35条(a), (b)）。国家責任条文上は後述する他の救済方式に優先するものとされていますが，実際には次の金銭賠償で対処されることが多くなっています。

金銭賠償とは，金額として評価可能な損害を補填するために金銭を支払うことです（36条1項）。違法行為から生じた逸失利益も対象となります（2項）。通常は物理的損害の救済手段として利用されますが，金銭評価が可能な限りでは非物理的損害もその対象になりえます（レインボー・ウォリアー号事件仲裁判断（1990年））。また物理的損害といっても，例えば環境が人間に提供する様々な機能（例：樹木による保水や生態系の維持など）に関わる損失のように，金銭評価は容易でないものもあります。しかし，合理的な方法論を用いて算定された損害は，

図表 14-7　被害の事後救済の方式

① 原状回復	・違法行為が存在した前の状態を回復する。 ・物的な原状回復と法的な原状回復がある。 ・物理的に不可能でないことと，均衡性を欠かないことが条件。
② 金銭賠償	・損害の補填のために金銭を支払う。 ・金額として評価可能な損害を対象。 ・懲罰的な金銭賠償は認められない。
③ 精神的満足	・主観的な満足を付与する。 ・陳謝等，①・②以外の手段が広く含まれる。 ・国際裁判所による違法宣言判決も，精神的満足の手段として考えられている。

資料 14-5 ◆ 原状回復の命令の例：プレア・ビヘア寺院事件 ICJ 本案判決（1962 年）

【事件の概要】　本件では，タイとカンボジアの国境にあるプレア・ビヘア寺院の帰属が両国間で争われました。判決は，同寺院がカンボジア主権下の領域に存在すると判断し，タイが同寺院から持ち去った物品のカンボジアへの返還などを命じました。

主文

…タイは，1954 年のプレア・ビヘア寺院の占拠以降，タイ当局が同寺院やその敷地から持ち去った可能性のある，…特定された対象物をカンボジアに返還する義務があると認定する。

金銭賠償の対象となると考えられます（⇒5.2.2）。なお、ここでの金銭賠償はあくまで発生した損害の補填を目的としており、例えば責任国に対する制裁を目的に追加的な金銭賠償を求めることはできないと一般に理解されています。

　精神的満足とは、被害国に主観的な満足を与えることです。原状回復・金銭賠償以外の救済手段で、伝統的に非物理的損害に対する救済として認められてきたものが広く含まれます（37条）。具体的には、陳謝や遺憾の意の表明、違法性の自認、責任者の処罰など、責任国による様々な対処が精神的満足を与える措置として認められてきました。責任国自身による対処ではないという意味で特殊なものとして、国際裁判所による違法宣言判決もあります。例えば前述のパルプ工場事件 ICJ 判決（2010 年）では、ウルグアイによる協議義務の違反などは物理的損害を伴うものではありませんでしたが、そうした違法性の認定自体が精神的満足の措置にあたると裁判所は述べています（コラム 14-3）。

14.3.4　強行規範の重大な違反がもたらす義務

　国家責任条文は、強行規範の重大な違反の場合には、さらに追加的な法関係が生じるとしています（この場合も、責任国には違法行為の中止や被害の事後救済が義務づけられることに変わりはありません）。ここで重大な違反とは、組織的で意図的に遂行される違反や、甚だしい影響がある違反を意味します（40 条 2項）。こうした違反は、国際社会全体の基本的価値に対する深刻な攻撃だとも言えます。そこで責任国だけではなくすべての国に対して、合法的手段により当該違反を終了させるために協力すること、並びに、当該違反によりもたらされた状態の承認や、そうした状態を維持するための支援・援助を控えることを義務づけています（41 条）（図表 14-8）。

　たしかにこれらの義務も国家の違法行為の結果として生じる義務ではありますが、責任国ではない国家も負う義務であるという点で、14.3.2 や 14.3.3 でみてきた責任国が負う義務とは異なります。国際社会の共通利益の実現のため、国家責任法にもたらされつつある変容の一つだと言えるでしょう（もう一つ重要な変容として対世的義務の発展への対応が挙げられます。14.4.3 を参照。）。

コラム 14-3 ● パルプ工場事件 ICJ 判決（2010 年）

　アルゼンチンとウルグアイとの国境を構成するウルグアイ川については，1975 年に両国間で二国間条約（ウルグアイ川規程）が締結され，当該河川の利用の管理に関わる共同機関として，ウルグアイ川管理委員会が設置されていました。この条約は，規制対象としている事業が国内で行われる場合に同委員会への通報を求めるなど，河川利用の適切な利用を確保するための手続上の義務を定めると同時に，水質汚染の防止などの措置をとることで河川の環境を保護することを両国に義務づけていました。

　本件では，2000 年代に入ってウルグアイが同委員会に通報を行った製紙工場の建設計画につき，十分な情報が提供されないままウルグアイが建設などの許可を発給したとしてアルゼンチンが反発し，上で述べたような義務にウルグアイが違反しているとして ICJ に提訴するに至りました。2010 年に下された判決は，手続上の義務にウルグアイが違反したことは認定しましたが，汚染の証拠は十分ではないなどとして，水質保護などに関する義務の違反は認めませんでした。そして，ウルグアイによる手続上の義務の違反については，ICJ がそれを認定したこと自体が，アルゼンチンに対する精神的満足の措置を構成すると ICJ は述べました。

図表 14-8　強行規範の重大な違反の場合に，すべての国に生じる義務

① 当該違法行為を終了させるための協力

② 当該違法行為がもたらした状態の不承認

③ 上記状態を維持するための支援・援助の禁止

14.4 国家責任の追及

14.4.1 被害国による責任の追及

　それでは，責任国に対して違法行為の中止や被害の事後救済を請求できる国家，すなわち国家責任を追及できる国家は，具体的にどのような国なのでしょうか。伝統的には，他国の国際違法行為により自国の権利・利益を侵害された国家（被害国）が請求できると考えられてきました。国家責任条文では，違反の対象となった義務の類型に応じてそうした被害国の特定を図っています。

　第1に，国家が他の1つの国家に対して負っている義務（個別国家に対する義務あるいは二辺的義務）に違反した場合は，当該他国が被害国として責任を追及できます（42条(a)）（図表14-9の①）。典型的には，二国間条約上の義務を一方の当事国が違反した場合の，他方の当事国が被害国に該当します。もっとも多数国間条約であっても，二国間関係の束と言えるような法関係を形成している場合があります。例えばウィーン外交関係条約が定める公館の不可侵（外交関係条約22条⇒13.2.2）は，外交使節団の接受国が個々の派遣国に対して負っている義務と考えることができ，接受国による違反があれば，不可侵を破られた公館を設置している派遣国が被害国となります。

　第2に，国家が特定の国々から成る集団または国際共同体全体に対して負っている義務で，その義務違反により特別に影響を受ける国家が存在する場合，その国家は被害国として責任を追及できます（42条(b)(i)）（図表14-9の②）。例えば，国連海洋法条約194条は，公海の海洋汚染防止を射程に含み，少なくともその点で国際共同体全体対する義務を含むと言えますが，その違反によって自国の沿岸に汚染物質が到達し，経済的損失を被った国家は，ここで言う被害国に該当すると言えるでしょう。このように特別に影響を受けているかどうかは，ケースバイケースで評価されることになります。

　第3に，国家が特定の国々から成る集団または国際共同体全体に対して負っている義務で，違反された義務の履行が，他のすべての関連国による義務の履行の不可欠の条件となっている場合（統合的義務あるいは相互依存義務）には，それらのすべての関連国が被害国として責任を追及できます（42条(b)(ii)）（図表14-9の③）。該当例は多くないですが，軍縮条約などの義務が想定されています。

図表 14-9　国際違法行為を行った国家に対する国家責任の追及

「被害国」による請求（国家責任条文 42 条）

■自国の個別の権利・利益を侵害された国による請求。
　⇒伝統的に認められてきた。
　① 他の 1 つの国家に対して負っている義務の違反の場合は，当該他国が
　　請求可。（42 条 (a)）
　② 特定の国家の集団や国際共同体全体に対して負っている義務の違反の場
　　合は，それにより特別な影響を受けた国家が請求可。（42 条 (b)(i)）
　③ 統合的義務の違反の場合は，すべての関連国が請求可。（42 条 (b)(ii)）
■違法行為の中止（再発防止の保証）／被害の事後救済を請求可。

「被害国」以外の国家による請求（国家責任条文 48 条）

■上記の「被害国」には該当しないが，問題の義務の履行に共通利益を持つ
　国による請求。
　⇒責任条文採択時には，確立した規則だとは言えなかった。
　④ 特定の国家の集団に対して負っている義務（当事国間の対世的義務）の
　　違反の場合は，その集団に属する国家はどの国家も請求可。（48 条 1 項
　　(a)）
　⑤ 国際社会全体に対して負っている義務（対世的義務）の違反の場合は，
　　どの国家も請求可。（48 条 1 項 (b)）
■被害の事後救済は，あくまで被害国や違反された義務の受益者（例：人権
　侵害の被害者）のために請求可。

※48 条の規則に基づく請求については，本文の 14.4.3 で後述します。

14.4.2 外交的保護の場合

14.4.1 でみたように，被害国は責任国に対して請求を行うことができるわけですが，国際違法行為の直接の被害者が私人である場合（例：滞在国により国際法に反して不当に拘束された場合等）には，当該私人の国籍国は**外交的保護**と呼ばれる制度の下で請求を行うことになります（図表 14-10）。この制度では，被害者の国籍国は，違反国の加害行為により自らの権利が侵害されたとして（すなわち被害国として），違反国に対して被害の事後救済などを請求することができます。14.4.1 で述べたように，国家責任の規則は，元々は在外自国民に関する外交的保護の実践を通じて形成されてきました。ただし，国家がこの外交的保護の権利を行使するためには，**国籍継続と国内救済完了**という 2 つの要件を原則として満たす必要があります（44 条。なお図表 14-10 も参照）。

まず第 1 に，被害者が請求国の国籍を有していなければなりませんが，それは被害を受けたときだけではなく，正式な請求時まで継続して保持されている必要があります（外交的保護条文（2006 年）5 条）。これを**国籍継続の要件**と言います（なお国籍に関連して**コラム 14-4**（299 頁）も参照）。被害者が恣意的に強国に国籍を変更することで，過大な請求が行われることを回避する趣旨だと一般に理解されています。そのため，例えば国家承継（⇒11.1.5）の場合のように，被害者の意思とは無関係な国籍変更は，例外的な取り扱いをすべきことになります。（同 5 条2 項）。

第 2 に，請求に先立って，被害者個人が被害発生国の国内で利用できる救済手続をすべて尽くしていなければなりません（外交的保護条文 14 条）。これを**国内救済完了の要件**と言います。その理由としては，領域主権の要請（ある国家の領域で生じた問題は当該領域国での解決に委ねるべきであること）のほか，国際紛争への転化の防止などの考慮があると指摘されています。不当な裁判の遅延などで国内救済の見込みがない場合など，この要件についても様々な例外があるとされています（同 15 条）。

14.4.3 被害国以外の国家による責任の追及

伝統的に国家責任を追及することができたのは，14.4.1 でみた被害国（特に国家責任条文 42 条 (a) 項の定める被害国）に該当する国家でしたが，国家責任条文

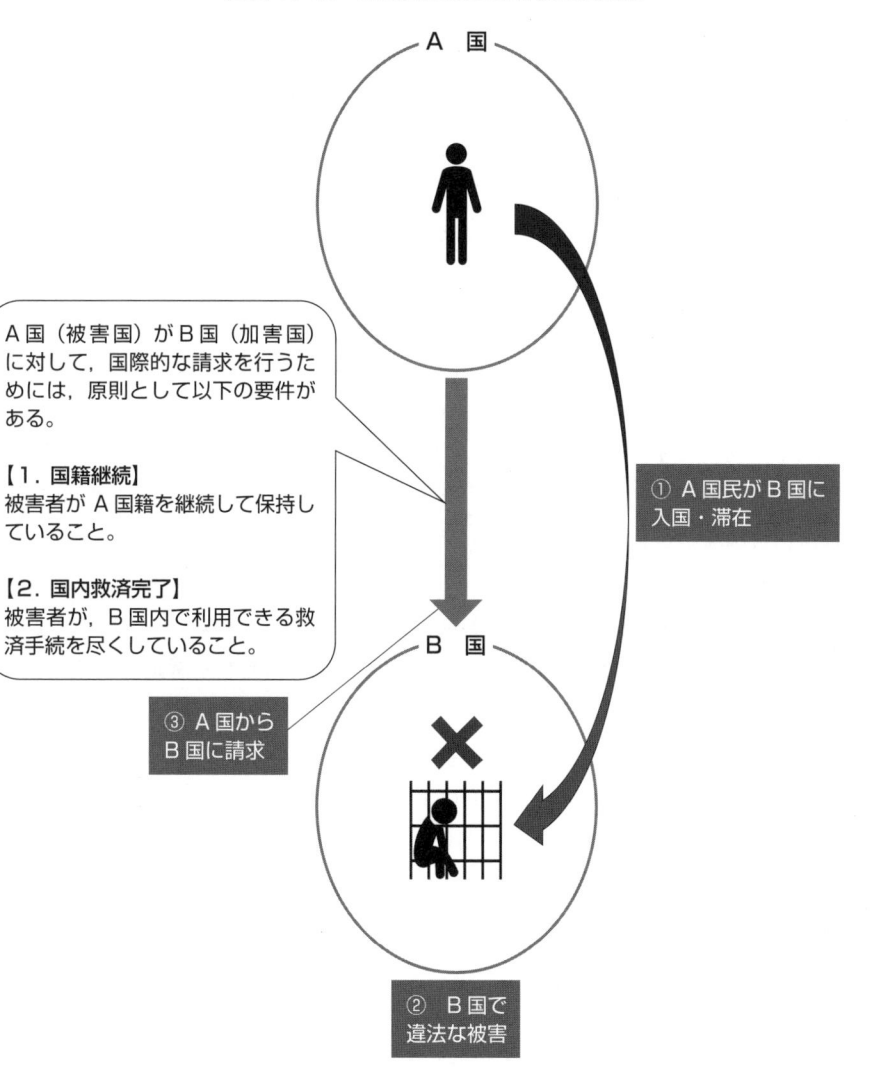

図表 14-10　外交的保護権の行使の典型例

A　国

A国（被害国）がB国（加害国）に対して，国際的な請求を行うためには，原則として以下の要件がある。

【1. 国籍継続】
被害者がA国籍を継続して保持していること。

【2. 国内救済完了】
被害者が，B国内で利用できる救済手続を尽くしていること。

① A国民がB国に入国・滞在

③ A国から
B国に請求

B　国

② B国で
違法な被害

は被害国以外の国家にも責任追及の権利を認める条文を置いています（48条）。

　第1に，国家の集団の共通利益の保護を目的とする義務（**当事国間対世的義務**）の違反の場合は，集団を構成するすべての国家（条約当事国）により責任追及が認められるとしています（同条1項 (a)）（**図表14-9の④**（295頁））。例えば，人権条約上の義務などが該当する可能性があります。第2に，国際社会全体の共通利益の保護を目的とする義務（**対世的義務**）の違反の場合も，他のすべての国家が請求できると定めています（同条1項 (b)）（**図表14-9の⑤**（295頁））。対世的義務の概念は既にバルセロナ・トラクション事件ICJ判決（1970年）で示されていましたが，具体的にどのような義務が該当するかは必ずしも定かではありません。武力行使の禁止，ジェノサイドの禁止など，少なくとも強行規範にあたる義務は対世的義務だと考えられます（他方，対世的義務にあたる義務だからといって，必ずしも強行規範であるとは言えません。例えば，公海などへの越境損害の防止義務（⇒5.2.1）等）。

　国家責任条文48条もまた，多国間や国際社会の共通利益の実現という今日的課題への対応の試みの一つだと言えますが，少なくとも国家責任条文の採択当時は，慣習国際法として確立した規則だとは言えないとの見方が少なくありませんでした。しかし，ベルギー対セネガル事件ICJ判決（2012年）のように，48条が定める規則の確立に肯定的な国際裁判所の判断がその後みられるようになっています。同判決は，拷問禁止条約上の一定の義務（引渡しか訴追かの義務（7条1項）等）が当事国間対世的義務にあたるとし，それらの義務に違反した国家に対しては，同条約の他のすべての当事国が責任を追及できるとしました。

　なお，こうして被害国以外の国家による責任追及が許されるとしても，基本的には違法行為の中止（並びに再発防止の保証）の請求が考えられ（国家責任条文48条2項 (a)），被害の事後救済は，あくまで被害国または違反された義務の受益者（例：人権侵害の被害者）のために請求することが可能です（同項 (b)）。また，人権条約や環境条約など，48条が想定する義務を定める多数国間条約の多くでは，条約上の義務の履行確保を目的とした独自の制度（不遵守手続等）を整備する傾向があります（⇒5.4.1，**コラム5-6**（97頁），7.3.1）。

　ある国家が外交的保護権を行使するためには，被害者が形式的にその国家の国籍を有するだけでなく（継続的国籍），その国家に通常在住していた，あるいは事業の本拠地としていたなど，当該国家と実質的なつながりがなければならないと指摘されることがあります。これは実効的国籍の要件と呼ばれています。これを認めた先例とされるノッテボーム事件 ICJ 第二段階判決（1955 年）では，リヒテンシュタインは被害者の国籍国であったにもかかわらず，被害者とそうした実質的なつながりがないとして，同国によるグアテマラに対する請求が認められませんでした。

　しかしこの事件では，他方のグアテマラとの実質的なつながりのほうがより強かった（グアテマラは被害者の国籍国ではなかったが，被害者はそこで 30 年以上事業を行っていた）という事情も考慮されており，実効的国籍が外交的保護権行使の一般的な要件として示されたかは疑問が残ります。他方この事件において，結果として被害者がどこの国からも外交的保護を得られない状況となったことに強い批判もありました。こうしたことから，外交的保護の規則を検討した国際法委員会は，被害者が複数の国籍を持っていて，それらの国籍国間で請求が行われる場合のみ，相対的なつながりの強さが問われるとする立場をとっています（外交的保護条文 7 条）。

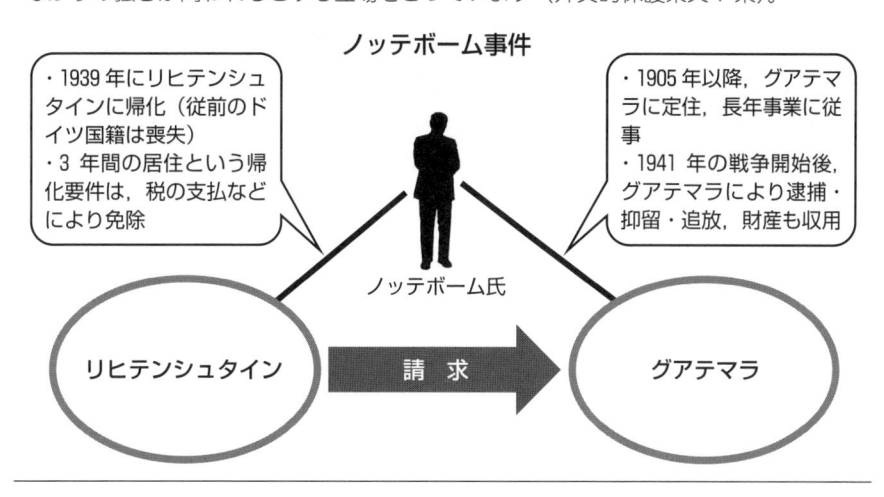

ノッテボーム事件

・1939 年にリヒテンシュタインに帰化（従前のドイツ国籍は喪失）
・3 年間の居住という帰化要件は，税の支払などにより免除

・1905 年以降，グアテマラに定住，長年事業に従事
・1941 年の戦争開始後，グアテマラにより逮捕・抑留・追放，財産も収用

ノッテボーム氏

リヒテンシュタイン　　→　請　求　→　　グアテマラ

コラム 14-5 ● 対抗措置 （countermeasures）

　責任国が違法行為の中止や事後救済を拒み続ける場合，被害国はどのような対応を
とることができるのでしょうか。そのような場合，被害国は自らも本来は違法な措置
をとることで，責任国に違法行為の中止と事後救済の履行を強いることを許されます。
そのような措置のことを，今日では「対抗措置」と言います。

　具体的には様々な措置がとられる可能性がありますが，例えば相手国の民間航空機
の運航停止や，相手国の船舶の航行禁止などの措置がありえます。それらの措置が本
来は国際法違反にあたる場合であっても，先に相手国が何らかの義務違反をしていて，
その是正を目的にとられる場合には，「対抗措置」として正当化されます（違法性が
阻却されます）（⇒14.2.3）。こうして責任国に不利益を与えることで，違法行為の中
止と事後救済の実施を強いることが許されているわけです。こうした対抗措置をとる
前には，国際裁判で勝訴判決を得ることは必ずしも必要ありません。つまり，自力救
済として機能しうる点が重要な特徴となります。

　このような対抗措置は濫用も危惧されることから，現在ではいくつかの手続や条件
があるとされています。例えば，何の前触れもなく，突然に対抗措置をとることはで
きません（事前に相手国に義務違反の停止などを要求することなどが必要です）（国
家責任条文 52 条 1 項）。また，相手国の違反を是正することが目的ですので，相手
国が義務を履行したら，対抗措置も停止しなければなりません（52 条 3 項）。措置の
内容についても，例えば現在では武力行使を伴うものは許されず，強行規範に反する
ものは認められません（50 条）。また，相手国の違法行為に比例する規模・性質の措
置であることが求められます（均衡性の原則）（51 条）。なお，対世的義務（当事者
間対世的義務を含む）の違反の場合に，被害国家以外の国家が対抗措置をとれるかど
うかについては議論があります。

第15章

国際紛争処理

　本書でみてきましたように国際法には数多くのルールがありますが，それらのルールの解釈や適用をめぐって意見の対立が起きる場合があります。例えば，ある島についての領有権争いや，隣接する国家間の海洋境界画定紛争などがありますが，そうした紛争はどのように解決されるのでしょうか。現在の国際法においては，平和的な紛争解決のための様々な紛争処理方法が存在していますので，本章ではそれらの仕組みを解説します。とりわけ，国連の主要機関でもある国際司法裁判所についてはやや詳しく扱います。

15.1 国際紛争処理とは何か

　国際紛争処理とは，基本的には国家と国家の間の紛争が発生した場合にその解決を図るプロセスのことです。本書で解説してきましたように，国家間では領土や海洋境界，環境汚染や貿易問題などをめぐって紛争が絶えませんので，そうした国際紛争をいかに処理するかは極めて重要な問題です。戦争が禁止されていなかった時代には，武力が紛争処理の手段として用いられることもありましたが，現在では武力行使は原則として禁止されており（⇒ **第9章**），国際紛争を平和的手段によって解決しなければならないとされています（国連憲章2条3項）。ここで言う平和的手段とは，「交渉，審査，仲介，調停，仲裁裁判，司法的解決，地域的機関又は地域的取極の利用」などです（33条1項）（**資料15-1**（305頁））。国家は，これらの紛争処理方式を用いて平和的に紛争を解決する義務を負いますが，その際にどの方式を選ぶかについては紛争当事国の裁量に任されており，**紛争処理方式の選択の自由**があるとされています（同条項）。ただし後述するように，それぞれの条約に含まれる紛争処理条項や，条約独自の紛争処理手続規定により，条約上の一定の紛争に関しては，紛争処理方式が特定されることもあります。

15.2 国際紛争処理方式の類型

　ここでは，国際法学における一般的な分類に従って，国際紛争処理の方式を説明します（図表15-1）。なお下記の各類型は一種の理念型ですので，実際の紛争処理手続とは必ずしも一致しないことがありますので，留意してください。

15.2.1 非裁判手続と裁判手続

　国際紛争処理の方式は，非裁判手続と裁判手続に分けることができます。**非裁判手続**とは，**交渉，斡旋，仲介，審査，調停**を，**裁判手続**とは，**仲裁（仲裁裁判）**と**司法的解決（司法裁判）**をそれぞれ指します（図表15-1）。非裁判手続と裁判手続の違いは，次の2点です。第1に紛争処理に用いられる基準に関しては，非裁判手続の場合には法規範に限定されず政治的考慮なども含まれ，柔軟な解決策が追及される余地があるのに対して，裁判手続の場合には基本的に法規範のみ

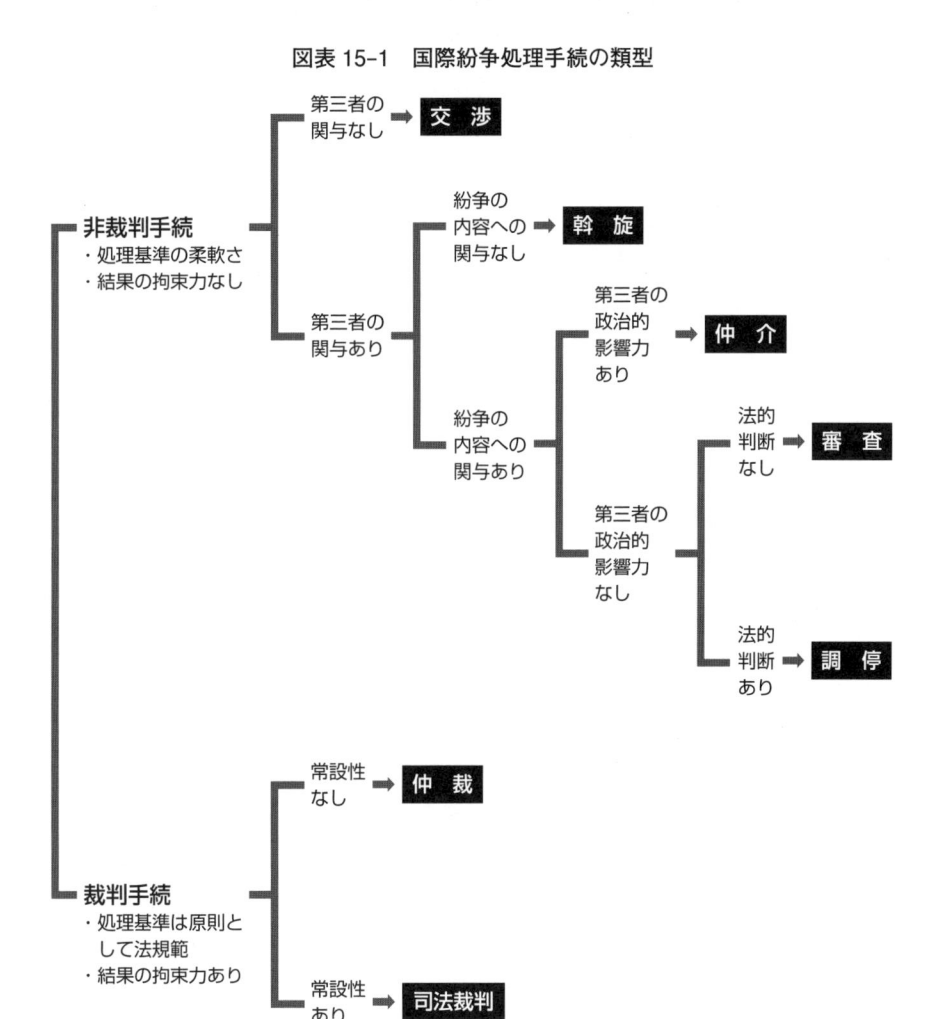

図表 15-1　国際紛争処理手続の類型

　図表15-1は，本文の15.2で解説する内容のイメージ図です。例えば，非裁判手続のうち，第三者の関与がない紛争処理方式が交渉で，その他の方式は第三者の関与があります。そして，第三者の関与がある非裁判手続のうち，第三者が紛争の内容へ関与しないものが，斡旋になります。このように上図では，紛争処理方式の基本的特徴に基づいて，各類型を整理・分類しています。

に照らして判断が下されます。第2に紛争処理の結果の拘束力に関しては，非裁判手続の場合には法的拘束力がないのに対して，裁判手続の場合には法的拘束力があります。ただし非裁判手続によって示された解決案を紛争当事国が条約として合意した場合には，当該合意には法的拘束力が生じることになります。

　国際紛争は，「非法的（非法律的）紛争」と「法的（法律的）紛争」とに分けられ，前者は非裁判手続によって，後者は裁判手続によって処理することが適当であると一般的には言われています。ただし後述しますように，国内裁判所と異なり，国際裁判所は一般的な裁判権を持たないため，紛争当事国が一方的に国際裁判所に提訴しても裁判は行われないことが原則ですので，「法的（法律的）紛争」であっても非裁判手続で扱わなければならないことが多いことには留意が必要です。

15.2.2　非裁判手続の類型

　[1] 交　渉　　交渉は，紛争当事国どうしが直接話し合い，紛争の解決を試みることで，最も基本的な紛争処理方式と言えます。交渉以外の非裁判手続や裁判手続は，いずれも第三者が介在しますが，交渉は第三者が介在しない点に特徴があります。国際法以外の政治的要素なども考慮した柔軟な解決も可能であることが利点ですが，同時に紛争当事国の政治力や経済力に差があると大国に有利な結果になりやすいという欠点も指摘されます。

　近年の条約では，条約上規定された他の紛争処理手続を利用する前に交渉による解決を試みるよう義務づけること（**交渉前置主義**）があります（人種差別撤廃条約（1965 年）22 条等）（資料 15-2）。このような条項が置かれているのは，紛争当事国自身による解決に向けた努力や紛争の争点の明確化を促すことが目的だと考えられ，交渉によって解決できなかった紛争は司法裁判などへ一方的に付託できるとされます（後述の裁判条項 ⇒15.3.2）。

　[2] 斡　旋　　斡旋（周旋）は，第三者が紛争当事国の間に介在し，紛争解決を促したり交渉の機会を設けたりするなどの便宜を図ることです。交渉と違い，斡旋では第三者が関与しますが，後述の仲介と異なり第三者は紛争をどのように処理するのかという内容には立ち入りません。そのため斡旋により実現した紛争当事国の話し合いは，紛争当事国だけで行われることになります。日露戦争を終

いかなる紛争でもその継続が国際の平和及び安全の維持を危くする虞のあるものについては，その当事者は，まず第一に，交渉，審査，仲介，調停，仲裁裁判，司法的解決，地域的機関又は地域的取極の利用その他当事者が選ぶ平和的手段による解決を求めなければならない。

　「紛争の平和的解決」と題する国連憲章第 6 章は，主に安全保障理事会による紛争処理について規定しています。国連加盟国は，「いかなる紛争」または「国際的摩擦に導き又は紛争を発生させる虞のあるいかなる事態」についても，安全保障理事会の注意を促すことができ（35 条），これに対して安全保障理事会は，「適当な調整の手続又は方法」を勧告することができます（36 条 1 項）。さらに安全保障理事会は，「紛争の継続が国際の平和及び安全の維持を危くする虞が実際にあると認めるとき」は，「適当な調整の手続又は方法」か「適当と認める解決条件」を勧告しなければなりません（37 条 2 項）。また総会も，「国連憲章の範囲内にある問題若しくは事項」に関して討議・勧告する一般的な権限に基づいて，紛争処理を行うことができ（10条），かつ，「一般的福祉又は諸国間の友好関係を害する虞があると認めるいかなる事態についても」平和的に調整するための措置を勧告することができると定められています（14 条）。ただし総会は，安全保障理事会がその任務を遂行している紛争または事態については，安全保障理事会が要請しない限り，いかなる勧告もしてはならないとされます（12 条）。その他，国連事務総長は，総会や安全保障理事会から委託される任務を遂行する権限を与えられていることから（98 条），その任務として紛争処理を行うことがあります。（⇒11.2.3）

　この条約の解釈又は適用に関する二以上の締約国の間の紛争であって，交渉又はこの条約に明示的に定められている手続によって解決されないものは，紛争当事国が他の解決方法について合意しない限り，いずれかの紛争当事国の要請により，決定のため国際司法裁判所に付託される。

結させた 1905 年のポーツマス会議の開催に便宜を図った米国の行為や，ベトナム戦争に関して 1973 年のパリ和平協定締結につながったフランスの働きかけは，斡旋の例として挙げられます。

[3] 仲 介　　仲介は，第三者が紛争当事国の間に介在し，かつ，紛争処理の内容に立ち入って解決を試みることです。仲介においても，国際法以外の政治的要素などを第三者である仲介者が考慮することはできますので，仲介者の政治力の大きさは紛争処理の行方を左右することになります。中東地域における紛争では米国が政治的影響力を背景にして，仲介を行うことが多くみられました（キャンプ・デービッド合意（1978 年）（コラム 15-2）やアル・ウラ合意（2021 年）等）。

[4] 審 査　　審査は，第三者として設置される審査委員会が紛争の事実に関して調査を行い，その調査結果を報告としてまとめるものです。審査委員会は，中立的な個人によって構成され，斡旋や仲介と異なり，第三者として紛争当事国に政治的な影響力を持つものではありません。また，国際紛争は事実問題だけでなく，法的問題も含むことがありますが，審査は，法的問題は扱わない紛争処理方式です。なお審査委員会の報告は，法的拘束力を持ちません。審査に関しては，1907 年の改正国際紛争平和的処理条約で詳細に定められました。ただし，上述の説明は国際法学における理念型で，実際の審査委員会が法的問題を扱ったこともありますので（例えばレッド・クルセーダー号事件（1962 年）），その場合には後述の調停に近いものとなります。

[5] 調 停　　調停は，第三者として設置される調停委員会が紛争のあらゆる側面を検討したうえで，紛争の解決案を紛争当事国に示すものです。調停委員会は，審査委員会と同じく，中立的な個人によって構成され，政治的な影響力は行使しませんし，調停委員会の解決案は法的拘束力を持ちません。他方で調停においては，紛争の事実問題だけでなく法的問題も審理対象となる点で，審査とは異なります。なお調停は，紛争当事国の主張に配慮したうえで紛争当事国の合意による友好的解決を目指すもので，法以外の要素も考慮した解決案が提示されることも妨げられません。

調停の実際例はあまり多くはありませんが，ノルウェーとアイスランド間の大陸棚に関する紛争を扱った調停委員会は共同開発案を提示し（ヤン・マイエン調停事件（1981 年）），この解決案に沿った協定が両国により締結されて紛争が解

キャンプ・デービッド合意とは，1978年9月に米国大統領の保養地であるキャンプ・デービッドにおいて，中東問題に関してエジプトとイスラエルが行った合意です。エジプトをはじめとするアラブ諸国と，イスラエルとの間では，4回にわたる中東戦争が勃発しましたが，その和平を実現すべく，当時のカーター・米国大統領が，サダト・エジプト大統領とベギン・イスラエル首相をキャンプ・デービッドに招き，仲介を行いました。この合意には，中東和平の枠組みが含まれており，翌年にはエジプト・イスラエル平和条約が締結されました。このような紛争解決が実現したのは，米国大統領の政治的影響力が背景にありました。

中東和平を協議するためメリーランド州にあるカーター米国大統領（中央）の山荘キャンプ・デービッドに集まり握手を交わすサダト・エジプト大統領（左）とベギン・イスラエル首相（米国　キャンプ・デービッド）。（写真）CNP/ 時事通信フォト。

国連海洋法条約は，同条約の解釈適用に関する紛争について2つの調停手続を定めています（⇒3.8）。第1は任意調停と呼ばれる手続で，一方の紛争当事者が海洋法条約上の紛争を調停に付することを要請し，他方の紛争当事者がその要請を受諾した場合に行われるものです。他方の紛争当事者が調停に付することを拒否することもできるため，「任意」調停と言われています。

第2は強制調停と呼ばれる手続で，一方の紛争当事者が紛争を調停に付することを要請するだけで，調停手続が開始されます。そのため他方の紛争当事者は，調停に付することを拒否できないため，「強制」調停と呼ばれるのです。ただし強制調停は，国連海洋法条約上の義務的紛争解決手続の適用を締約国が除外した（または受け入れない）紛争に関してのみ行われるとされます。

なお，任意調停であっても強制調停であっても，調停手続の目的は紛争の友好的解決とされ，調停委員会の報告書には法的拘束力はありません。東チモールとオーストラリアの間で行われたチモール海の海洋境界画定に関する調停は，強制調停手続により，2018年5月に調停委員会の報告書が公表され，紛争は友好的に解決しました。

決しました。また国連海洋法条約は，任意調停（284条）と海洋境界画定などに関する強制調停（298条1項 (a) 等）とを規定しています（コラム 15-3（307頁），図表 15-2）。後者の手続は一方的な紛争付託が可能で，東チモールとオーストラリア間のチモール海事件は，後者の手続によって解決されました。

15.2.3　裁判手続の類型

[1] 仲　裁　　仲裁（仲裁裁判とも言います）は，第三者である仲裁人が行う裁判です。仲裁人（通常は 3 名か 5 名）は，紛争発生後に事件ごとに選任されるので，あらかじめ裁判所が設置され裁判官が決まっている司法裁判と異なり，非常設性が特徴です。仲裁のもう一つの特徴は，紛争当事国が合意により仲裁手続を決めることができるという意味で柔軟性があることで，国際法以外の基準によって判断することも可能です。ただし近年では，手続規則をあらかじめ詳細に定めておく仲裁制度が増えており，国際法を適用する仲裁が一般的になっています（国連海洋法条約附属書Ⅶ・Ⅷ等）。

　国際紛争を処理した仲裁の例としては，古くは英国の中立義務違反が争われた 1872 年のアラバマ号事件（米国対英国）がありますが，その後もトレイル溶鉱所事件（米国対カナダ）（コラム 2-2（21頁））や米仏航空業務協定事件など重要なケースがあります。また国連海洋法条約の義務的手続の一つである附属書Ⅶ仲裁には，フィリピンが中国を提訴した南シナ海事件をはじめ，多くの紛争が付託されています。さらに国家間の紛争以外に，私人が国家を提訴する投資家対国家の仲裁が，近年では数多く行われています（⇒6.3.2）。

[2] 司 法 裁 判　　司法裁判は，第三者である常設裁判所の裁判官が行う裁判です。裁判官は紛争の発生前にあらかじめ選任されており常設性があるので，仲裁と異なります。また司法裁判は，紛争当事国の合意によって手続規則を決めるのではなく，裁判手続の詳細に関する規定が存在する点でも常設的です。司法裁判では，裁判官は法に従って裁判を行いますので，法以外の基準は適用しませんが，後述するように国際司法裁判所は，紛争当事国が合意すれば衡平と善に基づいて裁判することが妨げられません。

　司法裁判を行う代表的な国際裁判所が，**国際司法裁判所**（ICJ：International Court of Justice）です。ICJ は，1920 年に設立された**常設国際司法裁判所**（PCIJ）

図表 15-2　国連海洋法条約上の調停手続

	任意調停	強制調停
根拠条文	284 条，附属書V第1節	297 条，298 条，附属書V第2節
紛争の対象	国連海洋法条約の解釈適用	海洋の科学的調査・EEZ の生物資源に対する主権的権利の行使・海洋境界画定など，義務的手続の適用から除されたもの
付託形式	合意による付託	一方的付託
手続の目的	友好的解決	友好的解決
調停員会の報告書	法的拘束力なし	法的拘束力なし

コラム 15-4 ● 常設仲裁裁判所

　常設仲裁裁判所（PCA：Permanent Court of Arbitration）は，1899 年のハーグ平和会議において締結された国際紛争平和的処理条約（同条約は 1907 年に現行の国際紛争平和的処理条約に置きかえられました）に基づき，オランダのハーグに設立された裁判所で，後述する常設国際司法裁判所（PCIJ）と名称が少し似ていますが，両者は異なる組織です。

　PCA は，仲裁人の候補者名簿を備えていること，PCA の運営を担う国際事務局が設置されていること，及び，国際紛争平和的処理条約の締約国の代表で構成される常設評議会が存在する点で，「常設性」があります。締約国は，仲裁人の候補者を各々4人まで指名できますので，PCA の仲裁人名簿には多数の候補者がリストアップされています。ただし，実際に仲裁が行われるときに任命される仲裁人があらかじめ決まっているわけではありませんので，常勤の 15 名の裁判官が決まっている ICJ のような常設性はありません。

　PCA は，20 世紀初頭に PCIJ が設立されて以降，目立った活動を行っていませんでしたが，20 世紀末からは多くの仲裁事件を扱うようになりました。その原因としては，投資家対国家の仲裁や国連海洋法条約附属書Ⅶ仲裁の運営を PCA が担うようになったことが挙げられます。フィリピンが中国を提訴した南シナ海事件仲裁（⇒3.7）についても，PCA が手続を運営しました。

（コラム 15-5）を引き継いだ裁判所で，国連の主要機関の一つです。また国連海洋法条約によって設立された**国際海洋法裁判所**（ITLOS）（コラム 15-7（321 頁））もあります。その他，地域的な司法裁判所として EU 司法裁判所や南米南部共同市場常設上訴裁判所なども存在します。

15.3 国際司法裁判所（ICJ）

　ここでは，国際紛争処理のための代表的な司法裁判所である国際司法裁判所（ICJ）について，その構成，裁判管轄，訴訟手続，及び，勧告的意見制度について概要を説明します。

15.3.1 ICJ の構成

　ICJ は，国連の主要機関の一つであり（国連憲章 7 条），国連憲章と不可分の一体をなす国際司法裁判所規程（ICJ 規程）に従って任務を遂行していて，国連加盟国は当然に ICJ 規程の当事国となります（92 条，93 条）。裁判所は，オランダのハーグに所在します（ICJ 規程 22 条）。ICJ は 15 人の裁判官から構成され，各裁判官は国連の総会と安全保障理事会における選挙によって選出されます（3 条，8 条）。選挙においては，候補者の資質に加え，「裁判所全体のうちに世界の主要文明形態及び主要法系が代表されるべき」ことを考慮しなければなりません（2 条，9 条）。裁判官の任期は 9 年で，再選も妨げられません（13 条）。

　ICJ の裁判官は，国籍国から独立した存在とされます（2 条）。そして裁判においては，紛争当事国の国籍を有する裁判官（**国籍裁判官**）も，その事件の裁判に出席する権利を有するとされます（31 条 1 項）。もっとも，一方の紛争当事国の国籍を有する裁判官しか 15 名の裁判官団の中にいない場合，裁判官が国籍国から独立した存在であるとはいえ，他方の紛争当事国にとっては不利な状況になりかねません。そのような場合には，他方の紛争当事国も裁判官として出席できる者（**特任裁判官**）を 1 名選定することができます（31 条 2 項）。

　ICJ での裁判は，通常は 15 名の裁判官（及び特任裁判官）によって行われますが，次のような小法廷で裁判を行うこともできます（図表 15-3（313 頁））。第 1 が，特定の部類に関する事件を処理するために，3 人以上の裁判官から成る**特定**

常設国際司法裁判所（PCIJ：Permanent Court of International Justice）は，第 1
次世界大戦後にオランダのハーグに設立された裁判所でした。国際連盟規約 14 条は，
連盟理事会が裁判所設置案を作成し，連盟国の採択に付すべきと定めていましたので，
これを根拠に常設国際司法裁判所規程が作成され，1921 年 9 月に同規程が発効しま
した。PCIJ には，国家間の紛争を処理する争訟事件手続と，連盟理事会または総会
から諮問される勧告的意見の手続とがあり，国家責任法の分野で有名なホルジョウ工
場事件（⇒14.3.3）などにおいて，多くの判決・勧告的意見を発出しました。しかし
1940 年 5 月にドイツ軍がオランダに侵入したことで，PCIJ は活動の停止を余儀なく
されました。第 2 次世界大戦後に，国連の主要機関の一つとして設立された ICJ と
PCIJ とは別組織ですが，PCIJ 規程の内容は，実質的には ICJ 規程に継承されていま
す。

ICJ は，オランダ・ハーグにある平和宮（Peace Palace）という建物に所在してい
ますが，平和宮は，もともとは PCA が入居するために 1913 年に完成した建物です。
国際法による世界平和の実現という 1899 年と 1907 年のハーグ平和会議の趣旨に賛
同した米国の実業家アンドリュー・カーネギーが建設資金を拠出し，現在でもカーネ
ギー財団が平和宮を所有・管理しています。1922 年に PCIJ が設立されると，PCIJ
も平和宮に入居していましたが，現在では，PCA と ICJ がともに平和宮に所在して
います。

平和宮の全体写真（左）と 2024 年 1 月 11 日に開催された「ガザ地区におけるジェノサ
イド条約適用事件（南アフリカ対イスラエル）」の口頭審理の様子（右）。

（写真） 左：NurPhoto via AFP，右：ANP／時事通信フォト。

部類裁判部です（26条1項）。規程上は，労働事件，通過及び運輸通信に関する事件が例示されていますが，実際に設立されたのは1993年の環境問題裁判部のみで，同裁判部が処理した事件はありません。第2が，特定の事件を処理するために設けられる**特定事件裁判部**で，裁判官の数は紛争当事国の承認を得てICJが決定します（26条2項）。特定事件裁判部は，事件ごとに設置されるもので，1984年のメイン湾事件以降，いくつかの事例があります。第3が，簡易手続で事件を審理する**簡易裁判部**で，5人の裁判官から構成され（29条），PCIJ時代には事例がありますが，ICJにおいては事例がありません。

15.3.2 ICJの裁判管轄

ICJでは，国家のみが事件の紛争当事者となることができます（ICJ規程34条1項）。またICJはすべての国家間紛争について裁判管轄を有するわけではなく，紛争当事国が裁判を行うことに何らかの形で同意した場合のみ管轄権を有します。紛争当事国による同意の方式は，次の5つの場合があります（図表15-4）。

第1は，紛争が発生した後に紛争当事国がICJに事件を付託することについて合意する場合です（36条1項）。このとき紛争当事国は，**特別の合意**（compromis, **コンプロミ**）を作成し，ICJに判断を要請する紛争の主題を特定します。領域や海洋の境界画定紛争に関しては特別の合意に基づいて裁判が行われた例が多くあります。逆に言えば，双方の紛争当事国がICJへの紛争付託に同意しなければ，原則としてICJは裁判できず，第2〜第5の方式による同意が必要になります。例えば竹島紛争（⇒2.4.2）に関しては，韓国がICJへの付託に同意しないため，ICJでの裁判は実現していません。

第2に，紛争が発生する前に，国家は国際紛争が発生した場合には裁判によって処理することをあらかじめ条約によって合意しておく場合があります。このような合意を**裁判条約**と呼び，国際紛争平和的処理一般議定書（1928年）がその例です。裁判条約の当事国間で紛争が発生した場合，一方の紛争当事国が裁判条約を援用してICJに提訴すれば，ICJは裁判条約に基づき裁判を行うことができます。ICJ規程36条1項も裁判条約に基づき裁判管轄が生ずることを想定しています。

第3に，条約の中には，当該条約上の紛争が発生した場合に，ICJに紛争を付

図表 15-3　ICJ の小法廷

	特定部類裁判部 (規程 26 条 1 項)	特定事件裁判部 (規程 26 条 2 項)	簡易裁判部 (規程 29 条)
裁判官数	3 人以上の裁判官	当事者の承認を得て裁判所が決定する人数の裁判官	5 人の裁判官
実　績	1993 年に環境問題裁判部が設置されたが，利用実績なし。	メイン湾事件（1982 年に設置）など 6 件で利用実績あり。	毎年設置されるが，利用実績なし。

※2024 年 9 月現在。

図表 15-4　ICJ の裁判管轄のパターン

	特別の合意	裁判条約	裁判条項	強制管轄 受諾宣言	応訴管轄
内　容	紛争発生後に紛争当事国が特別合意を作成	事前に国家間で紛争を ICJ に付託するとの条約を作成	事前に条約の中に同条約の解釈適用に関する紛争を ICJ に付託すると規定	選択条項（規程 36 条 2 項）に基づき事前に ICJ の管轄権を受諾	一方的に提訴された他方の紛争当事国が自発的に応訴し管轄権を受諾
事　例	北海大陸棚事件（1967 年），ペドラ・ブランカ事件（2003 年）など	核実験事件（国際紛争平和的処理条約一般議定書。1973 年），通航権事件（米州平和処理条約。2005 年）など	オイルプラットフォーム事件（米イラン友好関係条約 21 条。1992 年），ジェノサイド条約適用事件（ジェノサイド条約 9 条。1993 年）	ヤン・マイエン海洋境界画定事件（1988 年），南極海捕鯨事件（2010 年）など	コルフ海峡事件（1947 年），刑事共助事件（2006 年）など

※事件名の年数は ICJ に付託された年。

託する旨の条文を含んでいる場合があります。このような条文を**裁判条項**と呼びます。紛争が発生する前に条約当事国が合意しておくという点では上述の裁判条約と類似していますが，裁判条項の場合は，当該条項が含まれている条約上の紛争についてのみ国家は ICJ への紛争付託にあらかじめ同意していることになります。裁判条項が存在する条約上の紛争が発生した場合，一方の紛争当事国が裁判条項を援用して ICJ に提訴すれば，ICJ は裁判条項を根拠として裁判を行うことができます。最近では，ジェノサイド条約や人種差別撤廃条約の裁判条項（資料 15-2（305 頁））に基づく裁判が行われています。

　第 4 に，ICJ 規程の当事国（すなわち国連加盟国）は，一定の事項に関する国際紛争が発生した場合に，それらの紛争を ICJ で処理することを事前に宣言しておく場合があります。この宣言を**強制管轄受諾宣言**と言います。強制管轄受諾宣言とは，**選択条項**と呼ばれる ICJ 規程 36 条 2 項に基づいて行うものですが，同条項によれば，「裁判所の管轄を同一の義務を受諾する他の国に対する関係において」義務的であることを宣言するものです。これは**相互主義**を規定したもので，強制管轄受諾宣言を行った国どうしの間では，一方の紛争当事国が ICJ に提訴すると他方の紛争当事国は応訴する義務がありますが（図表 15-5 ① のケース），強制管轄受諾宣言を行っていない国が強制管轄受諾宣言を行っている国を提訴しても，提訴された国に応訴義務はありません（図表 15-5 ② のケース）。強制管轄受諾宣言に基づく裁判は，オーストラリアが日本を一方的に提訴した南極海捕鯨事件（コラム 5-13（106 頁））などの例がありますが，後述するように先決的抗弁によって ICJ の裁判管轄の有無が争われることが一般的です（⇒15.3.3 [2]）。

　第 5 に，上述の 4 つの裁判管轄の根拠がいずれも存在しないにもかかわらず，一方の紛争当事国が ICJ に提訴した場合に，他方の紛争当事国が裁判の実施に応じたときには，ICJ は裁判を行うことができます。これを**応訴管轄**と呼び，少数ですがいくつかの例があります。

15.3.3　ICJ の訴訟手続

　ICJ の訴訟手続は，紛争当事国による特別の合意の通告または請求（請求訴状とも言います）の提出によって開始されます。前者は上述の第 1 の同意方式の場合，後者は第 2 から第 5 の同意方式の場合に，紛争当事国から提出されるもので

図表 15-5　強制管轄受諾宣言に基づく管轄権の有無

① 紛争当事国の双方が強制管轄受諾宣言をしている場合

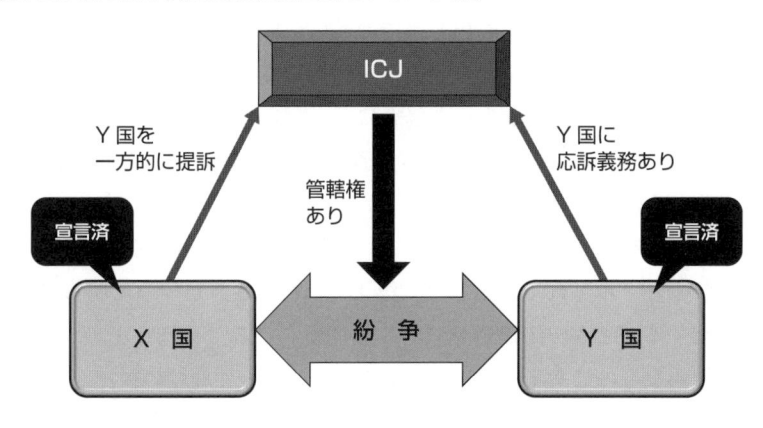

② 紛争当事国の一方のみ強制管轄受諾宣言をしている場合

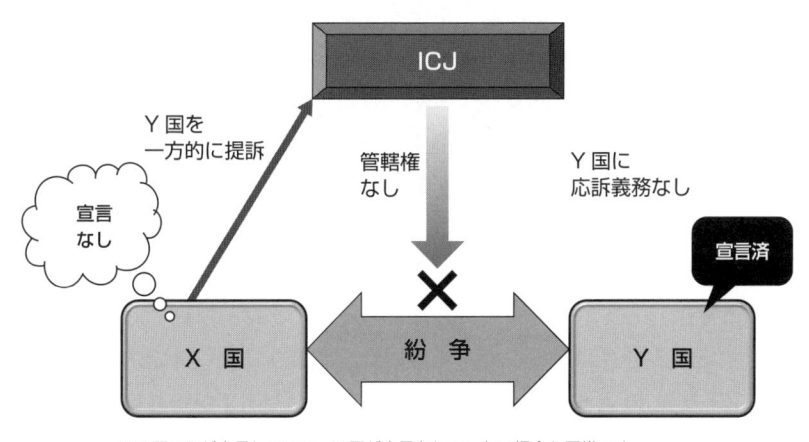

※X 国のみが宣言していて，Y 国が宣言をしていない場合も同様です。

す。訴訟手続が始まると，暫定措置，先決的抗弁，本案（紛争主題に関する事項）に関する判断が行われていきますが，それらを順次説明します。

[1] 暫定措置　暫定措置（仮保全措置とも言います）は，本案判決が下される前の段階で紛争当事国が権利を保全するために裁判所が指示するものです（ICJ 規程 41 条）（資料 15-3）。ICJ による裁判は，提訴から判決までに数年かかることが通常ですので，判決が出るまでの間に，自らの権利が回復できないほど損なわれてしまうと，裁判を行う意義が薄れてしまいかねません。そこで，紛争当事国から暫定措置の要請があった場合には，暫定措置を指示するか否かについて ICJ は優先して判断します（ICJ 規則 74 条 1 項）。近年では，紛争当事国が暫定措置を ICJ に要請することが増えています（図表 15-6）。

ICJ が暫定措置を指示するには次の 3 つの要件が満たされる必要があると，ICJ の判例によって示されてきました。第 1 に，付託された紛争に関して，ICJ が管轄権を有することが一応確認されることです。ここで言う「一応（prima facie）」とは確定的なものである必要はないものの，まったく管轄の根拠がないとこの要件は満たされません。なお付託された紛争に関して ICJ が管轄権を有するか否かについて紛争当事国間で争いがある場合には，後述の先決的抗弁段階において確定的に判断されます。第 2 に，暫定措置の対象となる権利が存在する見込みがあることです。問題となる紛争当事国の権利が実際に存在するか否かは，後述の本案段階において確定的に判断されますが，暫定措置の段階では一定程度の見込みがあればこの要件は満たされます。第 3 に，当該権利に対する回復不能な侵害または結果が生ずる差し迫ったおそれがあることです。

[2] 先決的抗弁　先決的抗弁とは，提訴された紛争に関して裁判所が管轄権を有さないとの抗弁や，管轄権を有するとしても請求を受理すべきではないとの抗弁のことを指します。これらの抗弁を認めるか否かは，原則として本案より前に審査し決定する必要があるので，先決的な，つまりは先に決定すべき抗弁とされます。ICJ 規程 36 条 6 項は，付託された紛争に関し ICJ が管轄権を有するかどうかについては，ICJ 自身が決定すると定めています（ICJ 以外の司法裁判や仲裁においても，先決的抗弁の仕組みがあります）。

管轄権についての抗弁は，裁判条項に基づく提訴が行われた場合に被告国が提起することがあります。裁判条項は，当該条項が含まれる条約の解釈適用に関す

　裁判所は，事情によつて必要と認めるときは，各当事者のそれぞれの権利を保全するためにとられるべき暫定措置を指示する権限を有する。

図表 15-6　暫定措置が関連する近年の ICJ のケース

事件名・紛争当事国	暫定措置の内容
ジェノサイド条約上の ジェノサイドに係る 主張事件 （ウクライナ対ロシア）	・ウクライナが，暫定措置を要請。 ・ICJ は，2022 年 3 月 16 日暫定措置命令発出。 ・「ロシアは，2022 年 2 月 24 日に開始したウクライナ領域内における軍事行動を直ちに停止しなければならない」などとする暫定措置を ICJ は指示。
拷問等禁止条約の適用事件 （カナダ，オランダ対シリア）	・カナダとオランダが，暫定措置を要請。 ・ICJ は，2023 年 11 月 16 日に暫定措置命令発出。 ・「シリアは，拷問等禁止条約に基づく義務に従い，拷問などの行為を防止するため，その権限に属するあらゆる措置をとらなければならない」などとする暫定措置を ICJ は指示。
ガザ地区における ジェノサイド条約適用事件 （南アフリカ対イスラエル）	・南アフリカは，3 回にわたり暫定措置を要請。 ・ICJ は，2024 年 1 月 26 日，2024 年 3 月 28 日，2024 年 5 月 24 日に，それぞれ暫定措置命令を発出。 ・「イスラエルは，ジェノサイド条約に基づく義務に従い，ジェノサイド行為の実行を防止するためその権限内のあらゆる措置を取らなければならない」（2024 年 1 月 26 日），「食糧，水，電気などの緊急に必要な基本的サービス及び人道的支援を，ガザ地区のパレスチナ人に対し支障なく提供できるよう，国連と全面的に協力しながら，必要かつ実効的なすべての措置をとらなければならない」（2024 年 3 月 28 日），「緊急に必要とされる基本的なサービス及び人道的支援を支障なく提供するためにラファ検問所の開放を維持しなければならない」（2024 年 5 月 24 日）などとする暫定措置を ICJ は指示。

※2024 年 9 月時点での情報に基づきます。

る紛争であれば ICJ が管轄権を有すると定めることが一般的で，被告国は，原告国が ICJ に付託した紛争が当該条約の解釈適用に関する紛争ではないと抗弁できる可能性があります。このとき ICJ は，付託された紛争が当該条約の範囲内にあるか否かを基準にして管轄権の有無を判断します。また管轄権についての抗弁は，強制管轄受諾宣言に基づいて提訴された場合にも，被告国によってしばしば提起されます。強制管轄受諾宣言には，ICJ の管轄を受諾する紛争の範囲を制限する留保が付されている場合があります（条約に対する留保（⇒12.6.3）とは別のものです）（図表15-7）。強制管轄受諾宣言に対する留保には，ICJ の管轄を義務的と認める紛争を事項的に限定する**事項的留保**や，時間的に限定する**時間的留保**があります。被告国は，提訴された紛争がこうした事項的留保や時間的留保に該当するという理由で ICJ は管轄権を有さない，との先決的抗弁を提起することがあります。

　受理可能性についての抗弁は，いくつかの種類があり，重要なものとして原告国に**訴えの利益**がないまたは**原告適格**がないとの被告国の抗弁があります。これは，付託された紛争について裁判を求めることに関し原告国自らが法的利益を有しないとの抗弁で，いわゆる**民衆訴訟**は ICJ では認められないという主張です。南西アフリカ事件では，エチオピアとリベリアが南アフリカを提訴し，南アフリカの委任統治受任国としての義務違反を争いましたが，ICJ は，エチオピアとリベリアには原告適格がないとの南アフリカの受理可能性抗弁を認容しました（南西アフリカ事件第2段階判決（1966年））。他方で，問題となる義務が対世的義務（⇒14.4.3）であれば当該義務を負う国すべてに法的利益が認められます（ベルギー対セネガル事件 ICJ 判決（2012年））。その他に，外交的保護権行使の要件（⇒14.4.2）が満たされていないとの抗弁や，訴訟を行う目的が消滅したとの抗弁なども受理可能性に関する先決的抗弁にあたります。

　[3] 本　案　　**本案**とは，紛争の主題に関する事項を言います。例えば，領土紛争であればいずれの国に領域権原（⇒2.2）があるか，あるいは，ある条約に関する紛争であれば当該条約上の義務違反があるかといった問題が本案になります。本案の手続は，**書面手続**と**口頭手続**からなります。書面手続は，まず原告国が申述書を提出し，それに対して被告国が答弁書を提出します。さらに ICJ が必要と判断した場合には，原告国が抗弁書，被告国が再抗弁書を提出します（ICJ 規程43条）。そのうえで，ICJ の法廷において口頭手続が行われます。口頭手続は，紛

図表 15-7　強制管轄受諾宣言に対する留保の有無と ICJ の管轄権

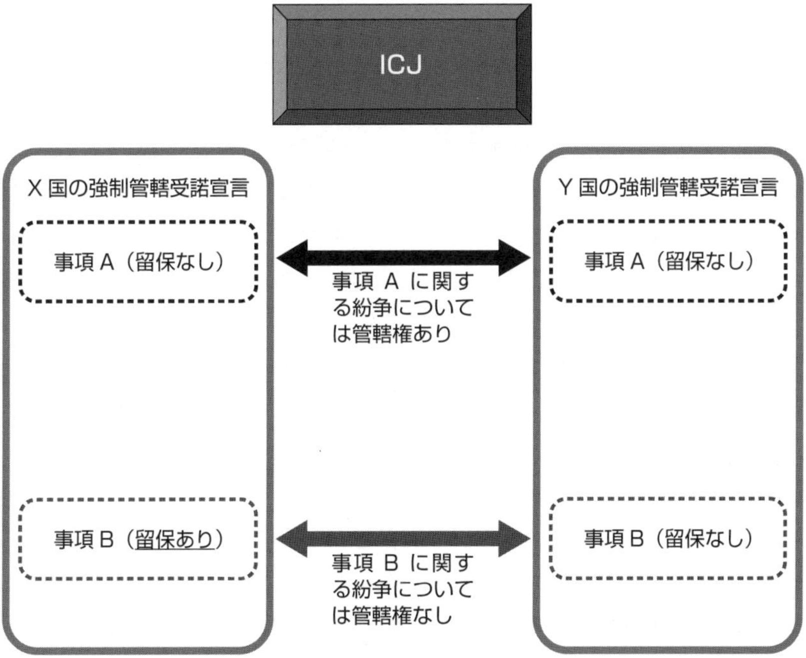

強制管轄受諾宣言に対する事項的留保の例として，現在日本は海洋生物資源の調査・保存・管理・開発に関する紛争などを強制管轄受諾の範囲から除外しています。上図は，強制管轄受諾宣言に事項的留保が付されている場合に ICJ が管轄権を有するか否かを示したものです。

　X 国の宣言には，事項 A について留保は付されていませんが，事項 B については ICJ の管轄を認めない留保（事項的留保）が付されています。他方で Y 国の宣言には，事項 A・事項 B いずれについても留保は付されていないとします。

　この場合，事項 A に関する紛争については，X 国が Y 国を一方的に提訴したとき，ICJ は当該紛争に関し管轄権を有します。しかし事項 B に関する紛争については，X 国が Y 国を一方的に提訴したとしても，ICJ は管轄権を有しません。これは，相互主義（⇒15.3.2）の観点からみて，事項 B については X 国は Y 国と同一の義務を受諾していない（ICJ の管轄を受け入れていない）からです。

争当事国の代理人や補佐人が参加するもので，弁論は公開されます（46条）。また，紛争当事国は証人や鑑定人を招請することもでき，証人と鑑定人に対する尋問，反対尋問，及び裁判官からの質問が行われます（ICJ 規則 65 条）。

[4] ICJ の命令及び判決　　上述のような訴訟手続において ICJ は順次判断を行っていきますが，暫定措置の要請に関する判断は「命令」と呼ばれます。暫定措置命令が法的拘束力を有するか否かは，ICJ 規程上には明文の定めがありませんが，ICJ は暫定措置には法的拘束力があると判示しています（コラム 13-7（271頁））。先決的抗弁と本案に関する ICJ の判断は「**判決**」と呼ばれます。判決には**法的拘束力**がありますが，紛争当事国によって争われた事項についてのみ，かつ紛争当事国に対してのみ拘束力を有します（ICJ 規程 59 条）。したがって紛争当事国は，判決によって決定された事項については同一紛争当事者間で再び争うことができません（これを**既判力**と言います）。他方で，ある裁判において ICJ が行ったある条約の解釈は，後の事件において同じ条約の解釈が問題となったとしても，ICJ は前者の解釈に拘束されません。その意味で ICJ の判決に先例拘束性はありませんが，異なる解釈を行う特段の理由がなければ ICJ は自らが過去に行った解釈を踏襲しますので，事実上の判例法理が存在すると言えます。

暫定措置命令，先決的抗弁判決及び本案判決は主文と理由から構成され，**出席する裁判官の過半数によって決定されます**。特任裁判官の任命などにより，偶数の裁判官が出席する事件において，命令・判決主文への賛成と反対が同数となった場合には，裁判所長が決定投票権を有します（55条）。命令・判決について裁判官全員の意見が一致しない場合には，裁判官は個別の意見を表明することができます（57条）。

ICJ の命令や判決は比較的よく履行されていますが，裁判条項や強制管轄受諾宣言に基づいて提訴されたケースでは，被告国が自国に不利な命令や判決に従わない場合もあります。その場合，原告国は国家責任法に従って対抗措置（コラム 14-5（300頁））をとることができます。また国連憲章は，ICJ の判決に基づく義務を一方の紛争当事国が履行しない場合に，他方の紛争当事国が安全保障理事会に訴えることができるとし，安全保障理事会は判決を執行するために勧告をし，またはとるべき措置を決定することができると定めます（国連憲章 94 条 2 項）。ただし，同条項に基づく安全保障理事会の決定は常任理事国の拒否権（コラム 9-5

　国際海洋法裁判所（ITLOS：International Tribunal for the Law of the Sea）は，国連海洋法条約附属書VI（ITLOS 規程）に基づき 1996 年に設立された裁判所で，所在地はドイツのハンブルクです（ITLOS 規程 1 条）。ITLOS は，国連海洋法条約締約国による選挙で選ばれた 21 人の裁判官で構成されますので（2 条），常設性のある司法裁判所と言えます。

　ITLOS が扱う紛争は，基本的には国連海洋法条約の締約国間の紛争で，かつ国連海洋法条約の解釈適用に関する紛争です。これまでに本案判決が出された紛争としては，バングラデシュとミャンマーの間でのベンガル湾における海洋境界画定事件などがあります。

　また ITLOS には海底紛争裁判部という特別の裁判部もあり，深海底に関する紛争を扱います。海底紛争裁判部は ITLOS の 21 人の裁判官が互選する 11 人の裁判官で構成されます（35 条）。同裁判部が扱う深海底資源開発に関する紛争では，締約国だけでなく，国際海底機構や企業も紛争当事者になりうることが特徴です（37 条）。さらに海底紛争裁判部は，国際海底機構の総会または理事会の活動の範囲内で生ずる法律問題に関し，総会または理事会の要請に応じて勧告的意見を与えることもできます（国連海洋法条約 191 条）。また国連海洋法条約の目的に関係する他の条約の定めに基づいて，ITLOS が勧告的意見を与えることができる場合もあります（ITLOS 規則138 条）。（その他，早期釈放手続については ⇒3.5.1）

国際海洋法裁判所の外観（左）と法廷（右）
（写真）ITLOS Photo（国際海洋法裁判所　一般情報パンフレット）。

（175 頁））の対象でもあり，これまでに安全保障理事会が ICJ 判決の執行のために勧告または措置の決定を行ったことはありません。

[5] 勧告的意見制度　　ICJ は，国連の総会や安全保障理事会，専門機関などから諮問された法律問題について，**勧告的意見**を出すことができます（国連憲章 96 条）。勧告的意見制度は国連の組織が抱える法律問題の解決に資することが基本的な目的であり，上述のような国家間紛争を扱う**争訟事件**ではありませんので，厳密な意味での国際紛争処理ではありません。ただし，実際の国際紛争に密接に関連する法律問題が付託され，ICJ が勧告的意見を出す場合もあります。

　国連の総会と安全保障理事会は，いかなる法律問題についても ICJ に勧告的意見を要請できますが，国連のその他の機関と専門機関は，その活動の範囲内において生ずる法律問題についてのみ勧告的意見を要請できるという違いがあります。そのため，核兵器使用の合法性に関する WHO の勧告的意見要請は，WHO の活動の範囲内において生ずる法律問題ではないとされましたが（武力紛争時の核兵器使用の合法性事件（WHO 諮問）ICJ 勧告的意見（1996 年）），総会の要請に対しては ICJ が勧告的意見を出しました（核兵器の威嚇・使用の合法性事件（国連総会諮問）ICJ 勧告的意見（1996 年））。なお，命令や判決と異なり，勧告的意見には**法的拘束力**はありません。国連の組織上の問題に関する勧告的意見については，関係機関は ICJ の意見に従いますが，いずれかの国連加盟国の国際法上の義務違反の有無に関する問題など，実際の国際紛争に関連する勧告的意見については，関係国は従わない場合もあります。

略 称 一 覧

ADB アジア開発銀行 Asian Development Bank
ADIZ 防空識別圏 Air Defense Identification Zone
ASEAN 東南アジア諸国連合 Association of South-East Asian Nations
AU アフリカ連合 African Union
BBNJ 国家管轄権外区域における海洋生物多様性 Marine Biological Diversity beyond Areas of National Jurisdiction
BEPS 租税浸食・利益移転 Base Erosion and Profit Shifting
CCS 二酸化炭素の回収・貯留 Carbon Capture and Storage
CFCs クロロフルオロカーボン類 Chlorofluorocarbons
COPUOS 国連宇宙空間平和利用委員会 Committee on the Peaceful Uses of Outer Space
CORSIA 国際民間航空のためのカーボン・オフセット及び削減スキーム Carbon Offsetting and Reduction Scheme for International Aviation
CPTPP 包括的・先進的環太平洋パートナシップ協定 Comprehensive and Progressive Agreement for Trans-Pacific Partnership
CSA カナダ宇宙局 Canadian Space Agency
DDT ジクロロジフェニルトリクロロエタン Dichlorodiphenyltrichloroethane
DSB 紛争解決機関 Dispute Settlement Body
DSU 紛争解決了解 Dispute Settlement Understanding
EEZ 排他的経済水域 Exclusive Economic Zone
EPA 経済連携協定 Economic Partnership Agreement
ESA 欧州宇宙機関 European Space Agency
EU 欧州連合 European Union
FTA 自由貿易協定 Free Trade Agreement
GATS サービス貿易協定 General Agreement on Trade in Services
GATT 関税と貿易に関する一般協定 General Agreement on Tariffs and Trade
HCFCs ハイドロクロロフルオロカーボン類 Hydrochlorofluorocarbons
HFCs ハイドロフルオロカーボン類 Hydrofluorocarbons
ICAO 国際民間航空機関 International Civil Aviation Organization
ICC 国際刑事裁判所 International Criminal Court
ICJ 国際司法裁判所 International Court of Justice
ICPO 国際刑事警察機構 International Criminal Police Organization
ICRC 赤十字国際委員会 International Committee of the Red Cross
ICSID 投資紛争解決国際センター International Centre for Settlement of Investment Disputes
ICTR ルワンダ国際刑事裁判所 International Criminal Tribunal for Rwanda
ICTY 旧ユーゴスラビア国際刑事裁判所 International Criminal Tribunal for the former Yugoslavia
ILC 国際法委員会 International Law Commission
ILO 国際労働機関 International Labour Organization
IMF 国際通貨基金 International Monetary Fund
ISDS 投資家対国家の紛争解決手続 Investor-State Dispute Settlement
ISS 国際宇宙ステーション International Space Station

ITLOS 国際海洋法裁判所 International Tribunal for the Law of the Sea
ITO 国際貿易機関 International Trade Organization
IWC 国際捕鯨委員会 International Whaling Commission
JARPA II 第 2 期南極海鯨類捕獲調査 Second Phase of the Japanese Whale Research Program under Special Permit in the Antarctic
JAXA 宇宙航空研究開発機構 Japan Aerospace Exploration Agency
MP 管理方式（管理手続） Management Procedure
MPIA 多数国間暫定上訴仲裁アレンジメント Multi-Party Interim Appeal Arbitration Arrangement
NAFTA 北米自由貿易協定 North American Free Trade Agreement
NASA 米国航空宇宙局 National Aeronautics and Space Administration
NATO 北大西洋条約機構 North Atlantic Treaty Organization
NDC 国が決定する貢献 Nationally Determined Contribution
NGO 非政府組織 Nongovernmental organization
OAS 米州機構 Organization of American States
OHCHR 国連人権高等弁務官事務所 Office of the United Nations High Commissioner for Human Rights
ONUC 国連コンゴ活動 Opération des Nations Unies au Congo（United Nations Operation in the Congo）
OPCW 化学兵器禁止機関 Organization for the Prohibition of Chemical Weapons
PBC 国連平和構築委員会 United Nations Peacebuilding Commission
PCA 常設仲裁裁判所 Permanent Court of Arbitration
PCB ポリ塩化ビフェニル Polychlorinated biphenyls
PCIJ 常設国際司法裁判所 Permanent Court of International Justice
PIC 事前の通告に基づく同意 Prior Informed Consent
PKO 平和維持活動 Peacekeeping Operations
POPs 残留性有機汚染物質 Persistent Organic Pollutants
RCEP 協定 地域的な包括的経済連携協定 Regional Comprehensive Economic Partnership Agreement
SARPs 標準及び勧告される方式 Standards and Recommended Practices
SPS 協定 衛生植物検疫措置の適用に関する協定 Agreement on the Application of Sanitary and Phytosanitary Measures
TPRM 貿易政策検討制度 Trade Policy Review Mechanism
TRIPS 知的所有権の貿易関連の側面に関する協定 Agreement on Trade-Related Aspects of Intellectual Property Rights
UNCITRAL 国連国際商取引委員会 United Nations Commission on International Trade Law
UNCTAD 国連貿易開発会議 United Nations Conference on Trade and Development
UNEF I 第 1 次国連緊急軍 First United Nations Emergency Force
UNEP 国連環境計画 United Nations Environment Programme
UNHCR 国連難民高等弁務官事務所 Office of the United Nations High Commissioner for Refugees
UNOSOM II 第 2 次国連ソマリア活動 United Nations Operation in Somalia II
UNTAC 国連カンボジア暫定行政機構 United Nations Transitional Authority in Cambodia
WHO 世界保健機関 World Health Organization
WTO 世界貿易機関 World Trade Organization

索 引

さ　行

著者紹介

阿部　克則（あべ　よしのり）【第 1, 2, 4, 6, 8, 10, 11, 15 章執筆】

学習院大学法学部教授

東京大学教養学部教養学科国際関係論分科卒業，東京大学大学院総合文化研究科国際社会科学専攻修士課程修了，ケンブリッジ大学法科大学院 LLM 課程修了。千葉大学法経学部助手，同助教授，学習院大学法学部助教授を経て，現職。

堀口　健夫（ほりぐち　たけお）【第 3, 5, 7, 9, 12, 13, 14 章執筆】

上智大学法学部教授

東京大学教養学部教養学科国際関係論分科卒業，東京大学大学院総合文化研究科国際社会科学専攻博士課程単位取得退学。北海道大学法学部助教授を経て，現職。

グラフィック[法学]=8

グラフィック **国際法入門**

2025 年 5 月 10 日 ⓒ　　　　　　　　初 版 発 行

著　者　阿部克則　　　　発行者　御園生晴彦
　　　　堀口健夫　　　　印刷者　小宮山恒敏

【発行】　　　**株式会社 新世社**
〒151-0051　東京都渋谷区千駄ヶ谷1丁目3番25号
編集☎(03)5474-8818(代)　　サイエンスビル

【発売】　　　**株式会社 サイエンス社**
〒151-0051　東京都渋谷区千駄ヶ谷1丁目3番25号
営業☎(03)5474-8500(代)　　振替　00170-7-2387
FAX☎(03)5474-8900

印刷・製本　小宮山印刷工業(株)
《検印省略》
本書の内容を無断で複写複製することは，著作者および出
版者の権利を侵害することがありますので，その場合には
あらかじめ小社あて許諾をお求め下さい.
ISBN 978-4-88384-406-7
PRINTED IN JAPAN

サイエンス社・新世社のホームページのご案内
https://www.saiensu.co.jp
ご意見・ご要望は
shin@saiensu.co.jp　まで.